LES LIVRETS DU VIN

La dégustation

La dégustation

Pierre Casamayor

HACHETTE

SOMMAIRE

Découvrir...
La dégustation

La pratique de la dégustation, que l'on peut opposer à l'acte de boire, est faite de mesure : elle enseigne à privilégier la qualité sur la quantité. Parce qu'elle stimule tous les sens – l'ouïe, la vue, l'odorat, le goût et le toucher –, elle ouvre la voie à l'hédonisme.

Déguster n'est pas boire

Le plaisir des sens est avant tout un plaisir de nature animale, qui relie une excitation physique à la satisfaction d'un besoin naturel, boire ou manger par exemple. Privé de plaisir gustatif, l'homme en oublierait-il de se nourrir ? Il y a longtemps que le vin a perdu son rôle de simple boisson et s'est écarté de sa vocation religieuse pour accéder au statut de produit gastronomique. Sans prétendre que le vin soit essentiel à la survie de l'humanité et bien qu'on lui attribue, à tort ou à raison, des vertus thérapeutiques, il est légitime de souligner son apport de plaisirs sensoriels et son caractère euphorisant qui aident ceux qui en usent à voir la vie sous des jours plus aimables. Ceux qui en abusent, en revanche, obtiennent le résultat inverse, en altérant leur santé et l'acuité de leurs sens. Un alcoolique est plus sensible à la satisfaction de son besoin qu'au plaisir qu'il en retire.

Le plaisir de la dégustation est lié à l'analyse du vin : couleur, arômes, saveurs.

Déguster, c'est analyser

Ce plaisir pourrait rester strictement sensoriel si l'homme ne possédait cette faculté de mémoire et s'il ne recevait une éducation culturelle. La dégustation revêt en prime l'intérêt de l'analyse. Plaisir d'identifier un arôme, plaisir de débusquer une saveur cachée parmi tant d'autres, plaisir d'associations avec d'autres domaines sensoriels ou culturels, plaisir de la reconnaissance d'un style de vin, plaisir de l'identification d'un millésime, plaisir suprême qui fait passer de la sphère sensorielle à celle de l'esprit. Dès lors, il est

Assemblage pour l'élaboration du champagne Krug.

possible de procéder à des comparaisons avec les références que l'on puise dans sa bibliothèque virtuelle, enrichie par son passé de dégustateur et ses multiples expériences sur les vins du monde. La dégustation est un voyage dans le temps et dans l'espace pour le prix de quelques gouttes de vin.

Déguster, c'est parler

Le néophyte peut parfois se demander si le simple plaisir gustatif ne se suffit pas à lui-même et si l'effort de description de ses sensations ne vient pas en ternir l'éclat. À quoi bon tous ces commentaires savants alors qu'il suffirait de dire que ce vin est bon, qu'il me plaît ou, au contraire, qu'il me rebute ?
Il en est de la dégustation comme de l'explication d'une poésie ou de la critique d'un tableau. Certes, l'impression d'ensemble peut suffire dans un premier temps. Mais qui n'a pas découvert un monde insoupçonné lorsque, dans un musée, les commentaires d'un guide pédagogue ont éclairé un tableau pour aller au-delà des évidences ? Qui n'a pas été fasciné par l'explication d'une œuvre littéraire qui fait entrer le lecteur dans les arcanes de l'écriture ?
Le plaisir est décuplé par la connaissance. La dégustation commentée est le prolongement culturel du vin, à l'origine simple produit agricole. Un verre de vin raconte une histoire, traduit une technique, révèle les tâtonnements d'un homme ou son génie ; il rappelle le temps passé, évoque un paysage. Exprimer ses sensations est l'aboutissement du plaisir de la dégustation, le plaisir littéraire en quelque sorte, celui qui transforme chaque verre de vin en une fête sensuelle.

Comment reconnaître un vin de qualité ?

Quels sont les facteurs de la qualité ? Quelle est la différence entre un bon vin et un grand vin ? La question peut sembler superflue tant la qualité et le rang des domaines prestigieux semblent évidents, indiscutables. Pourtant, on sait que le vin n'est pas un produit de nature industrielle répondant à une seule technique d'élaboration mais qu'il dépend des effets climatiques tout au long du processus végétatif de la vigne jusqu'à la vendange. À bien y réfléchir, le vin est le seul produit issu d'une technique agricole qui se prête à tous les discours, qui enflamme l'imagination, puisqu'il s'agit chaque fois d'un « individu ». Il a donné lieu à tant de classements qu'il en a perdu son caractère alimentaire pour acquérir le statut de sujet culturel.
Qu'il soit issu de siècles de lents progrès, de l'accumulation patiente des traditions du Vieux Continent ou de l'éclosion rapide des techniques modernes appliquées aux vignobles du Nouveau Monde, un vin de grande qualité, reconnu comme tel, procède-t-il d'une recette éprouvée, utilisable par n'importe quel œnologue en tout lieu de la planète ?
Les progrès de l'œnologie permettent d'élaborer de bons vins sur tous les sols capables de porter la vigne. Sans défaut, issu de cépages qui répondent au goût international, plutôt axé sur l'expression variétale, pimenté de quelques épices boisées, le bon vin commercial répond à une équation somme toute assez simple et qui peut se résoudre à l'aide d'une bonne technologie et avec l'appui d'une politique de marketing offensive.
C'est lorsque l'on veut exprimer une origine ou un terroir que la transposition devient difficile. Expliquer l'élégance, trouver le mot qui traduira le goût particulier d'un grand vin s'apprend avec un peu d'expérience.
De cet apprentissage naît une évidence : les grands vins n'existent que s'ils reflètent l'originalité de leur terre de naissance. Le droit du sol en quelque sorte, appliqué à la viticulture.

Qu'est-ce qu'un grand vin ?

La vraie personnalité d'un vin naît avant tout de la vigne. Le raisin doit être d'une qualité optimale. L'expression du terroir entre aussi dans la notion de qualité. Les méthodes de culture doivent être au service de l'environnement : labours, traitements raisonnés, rendements modestes.

Sélectionner le meilleur d'une récolte sur un domaine, assembler les diverses cuves pour que l'ensemble soit supérieur à chaque vin pris séparément est sûrement le secret qui préside à l'élaboration d'une grande cuvée. Le propriétaire élimine parfois une partie importante de sa production, ce qui représente un sacrifice financier indéniable.

REPÈRES

Comment différencier deux vins ?

• La dégustation par paire

On compare deux échantillons présentés dans un ordre aléatoire. On détermine dans un premier temps si les échantillons sont identiques ou si une différence est perceptible. Dans un deuxième temps, on tente d'identifier cette différence.

• La dégustation triangulaire

On propose trois verres à la dégustation : deux contiennent le même échantillon, le troisième est différent. Les verres sont présentés dans un ordre aléatoire. Il s'agit de déterminer quel est celui qui présente une différence.

Pour prétendre à une qualité optimale, il faut à tous les stades apporter les ferments de la complexité. Celle de la matière première provient de l'assemblage des cépages plantés sur des parcelles différentes et, quand il s'agit d'un vin monocépage, de la variété des individus présents sur le domaine. L'utilisation de la levure indigène est, elle aussi, source de caractères multiples. Même l'élevage peut apporter sa pierre à l'édifice, en mariant diverses origines de bois. L'équilibre du vin, ensuite, réside dans la finesse du fruit et la texture soyeuse des tanins. Une grande cuvée réussit toujours le miracle d'associer une matière concentrée avec l'élégance jusqu'à cette sensation gustative et tactile que l'on pourrait nommer le fondu.

La qualité du vin dépend du soin apporté au raisin (détail d'un foudre du Champagne Mercier, 1889).

Enfin, la longueur en bouche fait l'ultime différence entre le monde des bons vins et celui des grands. Un grand vin est toujours un vin long. Le potentiel de garde détermine également la valeur d'une cuvée. Il n'y a pas de grand vin, blanc ou rouge, qui ne soit capable d'aligner une collection de millésimes de légende.

Les dégustations professionnelles

Les professionnels attribuent à chacune de leur dégustation une vocation spécifique, à laquelle répondent diverses méthodes d'évaluation – notations et statistiques notamment. L'amateur peut s'inspirer de cette démarche pour organiser ses propres séances. On distingue deux types de dégustation professionnelle :

• La dégustation technique évalue l'influence des modes de vinification et de l'élevage sur le goût du vin. Dans ce cas, l'analyse sensorielle peut ne s'intéresser qu'à quelques éléments ou demander une étude complète. Œnologues, maîtres de chais, vignerons réalisent des dégustations techniques tout au long de l'année. Une dégustation technique particulière préside à l'assemblage des cuvées : c'est la dégustation d'assemblage.

• La dégustation de classement ou de concours classe les vins selon leur qualité, à des fins de communication commerciale ou journalistique. De nombreux concours officiels, guides des vins et magazines spécialisés organisent de tels exercices. C'est également un excellent jeu de société.

Ces multiples paramètres présentent entre eux un fragile équilibre qui peut parfois être rompu par des erreurs humaines. C'est ainsi que des vins pourtant issus de terroirs d'exception sombrent, en attendant qu'un vigneron talentueux ravive leur flamme.

Des vins de concours : des vins à boire ?

On ne compte plus les dégustations lors desquelles se goûtent à l'aveugle, tous pays ou appellations confondus, des vins de réelle qualité et des prétendants au titre parés d'atours tape-à-l'œil. Or, lorsque l'on sait que dans une série de dégustations, le plus grand goûteur est tenté de donner la prime à la concentration extrême, au fruité intense, à l'alcool élevé, aux tanins marqués, bref à l'excès sur l'équilibre, on comprend que les grands vins soient souvent battus dans ce genre de manifestations médiatiques ou promotionnelles. Tel vin l'a remporté sur Mouton, tel autre a surpassé Petrus, un troisième a fait oublier Yquem. Pourtant, remettez ces vins sur une table, avec les mêmes jurés qui ont rendu en toute bonne foi ce verdict révolutionnaire, et observez quels vins sont bus. Immanquablement, une gorgée suffit des nouveaux promus, tandis que les grands classiques sont avalés avec un naturel stupéfiant. N'est-ce pas là la vocation première du vin ?

Le cabernet-sauvignon a fait la réputation de la Napa Valley. L'aire de Calistoga a été délimitée pour la qualité de ses vins.

REPÈRES

Comment classer une série de vins ?

L'objectif est d'établir une hiérarchie. Il est souhaitable de ne comparer que des vins comparables, au sein d'une même appellation, à la rigueur d'une région. Les dégustateurs ont ainsi en tête un schéma précis du profil idéal du vin.

Découvrir...
Que contient le vin ?

Les méthodes modernes de l'analyse chimique et biochimique permettent de découvrir sans cesse de nouveaux composés dans le vin. Le produit de la vigne est encore loin d'avoir révélé tous ses secrets, mais l'on peut retenir huit caractères essentiels. Les composés que l'on peut isoler dans le vin sont responsables de sa saveur. La dégustation consiste à les identifier par les sens, en partant de la description de la couleur, des arômes et de l'équilibre d'un vin.

L'eau

Selon le titre alcoométrique, entre 80 et 90 % du vin sont composés d'une eau d'origine végétale.

Les alcools

L'alcool éthylique, issu de la transformation des sucres par les levures, représente entre 8 et 20 % selon le type de produit. On peut trouver à très faibles doses de l'alcool méthylique qui provient des matières pectiques du raisin (c'est-à-dire des pépins). Le glycérol, tri-alcool en provenance des sucres, est plus ou moins présent. Les alcools sont responsables de la sensation de *chaleur* et participent, avec les sucres, au *moelleux*, au *gras* et à la *viscosité* (**p. 48**) du vin.

Les acides

Ils sont soit contenus dans le raisin (acide tartrique, malique, citrique ou gluconique), soit issus de la fermentation (acide lactique, succinique ou acétique). L'acidité totale varie de 2 à 7 g/l (exprimée en acide sulfurique). Certains acides possèdent un arôme spécifique. Ils sont surtout à l'origine de la saveur *acide* (**p. 46**), qui est l'un des goûts élémentaires, en augmentant et en fluidifiant la salive.

Le dégorgement, étape de l'élaboration des vins effervescents : le dépôt de levures formé lors de la seconde fermentation est éliminé.

Les polyphénols ou composés phénoliques

Cette famille peut se diviser en deux grands groupes.

- Les **matières colorantes** : flavonoïdes qui colorent en jaune et anthocyanes (de 200 à 500 g/l) qui donnent la couleur rouge (**p. 26**).
- Les **tanins** (de 1 à 3 g/l) qui peuvent provenir des pellicules de raisins et des pépins ou de l'apport du bois de la barrique. Ils apportent une sensation tactile : l'astringence perceptible au niveau des muqueuses. Ils coagulent la salive et peuvent induire une sensation de sécheresse en bouche. À trop forte dose, ils créent une sensation amère (**p. 48**). Au cours du vieillissement, ils se combinent aux anthocyanes (la couleur se stabilise) et se condensent (leur astringence diminue).

Les sucres

Le vin fini contient toujours une certaine quantité de sucres non fermenté, appelé *sucres restants* ou *sucres résiduels*. Présents dans tous les types de vin, ces sucres ne doivent pas dépasser 2 g/l dans un vin sec, mais peuvent atteindre 300 g/l dans un vin liquoreux. Ce sont les glucose, fructose, arabinose ou xylose. Ils participent à la notion de viscosité (**p. 29**) du vin, aux larmes, et donnent la saveur élémentaire sucrée (**p. 46**). Le gras et le moelleux du vin proviennent de la somme sucre-alcool.

Les substances salées

Certains ions pourraient induire un goût salé si l'alcool et le sucre ne venaient les masquer. Potassium, sodium, chlorures, sulfates et tartrates sont décelables dans le vin.

Le gaz carbonique

Dissous dans le vin, il peut varier en quantité. On commence à le percevoir vers 500 ou 600 mg/l. Au dessus de 1 000 mg/l, il provoque une perle visible. Il participe à la fraîcheur du vin, l'acide carbonique venant accentuer la sensation acide. Il sert aussi de vecteur d'arômes (Vins effervescents **p. 84**).

Les substances aromatiques

Elles constituent la richesse et la complexité du vin. On relève des familles chimiques très différentes dont la volatilité les classe dans la catégorie aromatique. Alcools, aldéhydes, esters, acides gras, terpènes, même présents à doses infinitésimales, sont chacun responsables d'une odeur comparable à celle que l'on peut trouver dans la nature ; les mots utilisés pour les décrire sont dits *analogiques*.
Par exemple, l'acétate d'isoamyle, que l'on rencontre dans les vins issus de macération carbonique, apporte la note de bonbon anglais, l'alcool phényléthylique celle de rose, la glycyrrhyzine celle de réglisse, l'aldéhyde cinnamique celle de cannelle. La liste est infinie.
Ces substances sont responsables des arômes du vin que l'on distinguera par voie nasale ou rétronasale (**p. 31**). La combinaison et la juxtaposition de plusieurs de ces arômes influent sur la palette aromatique. Certains s'annihilent, d'autres se renforcent.

Organiser...
Le cadre de la dégustation

Une dégustation se prépare comme une fête. Une fête des sens, une fête du plaisir, une fête de la convivialité. Mais cette notion festive ne va pas sans une certaine rigueur et quelques règles de bon sens doivent présider à cette cérémonie gustative.

Se mettre en conditions

Les dégustations professionnelles se déroulent dans des salles où la température, l'hygrométrie et surtout la lumière sont contrôlées. Les postes de dégustation sont individuels et isolés les uns des autres, chacun équipé d'une source lumineuse et d'un crachoir. Pour l'amateur, les conditions ne sont pas toujours idéales. C'est chez lui ou dans son club de dégustation que l'amateur pourra réunir les éléments favorables.

Le choix de l'heure de dégustation est essentiel. Les sens sont d'autant plus en éveil que se rapproche le moment du repas. Ils sont d'autant plus endormis que le sujet est en train de manger ou, pire, de digérer. Il est préférable de déguster entre 10 et 12 heures ou entre 18 et 20 heures. Il est possible de grignoter pendant une dégustation, ne serait-ce que pour gommer les sensations tannique ou acide qui peuvent s'accumuler lorsque plusieurs vins se succèdent, mais de petits morceaux de pain suffisent, à l'exclusion de tout amuse-gueule, olives ou fromage dont la présence sert souvent à masquer les défauts du vin. Une carafe d'eau sera mise à disposition des dégustateurs. Enfin, le dégustateur doit être en bonne santé : rhume, grippe, embarras gastrique ou tout simplement fatigue nuisent à l'appréciation. Il doit goûter un nombre raisonnable d'échantillons afin de garder son acuité.

Déguster chez soi

- Choisissez une pièce claire, si possible ouverte à la lumière naturelle. Si la dégustation se déroule le soir, utilisez des éclairages dits « lumière du jour ».
- Recouvrez la table d'une nappe blanche. À défaut, une feuille de papier blanc peut être placée devant chaque convive.
- La température est celle des pièces du siècle dernier, lorsque le mot « chambrer », c'est-à-dire mettre à température de la pièce, faisait référence à quelque 18-20 °C.

• Évitez toutes les odeurs parasites – fumée, bouquet de fleurs, corbeille de fruits – et fermez la porte de la cuisine. Proscrivez les eaux de toilette afin de ne pas déranger votre voisin. Les dégustatrices doivent éviter le rouge à lèvres.

• Sans imposer le silence, veillez à ce que rien ne perturbe la concentration des convives.

Préparer les bouteilles et les verres

• La veille de la dégustation, entreposez les bouteilles dans la pièce de dégustation. Relevez et débouchez les vins jeunes une heure avant la dégustation. Remontez les vieilles bouteilles de la cave dans la position exacte qu'elles y occupaient, sans les tourner ni les relever ; débouchez-les dans un panier, sans les remuer. Si le dépôt est trop important, la décantation s'impose.

• Mettez à disposition un nombre suffisant de crachoirs : des pots en plastique feront tout aussi bien l'affaire que des seaux à champagne.

• Choisissez la bonne forme de verres. Le verre à pied est obligatoire pour que la main qui le tient soit le plus loin possible du nez et

Chaque forme de verre met en valeur les qualités propres des types de vin. La série de verres Impitoyables (à droite) révèle le moindre défaut.

R E P È R E S

L'influence du verre

Versez le même vin, de préférence assez aromatique, un vin blanc de sauvignon par exemple, dans des récipients ou verres de formes différentes : un taste-vin, un verre à bière, un verre à moutarde, une coupe de champagne, un verre ballon, un verre en tulipe, un verre Impitoyable. La perception aromatique n'est pas la même. Réalisez cette expérience verre immobile et après agitation.

pour ne pas gêner la perception du vin par les odeurs de la peau. Le verre doit être tenu pas son socle.
Un bon verre à dégustation répond à plusieurs critères :
- fin et transparent, il permet d'apprécier les nuances de couleur ;
- en forme de tulipe ou ovoïde, il retient mieux les arômes mais il doit aussi conserver une bonne surface d'échange entre le vin et l'air.
- grâce à une cheminée assez haute, il permet d'agiter facilement le vin.

Le verre normalisé AFNOR, dit INAO, est le plus utilisé. D'autres verres ont été étudiés pour la dégustation, chacun présentant une forme particulière, adaptée à la dégustation d'un vin blanc, d'un vin rouge jeune ou vieux, d'un vin effervescent ou d'une eau-de-vie. Citons les Œnologues, les Impitoyables et la série de chez Riedel. Certains modèles concentrent tellement les arômes qu'ils agissent comme des alambics et font ressortir autant les défauts que les qualités d'une palette aromatique. Vous les réserverez à des dégustations plus techniques. Plusieurs verres doivent être mis à la disposition de chaque dégustateur. Le verre sera rempli au tiers pour un bon dégagement olfactif. Il faut bannir l'usage du taste-vin qui ne permet d'apprécier ni la couleur ni les arômes.

• Lavez les verres à l'eau légèrement savonneuse. Les rincer longtemps à l'eau claire et les suspendre la tête en bas dans un local aéré. Avant toute dégustation, humer le verre et l'aviner avec le premier vin de la série.

De nombreux modèles de tire-bouchons ont été conçus pour faciliter l'ouverture de la bouteille : tire-bouchon à lame, Screw-Pull, Sommelier.

Comment déboucher une bouteille ?

Matériel et tour de main sont nécessaires pour mener à bien l'opération délicate du débouchage. Il existe de nombreux tire-bouchons, tous issus d'une imagination débridée. Le tire-bouchon à vis et à levier, avec sa queue de cochon, est le plus répandu. Il en existe plusieurs types, du folklorique et malaisé tire-bouchon à tête de cep de vigne jusqu'au couteau du sommelier professionnel, muni d'un levier qui s'appuie sur le goulot de la bouteille. Certains comportent un levier à double action, bien commode pour les longs bouchons. La vis en est parfois recouverte de silicone pour s'enfoncer dans le liège sans l'abîmer. Les tire-bouchons à deux leviers latéraux ne sont pas conseillés, ils ont du mal à s'enfoncer bien droits.
Issu du vieux tire-bouchon à vis d'Archimède en bois ou en métal, le principe de la vis sans fin a donné naissance à un tire-bouchon révolutionnaire, le Screw-Pull, un outil qui convient à tous, débutants

compris, mais dont l'aspect n'est pas des plus élégants et qui présente l'inconvénient de transpercer le bouchon. Le tire-bouchon à deux lames que l'on enfonce de chaque côté du bouchon est très efficace mais demande une certaine dextérité. Il est irremplaçable pour les très vieux bouchons qui peuvent s'effriter sous l'action d'un tire-bouchon classique. Oubliez les gadgets comme les tire-bouchons à gaz qui sont d'ailleurs passés à la trappe de l'inutile progrès.

Quel que soit votre choix, quelques règles sont incontournables.

• Découpez la capsule avec la lame du tire-bouchon ou les petites molettes dont il est parfois muni. La découpe peut s'effectuer sous la bague du verre ou au-dessus de la bague. Un bon sommelier doit être capable de découper au milieu de la bague, mais il s'agit plutôt d'un exercice de style. Les bouteilles capsulées à la cire sont du plus bel effet mais le débouchage peut tourner à la catastrophe, avec éparpillement de morceaux de cire sur toute la nappe. Il vaudra mieux enlever la cire « à l'office », en tapant dessus avec le manche d'un couteau.

• Nettoyez le dessus du bouchon avec un torchon pour enlever les éventuelles moisissures.

• Enfoncez la vis bien droite et au milieu du bouchon. La vis doit être assez longue mais ne doit surtout pas traverser le bouchon.

• Commencez par dégager le bouchon, puis faites-le venir doucement et sans à coups.

• Nettoyez à nouveau le verre du goulot et sentez le bouchon pour déceler une éventuelle odeur anormale. Vous pouvez présenter le bouchon accroché à la carafe ou au panier.

Si le bouchon de champagne est rétif, employez une pince spéciale. Si le bouchon se sectionne, ôtez-le avec un tire-bouchon.

La bouteille de champagne

Le champagne présente un cas particulier. Ici pas de tire-bouchon, seule la main de l'homme intervient. Commencez par découper la capsule sous le muselet. Défaites celui-ci, sans l'enlever. Tenez d'une main le bouchon et le muselet (celui-ci empêche la main de glisser sur le bouchon), le fond de la bouteille de l'autre. Faites tourner la bouteille et non le bouchon. Retenez le bouchon pour que le gaz s'échappe doucement, avec un bruit discret. La mousse qui vient nettoyer le goulot sera versée dans un verre à part. Servez en tenant la bouteille par le fond.

Organiser...
Le service des vins à table

L'apprentissage de la dégustation ne serait pas complet s'il ne permettait de découvrir les interactions entre les vins et les mets. En un mot, savoir servir les vins à table est une condition du savoir-boire.

La vocation première du vin est d'accompagner le repas, de participer au mariage des saveurs. À droite, Le Déjeuner d'huîtres, par Jean-François De Troy (1735).

Comment déguster à table ?

Généralement, les aliments communiquent des sensations gustatives qui perdurent plus longtemps que celles du vin. La première gorgée risque d'être éteinte si les sensations gustatives du plat sont trop intenses. Même une nourriture fade influe sur le goût du vin en exacerbant telle ou telle de ses composantes.
En revanche, une nourriture haute en saveurs atténue la sensation due à la force alcoolique du vin, un plat gras gomme ses tanins, un mets épicé réduit le vin à un rôle purement désaltérant, en lui ôtant toute personnalité. Deux solutions s'offrent au dégustateur : déguster le vin ou le marier avec le plat.
Soit il veut déguster le vin pour lui-même et tient à en dégager les qualités intrinsèques, pour son pur plaisir ou pour des raisons professionnelles (rédiger un commentaire par exemple). Il goûtera alors le vin avant toute ingestion du plat et fixera ses sensations en dehors de la nourriture. Il aura bien entendu auparavant rincé sa bouche des sensations du plat précédent avec un verre d'eau et mâché de la mie de pain.

Soit il recherche une dégustation hédoniste et goûte non pas le vin mais le couple vin – plat et cherche à suivre la conversation qu'ils entretiennent. Il savourera alternativement une bouchée du plat et une gorgée de vin, en étudiant les mariages, contrastes ou interactions entre les différentes sensations. Le plat terminé, il est toujours intéressant de goûter à nouveau le vin et de laisser les sensations s'évanouir doucement dans la bouche. Le vin reprend alors la vedette et, le plat, le rôle de faire-valoir.

La progression des vins

Les écoles de sommellerie insistent sur deux stratégies en matière d'accords gourmands. Il est possible d'allier un plat avec un vin, en dehors de toute référence au repas. On marie alors les forces respectives, les finesses ou les palettes aromatiques : un vin rouge tannique avec une viande grillée, par exemple. Une autre solution consiste à tenir compte de la progression des plats et des vins. L'acuité des sens s'émousse au cours du repas ; aussi est-il judicieux de présenter les vins par ordre de force croissante, les vins blancs avant les vins rouges, les vins légers avant les vins tanniques, les vins simples avant les vins complexes, les vins jeunes avant les vins vieux, les vins secs avant les vins moelleux. Cela suppose que l'ordre des plats soit adéquat, ce qui pose parfois des problèmes insolubles. Présenter le couple foie gras-vin liquoreux en

À chaque fromage correspond un vin, selon sa puissance aromatique : pâtes pressées et vins rouges ; fromages de chèvre et vins blancs vifs, fromages persillés et vins liquoreux.

début de repas marque le palais et le vin rouge suivant arrive sur la table avec un lourd handicap. Faites donc comme les Romains sous Lucullus, servez le foie gras en fin de repas, la même bouteille de sauternes pourra se terminer sur le roquefort !

Cette difficulté incite de plus en plus à bâtir un menu autour d'un vin unique, solution de facilité lors d'un repas au restaurant mais exercice des plus excitants si l'on veut bien se donner la peine de réfléchir aux alliances en sens inverse, en partant des qualités du vin et en imaginant les plats et les recettes qui peuvent le mettre en valeur, de l'entrée au dessert. La pratique du « trou » peut être une solution si l'on veut bousculer une progression classique : un verre d'eau fraîche, un sorbet plutôt qu'une eau-de-vie effaceront les impressions du vin et du plat précédent.

Choisir le vin en accord avec les mets, respecter les gestes du service.

Les gestes du service à table

Servir est un art qui obéit aux règles des bons usages mais qui demande un peu de dextérité. Le service au restaurant est affaire de professionnels ; il fait l'objet d'un enseignement spécifique dans les écoles hôtelières et les concours de sommellerie mettent en valeur ce cérémonial qui préside à l'ouverture et au service du vin. Après avoir présenté l'étiquette, ouvert la bouteille devant le client, le sommelier fait goûter le vin à l'hôte auquel revient le redoutable honneur de décider si le vin convient ou non et de déceler en quelques secondes un éventuel défaut, le très redouté goût de bouchon par exemple. Une décision lourde de conséquences, de celles qui peuvent renvoyer une bouteille très onéreuse à l'office et gâcher la soirée du sommelier. En définitive, aucun vin même le plus prestigieux n'est à l'abri d'un accident et la satisfaction du client fait loi. Le goûteur doit avoir le dernier mot, tout en restant dans les limites de la bonne éducation.

Le service classique est dit « à la pince » : on tient le verre par le pied, entre deux doigts (la « pince »). On élève un peu le verre, la bouteille ou la carafe et l'on verse le vin en inclinant doucement le récipient. Le verre est ensuite reposé devant l'assiette. Servez le vin par la droite, la bouteille d'une main, une serviette blanche de l'autre pour retenir une goutte qui risque de maculer la nappe blanche. Les verres doivent être remplis à moitié, juste au-dessus de leur renflement. La mode actuelle veut que l'on tienne la bouteille par le cul, les jeunes

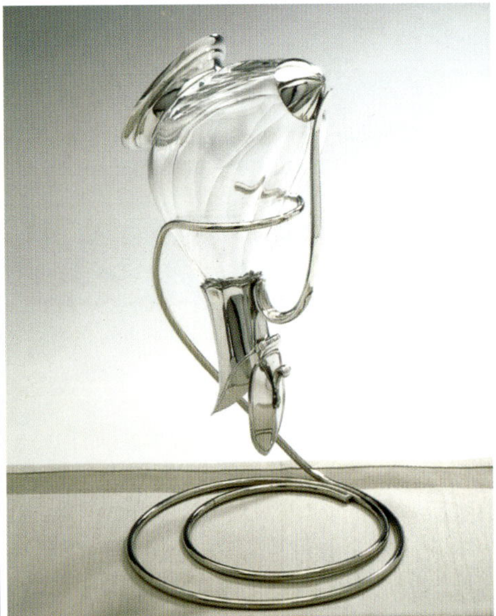

Laver verres et carafes

Rien de plus désagréable qu'un verre qui sent le détergent ou le torchon, quand il ne s'agit pas d'une odeur de placard ou de carton. Lavez verres et carafes à l'eau bouillante, sans liquide à vaisselle. Rincez-les longuement à l'eau froide et laissez-les sécher dans un égouttoir, la tête en bas. Vous pourrez les rincer à nouveau avant le repas.
Ne gardez jamais les verres retournés sur une étagère ; ils y prennent un goût de renfermé. De même, gardez les carafes ouvertes, sans leur bouchon.
Il est parfois nécessaire de détartrer les carafes : utilisez de l'esprit de sel, du vinaigre ou du gros sel et rincez abondamment à l'eau claire. Une carafe est toujours rincée avec un peu de vin avant décantation.

À droite : Verres de collection du château Pichon-Longueville-Comtesse de Lalande (pauillac).

sommeliers se distinguent ainsi de leurs aînés. La bouteille est alors souvent reposée sur une desserte ou dans un seau à glace, parfois trop loin du client qui peut mourir de soif en attendant que le sommelier veuille bien s'intéresser à son cas.

À la maison, le cérémonial peut être oublié mais le savoir-vivre s'impose. Prenez soin de déguster le vin avant de passer à table, hors la présence de vos invités. La coutume veut que ce soit l'hôte qui serve le vin, mais il est rare qu'il se lève pour atteindre le bout de la table ; il demandera un relais à un ami proche. Bien entendu, les femmes sont servies en premier, en commençant par celles qui se trouvent à la droite de l'amphitryon, puis à sa gauche. L'invité masculin qui est assis à la droite de la maîtresse de maison aura l'honneur d'être le premier homme servi, on continue ensuite dans le sens des aiguilles d'une montre. Tels sont les conseils des meilleurs manuels mais la convivialité et le bon sens feront l'affaire du quotidien. La délicate affaire de la goutte qui tache la nappe peut être résolue par de petits ronds métalliques qui s'insèrent dans le goulot, ustensiles que l'on peut se procurer chez les cavistes ou les orfèvres.

Les faire-valoir du vin

Les objets qui entourent le vin et son service sont passés de la simple fonction utilitaire à celle – plus enviable – d'éléments décoratifs qui participent au plaisir de la gastronomie. Sans privilégier les onéreuses pièces de collection qui ont plutôt leur place dans une vitrine, un repas où le vin joue la vedette a besoin de ces seconds rôles pour attirer l'attention du spectateur sur le sujet central.

• Pour faciliter le service on peut utiliser les **stoppe-gouttes**. Deux types sont tout aussi efficaces : la fine feuille métallique que l'on roule dans le goulot ou la collerette qui l'entoure.

• Le même souci de propreté de la nappe exige des **dessous de bouteille**, le plus souvent en argent, parfois en étain ou en liège.

• Les **paniers-verseurs** permettent de garder la bouteille couchée et de laisser un vénérable vin âgé dans la position qu'il avait en cave. Si vous respectez ce principe, sachez qu'il est très difficile de déboucher une bouteille couchée. En revanche, le service est facilité par l'anse du panier qui peut être en simple osier ou en argent.

• Les **seaux à glace** sont indispensables pour régler la température du vin, blanc comme rouge. En métal argenté ou en cristal, ils sont de véritables objets d'art que l'on pose sur une petite desserte à côté de la table. N'oubliez pas leur fonction première et choisissez-les de haute taille pour que le goulot de la bouteille soit immergé. Il existe des seaux de grande taille pouvant contenir plusieurs bouteilles, très utiles dans le cas d'un repas-dégustation.

• Le **thermomètre à vin** est un peu ostentatoire mais indispensable à tout amateur. Il en existe de nombreux types, avec des têtes en liège ou en métal, présentés dans de beaux coffrets. Évitez les thermomètres à cristaux liquides qui se collent sur la bouteille, aussi laids qu'inefficaces.

• Le **panier transporteur** de six bouteilles, à condition qu'il ne soit pas en plastique mais en bois, en osier ou en métal, peut être un bel objet que vous poserez à côté de la table.

Garder une bouteille entamée

Bien souvent, la modération aidant, une bouteille reste à moitié pleine. Il serait criminel de jeter le surplus, et le lendemain de repas peut être l'occasion de redécouvrir des qualités qui étaient passées inaperçues lors du repas. Il suffit de protéger le vin d'une oxydation violente, en remettant le bouchon, dans le bon sens bien entendu, et en l'entreposant au frais.

Ce sont les vins les plus aromatiques, les vins blancs jeunes ou les rouges primeurs qui risquent d'être le plus modifiés. Ils perdent leur exubérance et se simplifient. Les vins blancs de garde ou les vins rouges âgés sont parfois éteints, voire usés par cette garde en vidange mais il arrive qu'ils résistent jusqu'au lendemain. En revanche, certains vins austères ou fermés – des vins blancs jeunes de chenin par exemple ou des vins rouges jeunes et très tanniques – prennent une certaine avance sur le temps et dévoilent des charmes et une complexité qu'ils avaient dissimulés lors de la soirée. Chaque cas est particulier et les surprises, bonnes ou mauvaises, sont toujours au rendez-vous. Vous prolongerez la vie d'une bouteille en utilisant un système ingénieux qui consiste à placer un bouchon spécial et à faire un léger vide au-dessus du vin à l'aide d'une petite pompe *ad hoc*. Ce matériel est facile à se procurer dans les boutiques spécialisées.

Garder une bouteille de champagne entamée

La survie du champagne est plus délicate, le gaz carbonique ayant la fâcheuse manie de s'échapper de la bouteille. Oubliez la folklorique petite cuillère et autres prétendus tours de main ; seul le bouchon spécial qui prend appui sous la collerette du goulot peut conserver quelque temps le champagne et ses bulles. Il ne faut point trop attendre cependant et trouver vite l'occasion de finir la bouteille.

Organiser...

Comment maîtriser la température de service ?

La température du vin dans le verre est d'une importance primordiale. Chaque vin est flatté par une température qui lui est idéale, mais cette valeur absolue doit être atteinte lentement, en évitant les chocs thermiques : pas de compartiment à glaçons du réfrigérateur pour refroidir, pas de four à micro-ondes pour réchauffer !

Le thermomètre à vin est un accessoire indispensable pour surveiller l'évolution de la température dans le verre.

Prévoir le réchauffement dans le verre

En général, les vins blancs sont servis trop froids, ce qui tue leurs arômes et les durcit. Les vins rouges sont servis trop chambrés, en oubliant que la température des pièces a augmenté dans nos habitudes citadines modernes ; ils laissent alors apparaître tanins secs et alcool dissocié. Le problème n'est pas tant la température de la bouteille que celle du verre. En effet, le faible volume de liquide est vite influencé par l'air ambiant et la fièvre du vin peut grimper rapidement. Il vaut donc mieux servir le vin un peu plus frais (la pièce est souvent plus chaude que le vin) et surveiller l'évolution à l'aide d'un thermomètre à vin plongé dans le verre, même si cela fait sourire vos invités. Un grand vin rouge peut être sublime à 18 °C et déséquilibré à 22 °C. Il ne lui faut hélas que quelques minutes dans une salle à manger surchauffée pour basculer de la grandeur à la décadence !
L'arme absolue pour éviter ces catastrophes est le seau à glace, pour les vins blancs comme pour les vins rouges. Ayez toujours à portée de main un seau rempli d'eau avec quelques glaçons et n'hésitez pas à multiplier les va-et-vient entre la table et ce rafraîchissoir. Cette pratique est bien plus difficile avec une carafe ; aussi décantera-t-on les vins plus frais, en estimant leur réchauffement futur dans la carafe. Vous pouvez aussi décanter à l'avance et ranger la carafe au frais. Quant aux récipients isothermes, bien souvent en terre cuite, ils retardent simplement le réchauffement de la bouteille sans pouvoir en régler la température.

REPÈRES

Quelques spécificités régionales

- Les vins rouges espagnols méritent d'être servis entre 16 et 18 °C pour équilibrer leur générosité. Les vins blancs seront portés à 8-10 °C afin de renforcer leur fraîcheur.
- Observez les mêmes règles pour les vins italiens ; veillez particulièrement à ne pas présenter les vins rouges à trop basse température car ils en paraîtraient plus vifs.
- Les vins rouges chiliens et argentins peuvent en revanche être bus plutôt frais, entre 15 et 16 °C.
- Dans la production allemande et autrichienne, les blancs secs doivent atteindre entre 12 et 14 °C, les blancs liquoreux entre 10 et 12 °C. Les vins suisses se contenteront pour leur part d'une température de 8-10 °C.
- Quant aux vins californiens et australiens, appliquez les mêmes principes de service que pour les vins français ; les vins les plus généreux peuvent toutefois être servis plus frais.

Mémoriser les bonnes températures

	Exemples	Température
VINS BLANCS		
Vins secs de garde	Corton, montrachet, meursault ; pessac-léognan, graves ; chardonnay de Californie ; chardonnay d'Australie ; sauvignon de Nouvelle-Zélande	de 10 à 12 °C
Vins secs légers	Alsace-sylvaner, bordeaux blanc, entre-deux-mers, petit-chablis ; muscadet ; vinho verde ; soave et trebbiano d'Abruzzo italiens ; silvaner allemand ; grüner veltliner autrichien ; sauvignon californien	de 8 à 10 °C
Vins effervescents	Champagne, crémants, blanquette-de-limoux ; cava espagnol ; sekt allemand ; asti italien	de 8 à 10 °C
Vins effervescents grandes cuvées	Champagne ; cava	de 10 à 12 °C
Vins liquoreux	Sauternes, barsac, loupiac, sainte-croix-du-mont, monbazillac,coteaux-du-layon, quarts-de-chaume ; tokay ; Eiswein ; Beerenauslesen, Trockenbeerenauslesen allemands et autrichiens, Cotnari roumain, Constantia	de 8 à 10 °C
Vins doux naturels et vins de liqueur	Muscat-de-rivesaltes, muscat-de-lunel, muscat-de-saint-jean-de-minervois, rivesaltes ; muscat-du-cap-corse ; muscats grecs de Lemnos, de Samos, moscatel espagnol	8 °C
VINS ROUGES		
Vins tanniques	Pauillac, margaux, saint-émilion, pomerol, saint-estèphe ; pommard, morey-saint-denis, nuits-saint-georges, volnay, mercurey ; châteauneuf-du-pape ; hermitage ; cahors, madiran ; bandol ; coteaux-du-languedoc, corbières, fitou, minervois ; cabernet-sauvignon de Californie ; syrah (shiraz) d'Australie ; barolo, chianti classico, brunello di montalcino, vino nobile de montepulciano, taurasi (Italie); priorato, rioja, ribera del duero (Espagne)	de 16 à 18 °C
Vins légers	Beaujolais ; alsace-pinot noir ; anjou ; chinon ; bourgueil et saint-nicolas-de-bourgueil, saumur-champigny ; dôle suisse ; Spätburgunder allemand ; bardolino et valpolicella italiens ; jumilla, rioja joven (Espagne)	de 14 à 16 °C
Vins primeurs	Beaujolais nouveau ; touraine	de 10 à 12 °C
Vins doux naturels et vins de liqueur	Banyuls, maury ; porto, madère	de 14 à 15 °C
VINS ROSÉS		
Vins légers	Rosés de Loire	8-10 °C
Vins plus corsés	Côtes-de-provence, tavel	11-12 °C

Organiser...
La décantation

La décantation possède deux fonctions précises. Il s'agit d'une part de séparer le vin clair de ses éventuels dépôts ; c'est la décantation *stricto sensu*. Le transvasement assure d'autre part une oxydation du vin ; c'est l'aération. Ouvrir à l'avance une bouteille n'a que peu d'effet sur le vin du fait de la faible surface de contact entre l'air et le vin dans le goulot. Seules quelques odeurs désagréables peuvent être atténuées (bouchon, soufre, par exemple).

L'art et la manière

Lorsque le vin présente un dépôt visible dans la bouteille par transparence, la décantation s'impose. Celle-ci demande un certain tour de main : remontez la bouteille de la cave avec précaution, à l'aide d'un panier ou à la main après avoir pris soin de marquer à la craie le dessus de la bouteille (il serait dramatique de la faire tourner ou de la relever et de remettre ainsi le dépôt en suspension). Devant une source de lumière, en général la flamme d'une bougie ou encore une simple ampoule électrique, relevez très doucement la bouteille en versant le vin dans la carafe. Il existe des tables à décanter, munies de crémaillères ou de leviers qui permettent un mouvement lent et régulier. Elles sont en général trop volumineuses pour être mises sur table ; on les réservera à un coin de la cave. Arrêtez de verser lorsque la première particule de dépôt se présente au niveau du goulot.

Décanter les vins âgés

La décantation devient problématique pour des vins très vieux, fragiles et sensibles à la présence d'oxygène. Cette brutale aération peut être fatale à ces vieillards enfermés toute leur longue vie dans leur prison de verre. Et pourtant, ce sont souvent ceux qui présentent les dépôts les plus malvenus à la dégustation. Une situation cornélienne, la décantation serait-elle affaire de littérature ? Le panier verseur est la meilleure solution dans ce cas ; il permet de décanter sans oxygéner.
Quant au rôle oxygénant de la décantation, les avis sont partagés, certains ne voyant aucune différence entre un vin en bouteille et un vin qui vient d'être mis en carafe. Le facteur clé est ici le

moment de la décantation. Si la décantation au restaurant ne peut s'effectuer qu'au tout dernier moment, on ne peut ouvrir une bouteille avant qu'elle ne soit achetée (bien qu'un bon client puisse commander l'ouverture de sa bouteille à l'avance), rien n'interdit chez soi de moduler le temps d'aération à volonté. L'expérience est ici irremplaçable.

Décanter les vins rouges jeunes

Pour les vins rouges jeunes une aération ne peut être que favorable. Par son action de dégazage tout d'abord, les vins jeunes sont souvent riches en CO_2. Par son action sur les arômes de réduction, ensuite, qui peuvent masquer le fruit. Combien de commentaires de dégustation seraient modifiés par une décantation dans des concours où l'on goûte sitôt débouché.
Le vin n'a pas le temps de respirer qu'il est déjà mis en bouche, recraché et noté. L'action de l'oxygène sur la combinaison des tanins est aussi un bénéfice de la décantation. Les tanins des vins jeunes semblent ainsi plus fondus, moins agressifs. Cette règle n'est hélas pas absolue et certains vins très aromatiques peuvent être simplifiés par une aération : le coup de fouet, bénéfique dans un cas, est trop violent dans l'autre.
Pour lever le doute, rien ne remplace la dégustation expérimentale. Ouvrez la bouteille à l'avance et versez très peu de vin dans un grand verre pour avoir une vaste surface d'échange air–vin. Après avoir rebouché la bouteille, contentez-vous d'une analyse olfactive en deux temps. La première impression donnera une indication sur le vin servi directement de la bouteille. Attendez un bon quart d'heure en laissant le verre dans un endroit frais et aéré, et respirez à nouveau : si le vin a changé en mieux, la décantation s'impose. Si le vin a décliné, mieux vaut oublier la carafe.
Cet exercice peut se faire avec des amis, avant le repas. Si vous connaissez bien le vin que vous allez servir, le livre de cave où vous aurez consigné les expériences précédentes sera un allié précieux pour prendre une décision.
En général, on décante plus facilement un vin tannique (un bordeaux par exemple) qu'un vin aromatique (un bourgogne). Ce n'est pas par hasard que l'on trouve des carafes en Gironde et des paniers à Dijon.
Plus le temps passé entre la décantation et le service est long, plus le vin est modifié. Ajustez donc l'heure de la décantation à ce que vous en attendez. Deux heures à l'avance semble une bonne mesure pour un vin jeune, une heure pour un vin à maturité, quelques minutes pour un vin à risque.

Les carafes

Les carafes à décanter forment un monde à elles seules tant leurs formes, leurs tailles, leurs styles et leurs prix sont variés. De la simple carafe boule à la forme dite canard, du verre au cristal, agrémentées ou non d'anses et becs en argent ou en étain, elles ont toujours émoustillé l'esprit créatif des cristalliers et des orfèvres. En fait, chaque type de carafe trouve sa justification : préférez les fonds larges pour une forte aération, les cols hauts pour préserver les arômes, les petites carafes pour mettre dans un rafraîchissoir. Si la carafe canard est un beau compromis et surtout un superbe objet de table, ses parties métalliques posent un réel problème de nettoyage. Surtout n'employez pas de produit pour argenterie sous peine de marquer les vins d'une odeur exogène désagréable. Complément indispensable de la carafe, l'entonnoir en étain ou en argent doit être reposé sur une soucoupe, sous peine de maculer la nappe.

Décanter les vins blancs

L'usage ne prédispose pas à la décantation des vins blancs mais l'expérience la recommande. Si les petits vins vifs et fringants ont tout à y perdre, les vins blancs de garde, en particulier ceux vinifiés en barrique, y gagnent en expression, en harmonie et en fondu. Indispensable aux graves et pessac-léognan blancs mais aussi à certains vins de chenin muets à l'ouverture, la décantation leur fait perdre leur timidité initiale ; ils en deviennent volubiles. Même les grands chardonnays de Bourgogne renforcent leur complexité. Vous pouvez aussi essayer de décanter les champagnes dans une belle carafe de cristal taillé, du plus bel effet sur la table : ils perdent un peu en gaz mais renforcent leur fruité. Vous garderez cependant les grandes cuvées dans leur bouteille, en réservant la décantation aux champagnes moins prestigieux. Pour les vins liquoreux, l'aération est indispensable, et même très longtemps à l'avance (en gardant le vin au frais) pour éliminer le SO_2 migrainigène.

Reconnaître...
L'œil

Première étape de la dégustation, l'analyse visuelle renseigne non seulement sur la vinification et la conservation du vin, mais aussi sur son âge et son degré d'alcool. La vue est ainsi le premier contact du dégustateur avec le vin, à l'origine de la première appétence. La couleur, la brillance et l'intensité constituent la robe du vin.

La première impression

Il est parfois bien difficile de distinguer, les yeux bandés, un vin rouge léger d'un rosé, ou même d'un vin blanc gras et opulent. Cet exercice peut être un excellent jeu de société, où il est plus facile de perdre que de gagner... Une école de modestie. Mais on ne peut nier le rôle de la couleur dans l'appréciation d'un vin. Ainsi, une belle couleur limpide et éclatante pour un vin blanc invite-t-elle aux louanges. Si une robe sombre et profonde pour un vin rouge oriente le dégustateur vers une perception de densité, une intensité trop faible l'incitera à une sévérité qui influencera son analyse olfactive et gustative.

L'observation de la robe du vin permet de juger de la qualité de la vinification et du vieillissement.

Les vins blancs

Si le fond général de la couleur des vins blancs est jaune, vous distinguerez deux autres teintes qui se succèdent dans le temps : le vert et le marron. La première apparaît sur des vins jeunes, la seconde sur des vins vieux. Entre les deux, une large gamme se décline : jaune pâle, jaune doré, bouton d'or, topaze, vieil or (vins vieux ou liquoreux), miel, roux, fauve, cuivré, ambré.

Les vins rosés

La teinte d'un vin rosé varie en fonction du cépage, des traditions locales de vinification ou de son âge. Pour un côtes-de-provence, un rosé orangé traduit une certaine jeunesse ; pour un bergerac, la même couleur sera un signe d'évolution. Un rosé de pressurage est très clair, un rosé de macération plus intense. Pour s'en tenir à la simple observation chromatique, la teinte s'inscrit entre le jaune et le rouge. S'y ajoutent des composantes bleues pour les vins jeunes ou à base de syrah ou de tannat, ou bien marron pour les vins plus âgés ou riches en grenache, par exemple.

Les vins rouges

La gamme des teintes à dominante rouge dans les vins est due à l'évolution des anthocyanes. Dans un vin jeune, ces pigments sont à l'état libre et présentent une composante bleu intense. Celle-ci vient, en se combinant au rouge, apporter des nuances violacées. Avec l'âge, les anthocyanes s'allient aux tanins pour donner une composante jaune qui se traduit dans le verre par des reflets orangés. Puis, l'ensemble se colore en tirant vers le marron. De la même manière, la frange du disque dévoile une teinte spécifique : un vin peut ainsi être rubis à frange orangée.
Selon les cépages vinifiés, la couleur des vins est plus ou moins intense. Un vin issu du gamay présente ainsi une robe légère, couleur cerise. En revanche, un vin de cabernet-sauvignon offre au même âge une teinte sombre, rubis. Seules des nuances pourpres sur la frange traduisent sa jeunesse.

REPÈRES

• **Pour juger de l'intensité**, prenez un vin rouge bien coloré. Dans plusieurs verres, ajoutez 20, 40, 50 et 80 % d'eau. Reclassez les verres par ordre d'intensité colorante croissante.

Pour mieux apprécier l'intensité colorante d'un vin rouge, promenez la pointe d'un crayon derrière le verre, de haut en bas, et regardez son image à travers le disque. Jugez ainsi de l'affaiblissement de son image. En utilisant le même verre, le même crayon et avec un peu d'expérience, vous aurez un point de repère reproductible pour apprécier l'intensité. Pour plus de rigueur, vous pourrez, dans une dégustation comparative, composer votre propre gamme de verres avec des intensités croissantes en vous y référant pour chaque échantillon.

• **Pour juger de la teinte**, prenez un vin blanc. Dans plusieurs verres, ajoutez 1, 2, 5, 10 et 20 gouttes de vin rouge avec une pipette. Reclassez les verres par ordre de teinte du moins bleu au plus bleu.

• **Pour juger de la viscosité**, préparez deux verres, l'un d'eau pure, l'autre d'eau additionnée d'alcool (20 %) et de glycérine (10 g/l). Observez les larmes sur la paroi du verre et l'aspect du liquide lorsque vous le versez dans un autre verre.

Au versement du vin dans le verre, le dégustateur peut juger de la viscosité du vin. À la lueur d'une bougie, il note la limpidité. Sur fond blanc il apprécie la brillance et la couleur.

Pour mieux percevoir l'intensité colorante, le dégustateur promène un crayon derrière le verre.

Les étapes de l'analyse

1. La limpidité. Notez la limpidité d'un vin par observation latérale du verre. Celui-ci sera éclairé soit par la lumière naturelle, soit par une source artificielle, sur fond noir.
Un vin trouble ne se goûte jamais bien : il paraît rustique et rugueux, sans aucune finesse.

2. La brillance. C'est l'éclat du vin, sa faculté de renvoyer la lumière, de chatoyer comme une pierre précieuse. Observez cette qualité en regardant le disque (la surface du vin vue d'en haut), à la lumière naturelle et sur fond blanc.

3. La couleur. Vous apprécierez la couleur à partir de deux facteurs bien distincts : l'intensité et la teinte. L'intensité colorante d'un vin est due à sa richesse en pigments colorants (anthocyanes ou flavones). Elle dépend de l'épaisseur de vin traversée par la lumière. Observez-la au-dessus du verre, en inclinant celui-ci pour régler la hauteur du liquide, et à la lumière du jour qui frappe le verre de face. Vous devez nuancer votre appréciation en fonction du type de vin. En effet, vous ne pouvez pas attendre la même intensité colorante d'un beaujolais que d'un hermitage. Quant à la teinte, vous distinguerez la tonalité principale des reflets, que vous pouvez observer soit lorsque le vin est en train de couler de la bouteille, soit sur les bords du disque.

4. La couleur de la frange. La fine zone où le vin rencontre le verre, tout autour du disque, est une source d'enseignements sur l'évolution du vin ; c'est dans cette partie que les composantes de la couleur sont les plus visibles : bleues pour un vin jeune, brunes pour un vin âgé.

5. La viscosité. On a longtemps cru que le gras du vin, à l'origine des *larmes* ou *jambes* qui coulent le long du verre, était dû à sa richesse en glycérol. Or, c'est surtout la teneur en alcool qui tend à modifier la tension superficielle du liquide et donc à favoriser des gouttes de vin sur le verre. La viscosité s'apprécie en observant attentivement le vin qui coule de la bouteille.

Analyser les nuances

DU JAUNE AU BRUN

Couleur	Nuance de la robe	Déduction
VINS BLANCS		
	Presque incolore	Très jeune, très protégé de l'oxydation Vinification moderne en cuve
	Jaune très clair à reflets verts	Jeune à très jeune, Vinifié et élevé en cuve
	Jaune paille, jaune or	Maturité Peut-être élevé sous bois
	Or cuivre, or bronze	Déjà vieux
	Ambré à noir	Oxydé, trop vieux
VINS ROSÉS		
	Blancs tachés, œil-de-perdrix, reflets rosés	Rosé de pressurage et vin gris jeune
	Rose saumon à rouge très clair franc	Rosé jeune et fruité à boire
	Rose avec nuance jaune à pelure d'oignon	Commence à être vieux pour son type
VINS ROUGES		
	Violacé	Très jeune. Bonne teinte des gamays de primeur et des beaujolais nouveaux (6 à 18 mois)
	Rouge pur (cerise)	Ni jeune ni évolué L'apogée pour les vins qui ne sont ni de primeur ni de garde (2 à 3 ans)
	Rouge à frange orangée	Maturité de vin de petite garde Début de vieillissement (3 à 7 ans)
	Rouge-brun à brun	Seuls les grands vins atteignent leur apogée vêtus de cette robe (pour les autres il est trop tard)

DU CLAIR AU FONCÉ

Couleur	Causes	Déduction
Robe trop claire	Manque d'extraction, année pluvieuse, rendement excessif, vignes jeunes, raisins insuffisamment mûrs, raisins pourris, cuvaison trop courte, fermentation à basse température	Vins légers de faible garde Vins de petits millésimes
Robe foncée	Bonne extraction, rendement faible, vieilles vignes, vinification réussie	Bons ou grands vins Bel avenir

Reconnaître...
Le nez

L'appréciation olfactive d'un vin repose sur une somme de sensations appelée le nez du vin. Malgré les innombrables techniques développées en matière d'analyse des arômes, il n'existe aujourd'hui encore aucun appareil de mesure capable de rivaliser avec l'odorat de l'homme. Les chercheurs ont dénombré dans le vin plus de cinq cents arômes différents.

La reconnaissance des arômes fait appel à la mémoire : souvenirs d'odeurs perçues dans la nature, réminiscences de parfums fruités et floraux.

Mémoriser les arômes

Dès l'enfance, nous apprenons à voir, à entendre, à toucher, à goûter, mais aucune initiation n'est envisagée pour améliorer notre odorat. Ce sens est très développé à la naissance, puis régresse ou perdure sans que des exercices viennent le stimuler ou le discipliner. Ainsi évolue-t-il de façon différente selon les individus et l'on constate

des sensibilités et des capacités d'attention variables d'une personne à l'autre.
L'amateur de vin sera amené à réveiller ce sens endormi par l'entraînement et le travail de mémorisation. Car il devra exprimer les sensations perçues à l'olfaction d'un vin par analogie avec toute la gamme des odeurs rencontrées dans la nature. Le tableau des arômes (**p. 39**) permet d'identifier les grandes familles d'odeurs : végétale, florale, fruitée, boisée, épicée, empyreumatique.

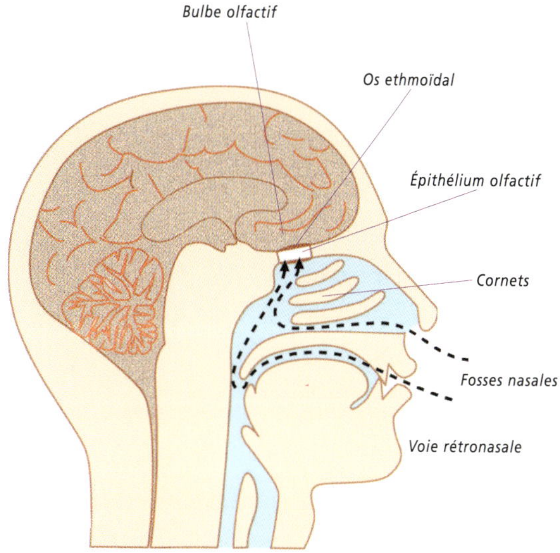

REPÈRES

La voie rétronasale

Un individu fortement enrhumé perd le goût des aliments. Cet état met en évidence le rôle de la voie rétronasale dans la perception des arômes.
Une expérience simple conduit à la même conclusion. Il vous suffit de demander à un ami de se pincer fortement le nez, puis de mettre en bouche un peu de jus d'ananas que vous lui aurez préparé dans une tasse pour qu'il ne puisse pas percevoir son aspect.
Celui-ci aura la plus grande difficulté à identifier le fruit en question. Dès qu'il relâchera le nez, l'air recommencera à y circuler et il reconnaîtra immédiatement l'ananas.

Comment fonctionne l'odorat ?

L'œil, le nez, la bouche sont sollicités lors d'une dégustation, mais dans ce trio l'odorat joue indiscutablement le rôle le plus important. Le nez possède un outil d'une exceptionnelle puissance et finesse : le bulbe olfactif. Celui-ci, regroupant les centres de l'olfaction, se situe dans la zone antéro-inférieure du cerveau. Les cellules spécialisées dans la perception des odeurs se trouvent, quant à elles, tout en haut des fosses nasales et sont reliées au bulbe par le nerf olfactif qui traverse l'os ethmoïdal (voir schéma).
Le siège de l'odorat peut être activé par deux voies :

• la **voie directe**, celle que l'on exploite quand on hume (on aspire pour sentir) ;

• la **voie rétronasale** qui utilise le passage reliant le palais aux fosses nasales.

On emploie parfois le mot « odeur » pour désigner les sensations recueillies par voie directe, et le mot « arôme » pour la perception par voie rétronasale, c'est-à-dire par rétro-olfaction. Cette dernière correspond aux sensations olfactives perçues en même temps que les saveurs alors que le vin est en bouche.
Les composants aromatiques du bouquet s'expriment selon leur volatilité, qui dépend de la température. Dans le verre, la température du vin se situe entre 10 et 20 °C : le nez perçoit des odeurs. Dans la bouche, la température atteint 30 °C et plus : on détecte alors des arômes par voie rétronasale. Les spécialistes de l'olfaction estiment que le tandem récepteurs-cerveau serait capable de distinguer 400 000 odeurs, à des doses infinitésimales.

Les étapes de l'analyse

L'appréciation olfactive d'un vin repose sur une somme de sensations que les experts appellent « le nez du vin ». Elle se déroule en trois étapes.

1. Humez le vin qui vient d'être versé dans le verre (rempli au tiers), en tenant celui-ci immobile par la base de son pied. Ce premier nez met en évidence des arômes parfois subtils mais fugaces.

2. Faites tournoyer le vin dans le verre. Respirez à nouveau. Le deuxième nez dévoile les odeurs qui se sont développées grâce à l'aération et à l'oxydation.

3. Agitez le vin dans le verre en cassant sa surface. Les arômes les moins volatils sont ainsi débusqués. Laissez ensuite le vin se reposer dans le verre avant de suivre l'évolution des constituants aromatiques. En effet, les arômes ne sont pas figés dans le verre. En passant d'un milieu réducteur dans sa bouteille à une ambiance oxygénée dans le verre, le vin voit ses composés aromatiques évoluer plus ou moins rapidement. Ainsi, les notes de fumé ou de viandé disparaissent-elles à la première aération.

Le fond de verre

La dernière goutte qui se tapit au fond du verre a encore son mot à dire. Les notes trop végétales, trop boisées, ainsi que le caractère volatil se manifestent impitoyablement. La résistance du vin à l'oxydation, donc sa capacité de garde, se dévoilera ensuite. En chauffant le verre d'une main et en le bouchant de l'autre, comme vous le feriez avec un vieux cognac ou un vieil armagnac, vous pourrez tenter de deviner l'évolution du vin au vieillissement.

REPÈRES

La reconnaissance des odeurs

Dans des verres opaques, placez différents jus de fruits (pomme, abricot, orange, banane). Il s'agit de les reconnaître simplement à l'odeur, sans se laisser influencer par la couleur. L'exercice, répété plusieurs fois, prouve qu'il existe un temps de latence entre deux sensations : il faut laisser votre nez se reposer quelques secondes avant de passer au verre suivant.

Le dégustateur hume le vin, verre immobile, pour percevoir le premier nez. Il agite ensuite le vin et étudie l'évolution des arômes, jusqu'au fond de verre.

Reconnaître… Les arômes

Quoi de plus fascinant que d'écouter un dégustateur chevronné évoquer les arômes qu'il découvre dans un verre de vin ? Pour mettre un mot sur chaque sensation olfactive, il faut comprendre la magie du vin, depuis la vendange d'un raisin sain et mûr jusqu'à la fermentation et au vieillissement en bouteille.

ARÔMES PRIMAIRES

Les arômes du raisin

Chaque cépage porte sa signature aromatique, plus ou moins intense selon la variété. On distingue les cépages dits aromatiques des cépages plus discrets. Dans la première catégorie, les cépages de la famille des muscats représentent le paroxysme aromatique. Cependant, le gewurztraminer (arômes de rose et d'épices) ou le sauvignon (senteurs de buis et de fruits blancs) dans les vins blancs, ainsi que le cabernet-sauvignon (notes de poivron et de fruits rouges) ou la syrah (fruits noirs et poivre) dans les vins rouges portent en eux des gènes aromatiques facilement identifiables. De plus, un cabernet-sauvignon n'a pas le même profil aromatique selon qu'il est cultivé en Médoc ou en Languedoc.
Dans le premier cas, il développe des arômes de poivron, de fumée, de feuille de cassis ou de cassis mûr en fonction de son état de maturité ; dans le second cas, des arômes de fruits à l'eau-de-vie et de réglisse se superposent à un fond de fruits noirs.
Le riesling offre l'exemple le plus saisissant du dialogue entre cépage et terroir. Il exprime des qualités très variables selon les sols : de la plus grande délicatesse florale aux senteurs plus lourdes de naphte ou de truffe. Quant à l'influence de la maturité, il suffit pour s'en convaincre de goûter un vin de sauvignon issu d'une vendange précoce, dont les arômes de buis ou de pipi de chat sont peu agréables, et un vin de raisins bien mûrs auquel les fruits à chair blanche et le musc apportent de la noblesse.

À gauche, le chenin ; ci-dessous, le riesling.

Les arômes

Les arômes primaires sont issus du cépage. Les arômes secondaires proviennent de la fermentation, des levures et de l'alcool.

REPÈRES

Identifiez les arômes

La reconnaissance des arômes est l'exercice le plus difficile. Il fait appel à la mémoire du dégustateur, à sa culture olfactive en quelque sorte. Cette culture peut s'enrichir par une gymnastique simple. Ces sont des exercices quotidiens qui demandent au débutant une attention à toutes les odeurs de son environnement : rue, jardin, cuisine, marché, etc. Cet apprentissage sera facilité par l'utilisation d'arômes synthétiques, isolés pour la dégustation.

- Classez les arômes dans les différentes séries – florale, fruitée, balsamique, empyreumatique, etc. – afin de bien comprendre les caractéristiques communes à chaque famille aromatique.
- Sentez ensuite ces arômes à l'aveugle et identifiez-les. Travaillez à nouveau par série, en humant tout le groupe fruité, par exemple, et en essayant de nommer chaque fruit.
- Reconnaissez enfin un arôme choisi au hasard : d'abord la famille aromatique, puis l'arôme en particulier.

ARÔMES SECONDAIRES

Les arômes de la fermentation

Le pur jus de raisin est peu aromatique. Les arômes sont parfois à l'état latent, sous forme de précurseurs, tapis dans la pellicule de la baie. La transformation du sucre en alcool libère ces arômes et les rend éclatants : le fruit ne se révèle que lors de la fermentation. L'agent de cette transformation, la levure, ne produit pas seulement de l'alcool et du gaz carbonique, il donne aussi naissance à une grande variété de produits secondaires, grâce aux enzymes qui participent aux réactions chimiques. Ces différentes substances complètent les senteurs initiales du fruit par des arômes secondaires, lesquels dépendent de la nature de la levure, de la température de fermentation et des aliments de la levure. L'utilisation de levures « sélectionnées » (exogènes) permet à coup sûr d'orienter les arômes mais prive le vin d'une complexité qu'il aurait pu acquérir en fermentant avec des levures indigènes, celles du vignoble ou de la cave. La fermentation malolactique assouplit les vins en transformant l'acide malique (un acide âpre et dur) en acide lactique. Elle transmet elle aussi sa cohorte d'arômes. Le fruité initial s'en trouve modifié : des notes beurrées et lactées se combinent alors aux arômes primaires.

Pendant l'élevage, les arômes du vin évoluent vers des notes complexes et héritent des nuances du bois. À droite, bodega de Jerez.

ARÔMES TERTIAIRES

Les arômes de l'élevage

Une fois la totalité des sucres transformés en alcool, le vin entame une période d'élevage plus ou moins longue. On distingue l'élevage, qui s'effectue en cuve ou en fût, du vieillissement en bouteille.

• Pendant l'élevage, le vin se trouve en milieu oxydatif ménagé ; il est protégé par l'adjonction modérée d'anhydride sulfureux (soufre). Au cours de cette phase, les arômes primaires et surtout fermentaires s'atténuent, le vin se défait de son caractère de jeunesse. Si la cuve garde d'autant plus de fruit que le vin est protégé des oxydations violentes, le fût produit non seulement une lente oxydation mais aussi communique les composés très odorants du chêne plus ou moins brûlé de la barrique.

• Après mise en bouteilles, le vin entame sa vie à l'état de réduction. Se développent des arômes de cuir, de viande, voire de gibier, avec des notes parfois complexes de champignon, de fumée, de torréfaction. Tous ces éléments évoluent avec l'âge. Le vin connaît ainsi différentes phases. C'est un être vivant : il naît, s'élève, mûrit avant de décliner et de mourir.

Au fil du temps, les arômes du vin passent des composantes primaires et fermentaires au bouquet, mais des états intermédiaires se manifestent aussi. Un vin qui a réussi à garder un peu de son fruité originel tout en évoluant lors de son élevage et de son vieillissement a de grandes chances de devenir une belle bouteille.

Le bouquet ou arômes tertiaires

Ces arômes se développent pendant l'élevage du vin en cuve ou en fût, puis pendant sa garde en bouteille.
On peut trouver des bouquets à caractère oxydatif ou de réduction. On parle aussi de fumet lorsque le vin a atteint un âge respectable.

La fermentation

C'est la transformation du sucre du raisin en alcool sous l'action des levures, accompagnée d'un dégagement de gaz carbonique. Parallèlement à cette transformation, d'autres composés se développent qui font le caractère du vin. Pour que la fermentation se déroule dans de bonnes conditions, les levures doivent bénéficier d'air et d'une température ni trop basse ni trop haute : entre 26 et 30 °C pour les vins rouges, entre 18 et 20 °C pour les vins blancs et rosés.
La fermentation malolactique : il s'agit d'une seconde fermentation, induite par des bactéries lactiques qui transforment l'acide malique en perdant une fonction acide. Le vin perd ainsi de son acidité primitive et ses arômes sont transformés. Cette fermentation doit se dérouler alors que les sucres du raisin ont été complètement épuisés, sous peine de production d'acidité volatile. Elle peut se déclencher en cuve ou en barrique.

Dans le verre… la synthèse

Lorsque vous dégustez un vin, en particulier un vin vieux, les arômes ne sont pas figés dans le verre. Passant d'un milieu réducteur dans sa bouteille à un milieu oxygéné dans le verre, le vin connaît une évolution plus ou moins rapide de ses composés aromatiques. Juste après le versement, quelques arômes de réduction peuvent se manifester (fumé, viandé, par exemple), mais ils disparaissent à la première aération. De même, les différentes familles aromatiques ne se déclinent pas en même temps. Laissez le vin « vivre sa vie » ; revenez sur son nez et suivez son discours aromatique. L'usage du vin à table est ainsi incomparable : le temps du repas permet au vin d'exprimer toutes ses facettes et sa complexité. Les experts insistent souvent sur la température à laquelle le vin doit être servi, car celle-ci est susceptible de modifier la perception du bouquet ; trop chaud (au-dessus de

L'élevage

C'est la période qui suit la fermentation et qui permet d'affiner le vin, avant sa mise en bouteilles. Lorsque l'élevage n'est pas bien maîtrisé, le vin peut prendre de nombreux défauts : un goût de bois asséchant, une oxydation, de l'acidité volatile, l'attaque par des levures brettanomyces.

La réduction

C'est l'évolution des composants du vin dans un milieu privé d'air, comme la bouteille obturée par un bouchon de liège. La réduction se caractérise par des arômes animaux, des notes de cuir, de champignon, de fumée. Une réduction trop poussée conduit à des défauts : odeurs de renfermé dans les vins rouges, odeurs métalliques dans les vins blancs, odeurs putrides telles que l'œuf pourri, l'oignon, le poireau ou le croupi.

L'oxydation ménagée

Les composants d'un vin s'oxydent au contact de l'air. Les vins rouges peuvent être élevés en fût, ce qui permet un lent apport d'oxygène. Cet apport affine les tanins et favorise les mariages tanins-anthocyanes aptes à stabiliser la couleur. En revanche, les vins blancs sont souvent gardés à l'abri de l'air pendant leur phase d'élevage.
En général, ils sont mis en bouteilles précocement en ajustant la dose d'anhydride sulfureux pour conserver intacts leur fraîcheur et leurs arômes. Une oxydation excessive entraîne de graves altérations du vin : teinte marron peu engageante, arômes de cuit, de madère, de solvant ou de vernis.

18 °C), il perd rapidement les parfums très volatils et risque d'exprimer des composés aromatiques lourds anormaux.

Honnêteté et confiance en soi

Les arômes et les goûts doivent être réellement ressentis et non suggérés par une connaissance théorique (un meursault doit sentir le tilleul, donc ce vin sent le tilleul) ou par le commentaire d'un voisin qui clame que le vin dégage tel ou tel arôme. Le pouvoir de suggestion, parfois déterminant si un dégustateur de fort caractère ou de grande réputation exprime son point de vue, ne doit pas aller à l'encontre de votre libre arbitre ; il n'est nullement déshonorant de dire dans une dégustation collective : « Non, je ne sens pas cet arôme de réglisse dont vous me parlez. » La dégustation est une grande école d'humilité.

REPÈRES

Ajoutez un composé aromatique

Prenez deux verres de vin. Hors du groupe d'amis dégustateurs, ajoutez un arôme à l'un d'entre eux, en faible quantité de préférence. Faites reconnaître l'arôme en question. Puis, déclinez les composants aromatiques dans plusieurs verres. Celui qui aura le plus de points pourra goûter le verre numéro 1 vierge de tout additif. Le contenu des autres verres devra être jeté.

Séries aromatiques et arômes

Arômes primaires ou variétaux

VINS BLANCS

Série florale	Acacia, aubépine, œillet, chèvrefeuille, jacinthe, jasmin, iris, fleur d'oranger, rose, lilas, genêt, tilleul
Série végétale	Foin coupé, herbe, fougère, buis, pipi de chat, tisane, lierre, thé Notes végétales aromatiques : anis, menthe, fenouil, etc.
Série fruitée	Pomme, pêche blanche ou jaune, poire, agrumes, citron, abricot, pamplemousse, coing, ananas, mangue, fruits exotiques divers, banane, amande fraîche
Série minérale	Pierre à fusil, craie, iode, silex, naphte ou pétrole

VINS ROUGES

Série florale	Violette, rose, pivoine, fleurs séchées, rose fanée
Série végétale	Poivron vert, humus, bourgeon de cassis
Série fruitée	Fruits rouges et noirs (cerise, mûre, etc.).
Série épicée	Poivre, thym, laurier, garrigue

Arômes fermentaires

VINS BLANCS ET VINS ROUGES

Série fermentaire	Levure, mie de pain, brioche, biscuit
Série lactée	Lait, beurre frais, fondu ou noisette, yaourt
Série amylique	Banane, bonbon anglais, vernis à ongles

Arômes d'élevage

VINS BLANCS

Série florale	Fleurs séchées, camomille, bruyère
Série fruitée	Fruits secs : noisette, noix, amande, abricot
Série confiserie	Miel, praline, pâte d'amande, cake, etc.
Série boisée et balsamique	Chêne, bois neuf, balsa, pin, cèdre, vanille, etc.

VINS ROUGES

Série fruitée	Fruits rouges compotés, pruneau, fruits noirs, prune, cerise noire
Série empyreumatique	Cacao, pain grillé, pain d'épice, café, tabac, caramel
Série boisée et balsamique	Bois neuf, chêne, pin, eucalyptus, bois fumé, bois brûlé, etc.
Série épicée	Vanille, cannelle, poivre, clou de girofle, réglisse, Zan, goudron
Série animale	Jus de viande, cuir, fourrure, gibier, venaison, ventre de lièvre
Série végétale	Sous-bois, champignon, truffe
Série chimique	Solvant, vernis

Reconnaître...
Les arômes de fleurs dans les vins blancs

La première découverte d'un arôme fleuri dans la vie du vin est celle de l'odeur de la fleur de vigne. Discrète, délicate, elle s'exprime avec beaucoup de finesse et de subtilité. La palette aromatique d'un vin blanc sec s'apparente souvent à celle d'un bouquet de fleurs. Le langage du dégustateur rejoint alors celui de l'horticulteur.

Un signe de la maturité du raisin

On peut établir un parallèle entre la qualité aromatique, ou la richesse de la palette, et l'avancement de la maturité. Un raisin vert exprime des arômes très végétaux, des notes de feuille ou d'herbe fraîchement coupée. Si le raisin mûrit un peu plus, les premiers signes d'odeurs florales apparaissent. Le vin acquiert une gamme aromatique plus complexe et gagne en finesse. Quelques mois de garde supplémentaires et la série fruitée (fruits blanc dans ce cas) complète le tableau. La plus grande complexité est obtenue lorsque le raisin parvient à sa maturité aromatique. Le cépage sauvignon illustre bien ce propos. Cueilli avant complète maturité, il n'exprime qu'une gamme aromatique végétale : buis, feuille de cassis, sureau, sauge. Ramassé à maturité, il offre une superbe complexité où les fleurs comme le chèvrefeuille et l'acacia se mêlent aux fruits blancs (pêche de vigne, poire ou pomme mûre). Un vin blanc peut parler le langage des fleurs. Selon son caractère, il exprimera certaines variétés plutôt que d'autres.

Les fleurs des champs

La gamme des fleurs sauvages est presque infinie : pâquerettes, boutons d'or, liserons, crocus, etc. Elle confère au vin de la fraîcheur et de la légèreté, une note naturelle qui le rend particulièrement désaltérant. Les vins de macabeu, de rolle, de clairette, de grenache blanc, de viognier, d'aligoté et de sylvaner constituent de bonnes illustrations. Les fleurs des landes comme le genêt ou la bruyère, aux parfums lourds et puissants, se rencontrent dans des vins de cépages tels le chardonnay ou la marsanne. Enfin, les fleurs sauvages de garrigue sont très présentes dans les vins blancs méridionaux.

Les fleurs blanches

Ce sont les fleurs les plus délicates, dont les fragrances intenses restent toujours élégantes : acacia, chèvrefeuille, aubépines, fleurs d'arbres fruitiers – pêcher, pommier, cerisier –, œillet. Cette large gamme caractérise les vins blancs fins et racés. On rencontre de tels effluves dans les vins issus des cépages chardonnay, roussanne, sauvignon, sémillon, viognier ou riesling, entre autres.

Les fleurs d'agrumes

La fleur d'oranger ou la citronnelle ne sont pas des arômes dominants, sauf dans le cépage muscat, mais elles servent de catalyseurs et soulignent telle ou telle autre senteur. Une touche de citronnelle renforce la vivacité et donne beaucoup de légèreté au nez d'un vin blanc. Une note de fleur d'oranger lui confère du volume et de l'allonge.

La rose, le lys et le sureau

Certaines fleurs développent des parfums entêtants qui dominent la gamme aromatique. La rose, très perceptible dans les vins de muscat ou de gewurztraminer, en est le meilleur exemple. Elle impose une sensation de plénitude, voire de lourdeur. Le lys ou le sureau sont également présents dans la gamme des cépages très aromatiques, principalement les riesling, pinot gris, gewurztraminer ou muscat.

Le géranium : un défaut aromatique

L'excès d'acide sorbique, substance utilisée pour protéger les vins blancs, provoque des altérations aromatiques qui s'apparentent au géranium. Cette odeur est désagréable et constitue un défaut à la dégustation.

Les subtils parfums de fleurs des champs et d'arbres fruitiers participent à l'élégance des vins blancs secs.

La violette, le jasmin et l'iris

Certaines fleurs se rencontrent à la fois dans les vins blanc et les vins rouges. La violette en est le meilleur exemple. Le mauzac de Gaillac peut exprimer ce parfum, associé à la pomme mûre ; le vin de viognier en est coutumier, ainsi que certains vins blancs de Savoie. Les vins rouges issus de syrah et de cabernet franc, tout comme ceux de négrette et encore plus d'auxerrois, voire de pinot noir, savent aussi mettre la modeste violette à leur palette.

Les fleurs séchées

Dans la nature, les fleurs ne vivent que l'espace d'une saison ; de même, le vin fleuri finit par se faner. Si celui-ci est de petite constitution, il achèvera sa vie en perdant ce qui faisait son charme juvénile. En revanche, s'il a tout ce qu'il faut pour affronter les années de garde (puissance alcoolique, acidité, concentration), cette palette florale pourra évoluer favorablement ; elle entrera dans les séries de fleurs séchées, d'arômes d'infusion, de tisane, dont la gamme peut être très étendue.

Reconnaître...

Les arômes de fruits dans les vins rouges

À mesure que le grain de raisin mûrit, la sensation fruitée s'affirme, avec un mariage sucre-acide de plus en plus harmonieux et surtout une complexité aromatique croissante. Mais si le vigneron laisse passer un certain stade de maturité, le fruité semble lourd et s'oriente vers des notes « bletties ». Le vin suit exactement les mêmes lois.

Les fruits rouges

• La **framboise** est l'arôme le plus répandu. On le trouve dans des cépages comme le pinot noir, le cabernet franc lorsqu'il est bien mûr, la syrah, le cinsaut et surtout le gamay vinifié par macération carbonique.

• La **fraise** est plus rare et indique souvent une maturité plus avancée. Certains vins vieux, en plein épanouissement, peuvent présenter ce caractère.

• La **groseille**, en revanche, n'est pas un signe de grande maturité et se rencontre parfois dans des vins rouges qui ont manqué de soleil.

• La **cerise** se décline en une large gamme. De la cerise bigarreau, savoureuse et vive, à la petite cerise noire que l'on peut ranger dans la catégorie « fruits noirs », en passant par la burlat, la guigne ou la griotte, les différences sont importantes. Un arôme de cerise est souvent associé à la senteur de noyau. Aussi peut-on le classer dans la catégorie « fruits à noyau ». Si la cerise rouge s'exprime à merveille dans un vin d'appellation morgon, la griotte est évidente dans un chambertin ou un volnay.

Les fruits noirs

La senteur de fruits noirs est associée soit au caractère bien particulier d'un cépage, soit à une grande maturité. Curieusement, cette note est également présente dans les vins issus de cépages tanniques.

• Le **cassis** est le fruit noir le plus souvent identifié par les dégustateurs. Des vins aussi différents que ceux de pinot, de cabernet-sauvignon, de syrah ou encore de fer-servadou cultivé à Marcillac présentent des arômes de cassis.

• La **mûre** est plus rare, mais elle est bien typée à Madiran, dans les vins où le tannat est arrivé à bonne maturité et récolté à petits rendements, ainsi qu'en Savoie dans la mondeuse.

• Les **petites baies sauvages**, comme la myrtille et les airelles, signent des vins plus rustiques ou manquant de maturité.

Les fruits cuits

Au fur et à mesure de l'évolution du vin, le fruit passe du stade frais au stade confituré. On parle alors de fruits compotés, cuits ou franchement confiturés. Ces arômes apparaissent dans les vins de garde, au bout de quelques années, mais les régions du Sud peuvent produire des vins jeunes qui possèdent déjà ces caractères. Lorsque le cépage dominant est le grenache, sensible aux évolutions rapides, cette impression se trouve renforcée.

Les fruits confits

Le fruit confit est une étape dans l'évolution du vin, souvent entre le stade fruit frais et fruit cuit, mais cette note peut également indiquer un grand millésime ensoleillé. On peut associer à cette notion de confit, celle de raisin sec, passerillé ou de Corinthe qui est rare dans les vins rouges et se trouve plutôt dans les blancs liquoreux.

Les fruits secs

Les fruits secs marquent en général la dernière étape du vin. On distingue cependant les fruits secs qui apparaissent à l'apogée de la qualité d'un grand vin rouge de garde comme la figue sèche ou la noisette, des notes moins nobles qui indiquent une oxydation, comme le pruneau ou la noix.

Les fruits à noyau

On regroupe sous cette rubrique des fruits comme la cerise, la prune, la prunelle, la mirabelle, la pêche ou l'abricot. Seuls les deux premiers sont présents dans les vins rouges, les autres s'exprimant plutôt dans les vins blancs. L'arôme de prune est assez rare, mais quelques vins du Midi (certains vins doux naturels) présentent cette note.

Les fruits exotiques

L'arôme de banane signe les vins primeurs en général issus du gamay, vinifiés en macération carbonique, avec des levures aromatiques. Très en vogue, il est présent dans les beaujolais nouveaux, dans les gaillac ou les touraines primeurs. Il s'agit d'un arôme fermentaire, étranger au cépage.

La macération carbonique

Des vins souples et fruités, légèrement acidulés, naissent de la macération carbonique. Les grains entiers de raisins rouges macèrent dans une cuve saturée en gaz carbonique. Sous cette atmosphère privée d'oxygène, la fermentation traditionnelle ne peut s'effectuer, mais à l'intérieur des cellules de chaque baie se produit une fermentation enzymatique, génératrice d'alcool, d'arômes spécifiques et de couleur. Le raisin est ensuite pressé et fermente normalement.

Reconnaître...

Les arômes d'évolution dans les vins rouges

Les caractères à dominante animale, épicée ou grillée apparaissent dans le vin lorsque celui-ci a séjourné en bouteille. Si ces arômes sont persistants et résistent à une aération ou à une décantation, ils font partie de la signature aromatique du vin.

Les arômes animaux

Les arômes animaux se développent avec l'âge de façon aléatoire. Le meilleur exemple de ces variations se trouve à Châteauneuf-du-Pape. Le grenache, épaulé par la syrah et le mourvèdre, a une destinée « en dents de scie ». D'abord très fruité, le vin passe par une phase animale parfois excessive. Un peu de patience et le vin retrouvera un caractère fruité, associé aux notes viandées et épicées qui se sont fondues.

- L'arôme de cuir indique le début de la formation du bouquet. D'abord discret, il peut s'imposer avec force dans les vins rouges vieux où sa présence est une qualité. Un vieux saint-estèphe ou un vieux chambertin, pourtant aux antipodes l'un de l'autre, expriment parfois le même arôme de cuir.
- Les arômes de viande fraîche et, surtout, de jus de viande apportent beaucoup de sapidité au vin car, en général, ils se retrouvent en bouche. Viennent ensuite des nuances plus violentes. L'arôme de sueur peut apparaître dans les vins rouges vieux : il n'est supportable qu'à doses homéopathiques.

Au contraire, les notes de gibier rassemblent tous les suffrages. Certains amateurs de ces arômes de civet rangent les vins qui les expriment dans la catégorie des « vins de chasse ». Les exemples sont nombreux : les grands châteauneuf-du-pape, les bandol, les hermitage, les pomerol, les pauillac, les madiran, les fitou possèdent une force aromatique qui peut rebuter certains et enthousiasmer les autres.

Le mourvèdre est peut-être le cépage qui développe le plus rapidement ces caractères.

Les excès sont toutefois condamnables et indiquent que le vin est vraiment trop réduit ou atteint de déviations bactériennes.

Il en est donc des caractères animaux comme de tous les autres. Seuls, ils peuvent rebuter et le vin paraît déséquilibré. À doses plus légères et surtout intégrés dans la gamme aromatique où les autres familles font entendre leur voix, ils participent à la complexité du vin.

Les arômes grillés

Les notes de grillé peuvent avoir plusieurs origines : la maturité de la vendange n'y est pas étrangère, mais ce sont surtout les tanins qui développent ces arômes (tanins du raisin et tanins de la barrique). Les premiers signes apparaissent sous forme de fumée, viande fumée et fumée de tabac. Viennent ensuite des notes rôties, cuites, grillées. Ces arômes apparaissent dans les grands vins rouges élevés sous bois, tanniques, forts d'un potentiel de garde de plusieurs années. Sévères s'ils s'expriment seuls, ils participent à la typicité de ces vins s'ils sont associés au fruit noir et au gibier. Enfin, les notes de torréfaction du type café, cacao donnent beaucoup de sève à des vins vieux. Très présents dans les vins doux naturels banyuls ou maury, ces arômes signent aussi les vins secs issus de vendanges mûres, des cépages grenache ou syrah. Le merlot du pomerol apporte parfois des nuances chocolatées.

Les arômes épicés

La série épicée égaye les notes viandées et grillées. La vanille, imposante dans les vins jeunes, se fait de plus en plus discrète. Des arômes comme la cannelle, la muscade, le clou de girofle prennent le relais. Certains vins méridionaux évoquent fortement les plantes aromatiques : thym, laurier, origan, sarriette, romarin. Le poivre et la réglisse sont présents dans les vins de syrah issus des grands terroirs. La truffe, à la frontière entre le monde végétal et les épices, apparaît dans les très vieux vins des appellations pomerol, cahors, bandol par exemple.

Les arômes animaux marquent le début de la formation du bouquet et la complexité du vin. Ils se fondent aux notes grillées issues de l'élevage en fût.

L'arôme de truffe caractérise les vins évolués du Médoc, de Cahors et de la vallée du Rhône septentrionale.

Reconnaître...
La bouche

Mettre un vin en bouche, c'est avant tout apprécier une synthèse de saveurs. C'est aussi percevoir une structure équilibrée, distinguer l'attaque, le milieu de bouche et la finale, sentir les goûts élémentaires, les tanins ou la chaleur alcoolique. C'est le cœur de l'art de la dégustation.

Le goût

On distingue traditionnellement quatre saveurs élémentaires : le sucré, le salé, l'acide et l'amer. Cette théorie est à présent jugée trop simplificatrice, mais elle reste commode à des fins pédagogiques.

Jusqu'à la fin du XXe siècle, il était d'usage de distinguer des zones spécifiques de la langue capables de déceler ces saveurs élémentaires : le sucré à la pointe de la langue, le salé sur les côtés antérieurs, l'acide sur les côtés postérieurs et l'amer au fond arrière. Les derniers travaux scientifiques ont révélé que les papilles spécifiques étaient en fait réparties sur toute la langue. En revanche, l'amertume ne serait souvent décelée qu'en avalant le vin, lorsque le liquide passe sur l'arrière de la langue.

• La **sensation olfactive** est perçue par voie rétronasale. Portés à température de la bouche, les arômes se développent avec plus d'intensité que par voie directe ; les composés les moins volatils se dégagent alors. Ces « arômes de bouche » sont très importants : bien plus que les simplissimes arômes fondamentaux, ils sont la signature du goût.

• La **sensation tactile** : lors de la dégustation d'un vin rouge, la perception des tanins (et plus précisément de leur astringence) donne une indication sur le grain, la trame, la texture du vin. Cette sensation est directement liée à la fluidité et à la viscosité de la salive : trop de tanins sèchent la bouche.

• La **sensation thermique** est fonction de la température du vin. Elle peut cependant être provoquée par la richesse en alcool qui, si elle est excessive, rend le vin chaud.

REPÈRES

Les saveurs élémentaires

Identifiez les saveurs élémentaires en goûtant des solutions simples. Organisez l'exercice en deux temps et comparez toujours avec un verre d'eau pure. Les solutions doivent être goûtées à l'aveugle. Il est possible de répéter le test en variant l'ordre des verres.

1. L'identification : préparez dans chaque cas des solutions moyennement concentrées.

GOÛT SALÉ : préparez une solution de 2 g/l de sel de cuisine.

GOÛT ACIDE : mélangez 1 g/l d'acide tartrique ou le jus d'un demi-citron.

GOÛT SUCRÉ : mélangez 5 g/l de sucre.

GOÛT AMER : mélangez 2 mg/l de sulfate de quinine (la quinine se trouve en pharmacie).

2. La perception des seuils : pour une saveur, le salé par exemple, préparez des solutions de concentration croissante : 0,2 - 0,4 - 0,7 - 1,5 - 3 g/l. Dans l'ignorance de la saveur, goûtez les verres dans l'ordre. Notez le verre pour lequel vous percevez une sensation (*seuil de perception*), puis le verre pour lequel vous identifiez la sensation (*seuil de reconnaissance*). Cet exercice réalisé avec un groupe d'amis fait ressortir la grande différence de sensibilité à une saveur d'un individu à l'autre.

Certains amateurs ne sucrent pas leur café et ce n'est pas uniquement pour garder la ligne !

GOÛT ACIDE : 0,006 - 0,12 - 0,25 - 0,5 - 1 g/l d'acide tartrique.

GOÛT SUCRÉ : 1 - 2 - 4 - 6 - 8 g/l de saccharose.

GOÛT AMER : 0,6 - 1,2 - 2 - 2,5 - 4 - 5 - 6 mg/l de sulfate de quinine.

L'équilibre

L'équilibre d'un vin est fonction des rapports entre les différents constituants chimiques qui le composent.

• **L'équilibre des saveurs** : le vin contient des corps sucrés, des acides, des tanins, différents sels. Dans la bouche, ces divers éléments se juxtaposent, mais surtout s'additionnent, se renforcent mutuellement ou, au contraire, s'opposent et se neutralisent. L'harmonie d'un vin résulte essentiellement de l'équilibre entre les goûts sucrés d'une part, acides et amers d'autre part. Cela vaut pour tous les vins, y compris les vins secs, car l'alcool a lui aussi une saveur très nettement douce et sucrée. Le sucre s'équilibre non seulement avec l'acide mais aussi avec l'amertume. Il a également une influence sur les tanins du vin en retardant de quelques secondes la perception de l'astringence et de l'amertume au moment de la mise en bouche.

• **L'équilibre entre saveurs et arômes** est le plus important pour le dégustateur. Le cerveau analyse les saveurs perçues par la bouche et les arômes reçus par le nez, puis en fait la synthèse. La qualité aromatique de bouche participe à l'équilibre et au plaisir. Le dégustateur examinera toujours la balance entre deux grandes composantes aromatiques : le fruité et... le reste. Le fruité fait partie des arômes primaires apportés par le cépage et modifiés par la fermentation. Les autres familles aromatiques, selon leur importance et leur nature, vont combattre cette impression fruitée (un vin trop tannique va ainsi étouffer son fruit) ou bien s'y allier dans une synergie parfois durable. Certains grands vins réussissent le prodige de rester fruités tout au long de leur vie, avec une évolution dans la gamme : ils passent en général du fruit blanc ou rouge aux fruits cuits, aux fruits à noyau ou au pruneau sec.

REPÈRES

L'alliance des saveurs

Il est aisé d'étudier comment deux saveurs se renforcent ou se combattent.

Sucre et acide. Comparez une solution acide à 1 g/l et la même solution additionnée de 6 g de sucre. La sensation acide de la seconde est diminuée.

Amer et acide. Comparez la solution acide avec la même solution additionnée de 4 mg de sulfate de quinine. La sensation acide est renforcée.

L'équilibre des vins blancs

• **Vins blancs secs**

L'équilibre d'un vin blanc sec est le plus facile à appréhender, car il ne comporte que deux éléments : l'acidité et l'alcool. On peut inscrire ces sensations sur deux axes perpendiculaires. Le vin est représenté par un point sur le graphique. S'il est situé à la croisée des deux axes, il est équilibré. Mais il faut toujours apprécier un vin par rapport à des critères de typicité.

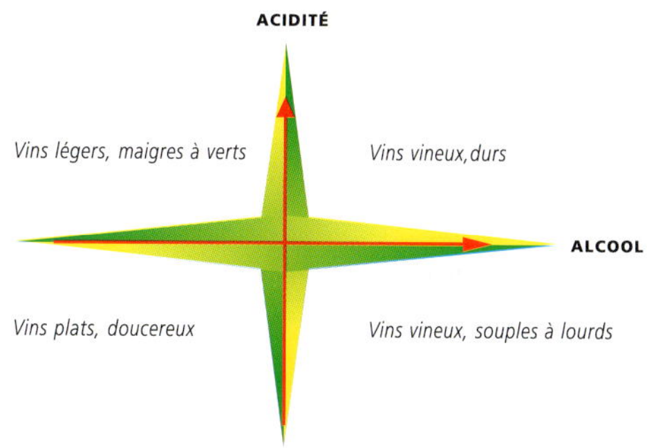

• **Vins blancs moelleux**

La présence de sucres résiduels dans le vin vient modifier les équilibres. On peut démontrer que plus le vin est riche en sucre, plus son degré alcoolique doit être élevé afin de rester harmonieux et de ne pas tomber dans des notes pâteuses ou doucereuses. Pourtant, certains vins liquoreux allemands présentent peu d'alcool et une richesse en sucre considérable. C'est leur forte acidité qui les rend légers, presque aériens.
De même, un jurançon ou un coteaux-du-layon sera toujours plus nerveux qu'un sauternes.

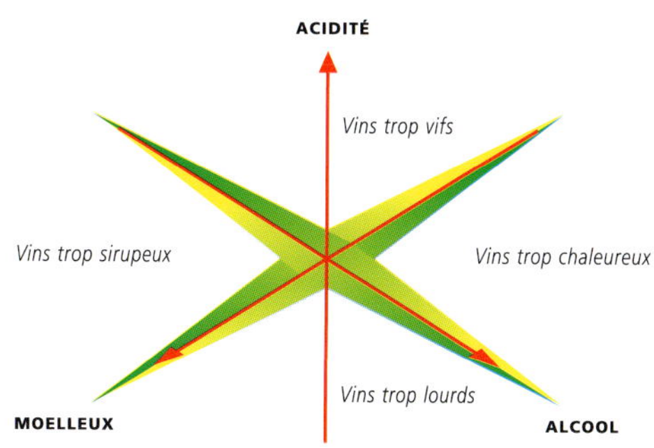

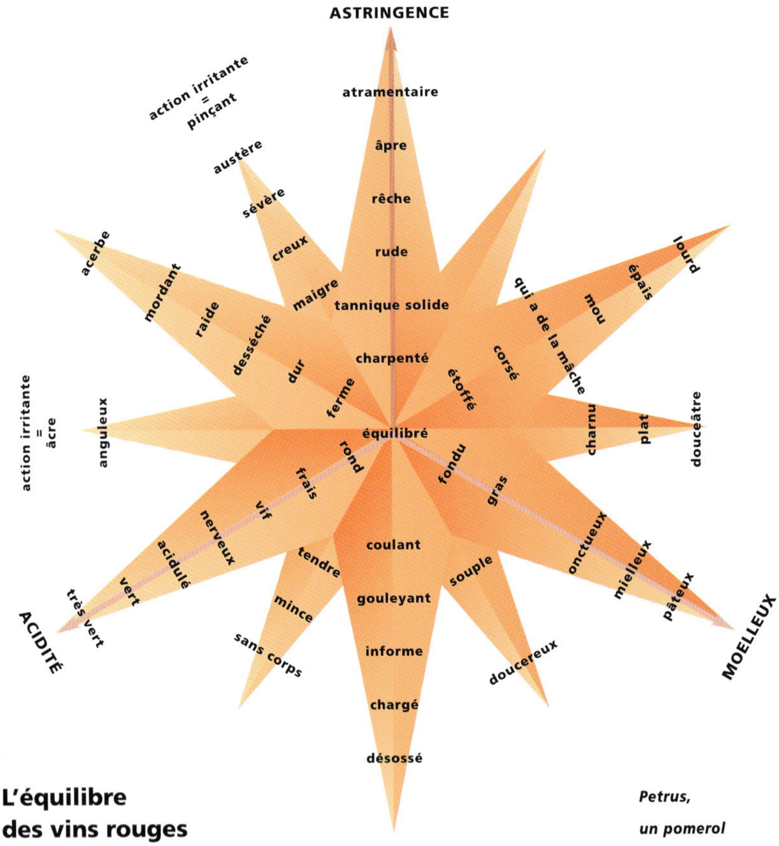

L'équilibre des vins rouges

Un vin rouge présente trois axes d'équilibre : l'**acidité** et le **moelleux** comme pour les vins blancs, plus un **axe astringent** dû à sa force tannique. Principalement apporté par son degré alcoolique, le moelleux du vin rouge équilibre la somme de l'acidité et de l'astringence. Un vin dont l'acidité est importante doit être équilibré par un degré alcoolique élevé ; un vin très tannique par une acidité relativement basse et une force alcoolique puissante. Au contraire, nul besoin de beaucoup d'alcool pour équilibrer un vin peu acide et peu tannique.

Petrus, un pomerol exemplaire d'équilibre.

REPÈRES

La chaleur alcoolique

Rien n'est plus facile à étudier. Il vous suffit de préparer des solutions d'eau et d'alcool neutre de pharmacie en concentrations croissantes : de 8 à 20 % par exemple. Notez la sensation de chaleur et le moelleux, le sucré apporté par l'alcool.

Le moelleux

Le moelleux est la somme des sensations apportées par le sucre, l'alcool et le glycérol. Comparez d'abord de l'eau pure et une solution de 10 g/l de glycérine. Notez la différence de gras et de viscosité en bouche, ainsi que la sensation sucrée apportée par le glycérol. Ajoutez ensuite 15 % d'alcool : le moelleux est augmenté. Ajoutez enfin 10 g de sucre : la sensation moelleuse est à son maximum.

L'astringence

L'astringence est perceptible dans de nombreux aliments : feuilles d'artichaut, aubergines, certaines poires ou prunes, châtaignes crues qui « tirent les gencives ». Préparez une solution avec 0,5 g/l de tanins œnologiques (ces tanins se trouvent en pharmacie). Notez l'impression de dessèchement de la bouche et de structure de la solution. Avec une concentration de 1 g/l, vous percevez la sensation amère due aux tanins.

Les étapes de l'analyse

1. Mettez en bouche une petite quantité de vin. Aspirez un filet d'air afin de permettre au vin ainsi chauffé de libérer ses arômes dans la cavité buccale. Le goût sucré, toujours agréable, se fera sentir en premier, pendant les deux ou trois secondes qui correspondent à l'**attaque** lors d'une dégustation.

2. Remuez le vin dans la bouche. Il évolue pendant une douzaine de secondes. Vous percevrez en même temps la température du liquide, sa viscosité, son éventuelle teneur en gaz carbonique et son astringence. Les sensations deviennent par conséquent plus complexes et révèlent des rapports permettant d'apprécier l'harmonie et le volume du vin. C'est le **milieu de bouche**.

3. La **fin de bouche**, ou **finale**, – toujours dominée par le goût des tanins lorsque l'on déguste un vin rouge – dit tout sur la structure du vin, qui doit s'affirmer sans être agressive ou trop rugueuse. L'air chargé des vapeurs de vin qui se trouvent dans la cavité buccale signe « l'arôme de bouche ». Si vous dégustez un grand vin, les sensations durent bien après avoir recraché ou avalé la petite gorgée d'essai : on dit alors que le vin a une persistance appréciable, ou bien qu'il est « long en bouche ». Cette longueur, mesurée en caudalies (c'est-à-dire en secondes), sert à établir la hiérarchie des vins.

Reconnaître... La persistance aromatique

L'appréciation de la persistance aromatique, ou longueur en bouche, est la partie la plus difficile de la dégustation. Seule une longue pratique peut conduire à la maîtrise de ce point d'orgue essentiel à la hiérarchie des vins.

Une signature aromatique

Dans toutes les phases de la dégustation – à l'œil, au nez et en bouche –, le vin est bien présent physiquement. Il est devant les yeux, sous le nez ou dans le palais. Au contraire, la longueur en bouche s'apprécie lorsque le vin a été avalé ou simplement craché, c'est-à-dire lorsqu'il n'existe plus. Une attention particulière à cette dernière impression permet d'isoler ce qui différencie le vin des autres produits alimentaires : son pouvoir d'expression évanescent, sa signature.

Une somme de sensations

« Un soir l'âme du vin dansait dans les bouteilles », écrivait Baudelaire. L'âme du vin nous apparaît-elle après que le rideau de la pièce est retombé, comme un ultime salut d'artiste ? La longueur en bouche, que l'on peut également nommer *persistance*, *rémanence*, *fin de bouche* ou *finale*, est la somme de plusieurs sensations. Pour simplifier, nous parlerons de *persistance aromatique intense* (la PAI) et de *longueur structurelle*, ou *arrière-goût*.

Pour distinguer la persistance aromatique, comparez différents styles de vin. Les plus grands d'entre eux persisteront en bouche plus de dix caudalies et feront la queue de paon.

La persistance

La persistance aromatique intense est le prolongement des sensations aromatiques perçues lors de la dégustation en bouche. Ce sont vraisemblablement les arômes les plus lourds et les moins volatils qui vont prendre le dessus, les plus légers s'évanouissant en premier. Plus le vin est riche en arômes de bouche, plus il est dense et séveux, plus il va tapisser les muqueuses du palais et donc prolonger l'excitation de nos sens. C'est pourquoi cette notation est si importante : elle permet de relier directement une mesure sensorielle à la qualité d'un vin.

Avant d'avaler un vin, et après avoir noté son équilibre, imprégnez votre mémoire de sa palette aromatique et fixez votre attention sur l'arôme le plus intense. Après ingestion ou rejet, vous devez suivre cet arôme, sans vous laisser perturber par d'autres sensations, et déterminer le moment où il disparaît : le temps écoulé entre la disparition physique du vin et la disparition de l'arôme correspond à la persistance aromatique intense, dont la mesure peut se noter en *caudalies* (de *caudal*, queue), c'est-à-dire en secondes.

Un vin dont la longueur est remarquable fait la roue au palais ou finit en queue de paon, selon l'expression consacrée par les dégustateurs.

REPÈRES

Comparez un vin blanc (vin de table) ordinaire et un vin d'appellation d'origine contrôlée (en prenant un cépage très aromatique comme le sauvignon à Sancerre). La différence est évidente, la longueur du vin de table est proche de zéro, celle du sancerre peut aller de cinq à huit caudalies, selon sa qualité. En rouge, un vin de table aura une longueur qui ne dépassera pas les deux caudalies. Un cru bourgeois du Bordelais laissera apparaître une longueur aromatique axée sur les fruits rouges et les épices. L'étape suivante consistera à déguster le même cru bourgeois parallèlement à un premier cru ou à un cru classé.

Si l'arôme de la finale pourra être de même nature, sa persistance, en caudalies, sera à l'avantage du cru classé. Sauf cru bourgeois exceptionnel (quelques-uns surpassent bien des crus classés) ou cru classé déficient (il y en a parfois, hélas), la hiérarchie sera respectée.

La longueur structurelle

Tout cela serait fort simple si ne se plaquaient sur cette perception aromatique d'autres sensations. Pour bien comprendre, il suffit de goûter un vinaigre ordinaire. Quelques gouttes suffiront. L'acidité grinçante, très importante en bouche, reste dans le palais longtemps après rejet du liquide. Il s'agit d'une longueur qui ne concerne que l'acidité, sans perception agréable d'arômes. On parle alors de longueur structurelle ou d'arrière-goût. Cette longueur cesse lorsque la salivation redevient normale.

Pour le vin, la sensation procurée par l'acidité, la chaleur alcoolique, la puissance astringente des tanins, l'amertume, voire la richesse en sucre, peut perdurer en bouche sans que cela soit pris en compte dans la notion de qualité. Ces impressions se prolongent d'ailleurs plus longtemps que la persistance aromatique intense. Des vins trop alcooleux ou trop tanniques, dont les excès envahissent la bouche, ne doivent pas être pris pour des vins « longs ». Ils accèdent à cette qualité grâce à leur seule faculté aromatique. La qualité des tanins, pour un vin rouge, est essentielle. Des tanins mûrs donneront une saveur persistante agréable qui peut venir renforcer la persistance aromatique. Des tanins verts, amers, végétaux ou trop boisés viendront l'annihiler. Un vin déséquilibré en bouche ne pourra jamais accéder au rang de la longueur.

Persistance aromatique intense (PAI)

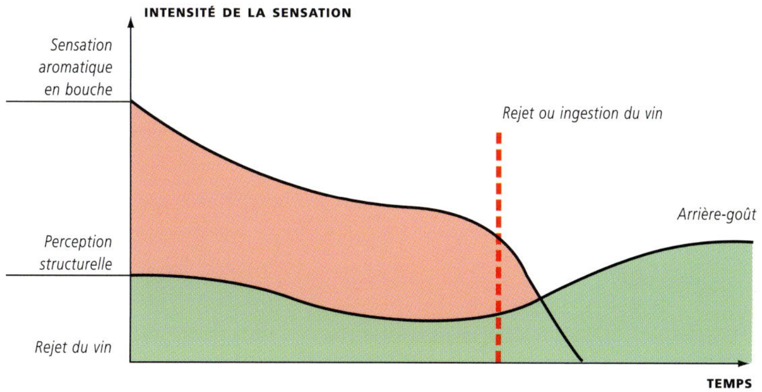

Reconnaître...
Les défauts du vin

Au cours des trois étapes de la dégustation – l'œil, le nez, la bouche –, un vin révèle toute l'histoire de son élaboration et de sa vie en bouteille. Parfois, il a connu bien des tourments et en garde la trace.

À l'œil

L'observation de la robe apporte un verdict impitoyable. Les *casses* sont des précipitations qui troublent le vin ; elles portent le nom de l'élément qui précipite : le cuivre, le fer, les protéines. La plupart des casses protéique, ferrique ou cuivrique qui détruisaient le fragile équilibre colloïdal du vin avec des précipités disgracieux ont certes aujourd'hui disparu, mais quelques défauts visuels de tout autre nature demeurent.

L'examen de la robe d'un vin constitue un premier test. Celle-ci doit être limpide. Cependant, les vins âgés peuvent présenter des dépôts qui n'altèrent en rien leur qualité.

Zéro défaut...

Le zéro défaut en matière de vin ne suffit pas à apporter la qualité, mais engendrerait plutôt, de manière paradoxale, l'ennui. Car, à trop vouloir enfermer le vin dans un cadre technologique, on risque de ne produire qu'un simple aliment sans âme. L'éradication des mauvais goûts, d'odeurs anormales ou de défauts d'équilibre est légitime et nécessaire, mais il ne faut pas que la purification décape le caractère.

Les défauts de limpidité, d'éclat, de brillance ne sont plus très fréquents. C'est aujourd'hui le manque d'intensité colorante qui prédomine, dû à des rendements excessifs, à des vendanges insuffisamment mûres ou à des vinifications précipitées, parfois par manque de cuves dans le chai lors d'une récolte abondante. La teinte, ensuite, permet de juger efficacement de l'évolution d'un vin. La constitution du vin et les conditions de sa conservation en bouteille peuvent parfois être mises en cause. Une cave trop chaude ou soumise à de grands écarts de température accélère le vieillissement du vin : la couleur est précocement tuilée.

Au nez

Les défauts qui affectent le nez sont plus courants. Ils peuvent certes provenir d'une matière première qui manque de maturité ou d'une altération de la vendange par la pourriture grise, mais ils sont induits le plus souvent par la vinification et l'élevage. L'acidité volatile qui, autrefois, empoisonnait jusqu'aux grands vins n'est pratiquement plus qu'un

Le dépôt

Que le sommelier présente une bouteille cachant en son fond un dépôt et le client fronce les sourcils. Pourtant, ce n'est nullement du sucre, mais tout simplement des cristaux de tartre dans les vins jeunes, de la matière colorante et des tanins dans les vins âgés. Ces dépôts sont parfaitement naturels et n'altèrent en rien la dégustation si l'on prend soin de les éliminer par décantation. Au contraire, leur absence est inquiétante, car elle prouve que le vin a été traité pour les éviter.

mauvais souvenir et les vins piqués ont disparu. Les principaux défauts ont trait à l'oxygénation du vin : trop faible, le vin prend des *arômes de réduction* ; trop forte et ce sont les *arômes d'oxydation* qui s'imposent définitivement. Les mauvaises conditions d'élevage créent encore fréquemment des odeurs de *moisi*, de *croupi*, qu'il ne faut pas confondre avec les odeurs de bouchon.
Depuis, quelque temps, un nouveau défaut est apparu : certains produits de traitement des bois de charpente ou des palettes de stockage, des éthyles phénols en particulier, sont capables d'infester les chais et de contaminer les vins en bouteille. Le seul remède est de jeter les palettes ou de reconstruire le chai. Certains de ces défauts olfactifs peuvent être atténués par aération et décantation. D'autres, hélas, sont irrémédiables.

En bouche

Les défauts affectant le seul goût font basculer l'équilibre vers l'extrémité d'un axe gustatif. Un vin trop alcoolisé provient d'un raisin qui a peut-être dépassé son optimum de maturité ou, le plus souvent, d'une chaptalisation coupable ; la *chaptalisation*, du nom du chimiste Chaptal, consiste à ajouter du sucre au moût de raisin pour obtenir, après fermentation, un degré alcoolique plus élevé. Cet ajout est réglementé selon les pays et les régions, et ne doit pas dépasser des limites bien précises. Malgré ce garde-fou, la chaptalisation à outrance est responsable de bien des déséquilibres.
Un excès d'acidité vient en général d'une vendange trop verte. Un excès tannique est dû à un défaut de maturité du raisin, à une vinification trop extractive ou à un boisage disproportionné. Au contraire, un vin peut manquer de chaleur, de nerf ou de structure, c'est-à-dire d'harmonie et d'équilibre.

Lorsque le bouchon de liège est altéré par des moisissures, il lègue au vin une odeur végétale désagréable : le goût de bouchon.

Le goût de bouchon

Les arômes et goûts de bouchon traduisent une véritable altération que l'on ne découvre qu'à l'ouverture de la bouteille. Dus aux moisissures du liège ou aux produits de traitement des bouchons, ils s'apparentent aux goûts de moisi ou de vieille barrique. On pourra s'exercer à faire la différence entre le vrai goût du liège, ligneux et végétal, et le mauvais goût de bouchon, en sentant un bouchon sain et un bouchon défectueux. Aucun vin, même le plus prestigieux, n'est à l'abri d'un tel accident.

Déguster...
Les vins blancs

La dégustation des vins blancs est d'une approche relativement aisée. L'équilibre ne dépend que de deux facteurs : l'acide et la composante alcool-moelleux. Les vins blancs peuvent être élaborés pour être consommés jeunes, sur leurs arômes primaires, variétaux ou fermentaires, ou bien pour vieillir longtemps en bouteille. Les techniques de vinification sont ainsi adaptées à la vocation du vin.

À l'œil

• Un vin blanc se doit d'être limpide et éclatant. Clair et transparent, il laisse impitoyablement paraître toute impureté, voile ou colloïde. Parfois un léger dégagement de gaz carbonique se traduit par une perle plus ou moins fine.

• Le disque doit être exempt de particules qui surnagent, mais il doit surtout présenter de l'éclat.

• L'intensité colorante est très variable dans les vins blancs ; elle dépend des cépages et, plus encore, des modes de pressurage et de vinification. Un vin blanc sec très pâle, presque incolore, provient souvent d'une vinification technologique. Un vin à la robe plus soutenue peut être issu d'une fermentation en barrique. Au début de sa vie, une légère composante bleue donne des reflets verts au vin blanc. Vous observerez des couleurs *jaune citron*, *jaune-vert*, *jaune paille*. À mesure que son âge avance, une composante *marron* lui donne des notes *dorées* : *bouton d'or*, *topaze*, *vieil or*. Lorsque la composante marron prend le dessus, vers la fin de la vie du vin, vous trouverez des teintes *rousses*, *ambrées*, *brunes* ou *acajou* qui sont un signe de madérisation avancée.

Au nez

Un vin blanc doit avant tout être aromatique. Vous noterez donc l'intensité du nez : de *faible* à *intense*, de *discret* à *développé*, de *modéré* à *bouqueté*. Un nez expressif indique à la fois une belle intensité et une palette aromatique

L'ugni blanc (en haut) est un cépage assez neutre, tandis que le gewurztraminer (en bas) possède un fort potentiel aromatique.

L'expression du cépage

Certains cépages, comme le muscat, le sauvignon, le riesling ou le gewurztraminer, produisent des raisins au fort potentiel aromatique. Dans ce cas, une simple vinification classique suffit à exprimer la puissance des senteurs variétales. D'autres cépages, comme le chardonnay ou la marsanne, sont moins riches en arômes variétaux, mais leur pellicule délivre de nombreux précurseurs d'arômes. Ils ne dévoileront leur potentiel qu'après fermentation et élevage. Ce sont souvent ces cépages qui produisent des vins blancs de longue garde. Enfin, d'autres, plus neutres, ne peuvent compter que sur des pratiques technologiques pour donner des vins dont le seul mérite réside dans leurs caractères fermentaires. Tel est le cas de l'ugni blanc.

complexe. Étudiez lors d'une approche générale la finesse, l'harmonie et la complexité des arômes, puis procédez à l'analyse olfactive proprement dite, celle qui identifie les odeurs ou, à défaut, les familles d'arômes.

En bouche

La dégustation d'un vin blanc s'analyse suivant deux axes : l'acidité et la sensation moelleuse.

• **L'acidité** apporte la fraîcheur et rend le vin désaltérant. Le gaz carbonique présent dans le vin renforce cette sensation, avec parfois un picotement sur la langue lorsque le vin est *perlé*, *perlant*, *moustillant*. On dira qu'un vin est *vif*, *nerveux* ou *frais*. Mais l'acidité ne doit pas être trop prononcée, au risque de rendre le vin trop *vert*, *dur*, *mordant* ou même *grinçant*, voire *raide*.
À l'opposé, un manque d'acidité le fera paraître *plat*, *mou* ou *flasque*, *sans relief*.
Les vins blancs qui effectuent leur fermentation malolactique perdent de l'acidité et le côté grinçant de l'acide malique, mais leur gamme aromatique s'en trouve modifiée. Citons les bourgognes blancs, les vins suisses et certains champagnes.

• Pour un vin sec, le **moelleux** est représenté par l'alcool, le glycérol et quelques très rares sucres résiduels. Le vin est qualifié d'aimable, souple, tendre, fondant, gras, suave. Tout est affaire d'équilibre entre deux tendances qui s'opposent. Cet équilibre doit se juger dès l'attaque, puis lors du développement du vin, enfin à la finale ; il ne serait rien sans une richesse aromatique, perçue par voie rétronasale et révélée par la température du vin qui s'élève dans le palais. Là encore, le type de vin dégusté impose un équilibre modèle : vous ne rechercherez pas la même acidité dans un vin blanc de côtes-du-rhône que dans un jurançon. La notion même de vin sec varie selon les pays. Si en France la quantité de sucre résiduel est très basse, moins de 2 g/l, en Allemagne, un vin dit « sec » en renferme beaucoup plus. Cette richesse en sucre masque une acidité très importante : ce vin paraîtra *acidulé*. La longueur d'un vin blanc est plus facile à percevoir que celle d'un vin rouge, car elle n'est pas masquée par la sensation

L'expression d'une vendange mûre

Un raisin récolté avant maturité possède des caractères très variétaux, avec des notes herbacées. Il ne donnera que des vins à boire jeunes, sur leur fraîcheur. Le même raisin récolté mûr dévoilera des arômes plus fruités et développera, après vinification, des nuances plus complexes. En cas de surmaturité, les arômes « brûlent » et disparaissent pour laisser place aux caractéristiques du passerillage.

L'expression de la vinification

Quelle que soit la destinée du vin blanc, à boire jeune ou à garder, le raisin doit être ramassé soigneusement, puis transporté jusqu'au pressoir sans être écrasé, pressuré le plus doucement possible et débourbé. Les opérations de vinification connaissent quelques variations en fonction du vin à produire : les vins blancs à boire jeunes sont généralement élevés en cuve, la barrique étant réservée à l'élaboration de vin de garde.

• **Le levurage**
Rares sont les vins blancs élaborés avec leurs levures indigènes. On distingue les levures dites « aromatiques », qui renforcent les caractères du vin, et les levures plus neutres qui respectent la matière première.

• **La température de vinification**
Conduite à très basse température, la vinification favorise la prééminence des arômes des levures, ce qui crée une palette aromatique dominée par la famille fermentaire et amylique. Vinifiés à température plus élevée, les raisins expriment les qualités propres du cépage et donnent un vin plus véridique, quoique peut-être moins commercial.

• **La fermentation malolactique.** Elle est généralement évitée lorsque l'on souhaite préserver les caractères de jeunesse d'un vin.

La macération pelliculaire

Les précurseurs d'arômes sont tapis dans la pellicule du raisin. Un contact plus ou moins prolongé du jus avec les peaux avant le début de la fermentation libère ces précurseurs et renforce ainsi le potentiel aromatique du raisin. Il s'agit de fouler légèrement les baies et de les laisser macérer à froid pendant quelques heures.

L'élevage sur lies

On appelle « lie » la matière visqueuse qui se dépose au fond de la cuve ou du tonneau après la vinification. Les lies les plus grossières, dites grosses lies, sont séparées du vin : c'est l'opération du *soutirage*. Elles risqueraient d'altérer le vin fini. En revanche, les lies fines peuvent être conservées pendant l'élevage comme dans le muscadet-sèvre-et-maine sur lie ou le gros plant du pays nantais. Le vinificateur peut procéder au *bâtonnage* régulier du vin, c'est-à-dire qu'il remet les lies en suspension en remuant le contenu de la barrique. Cette technique, classique en Bourgogne, renforce le gras et la complexité des vins.

tannique. Aussi, après avoir recraché ou avalé le vin, suffit-il de fermer les yeux et de le laisser « vivre » dans le palais. Une dégustation virtuelle en quelque sorte.

L'expression de l'élevage

Lorsque l'on garde un vin blanc sur ses lies, on s'attache à préserver les arômes primaires (p. 34) du fruit et sa fraîcheur, tout en maintenant dans le vin un taux de gaz carbonique (p.11) qui participe à la sensation de nervosité.

Séries aromatiques des vins blancs

Séries	Arômes	Vins
Végétale	• Herbe fraîche, foin, feuille verte • Infusion, tisane, feuille morte • Buis, lierre, fougère • Thé, tabac • Sous-bois, champignons	• Vins jeunes, récoltés tôt, chenin • Chardonnay • Sauvignon • Vins élevés sous bois • Vins vieux
Végétaux aromatiques	• Menthe, thym, anis, truffe	• Rolle, clairette, vins du sud de la France
Florale	• Acacia, églantine, chèvrefeuille • Violette, iris, aubépine, rose, bruyère, genêt	• Chardonnay • Cépages aromatiques, riesling, gewurztraminer, viognier
Fruitée		
- fruits à chair blanche	• Pomme, pêche, poire • Melon, abricot	• Mauzac, marsanne, sémillon • Vins liquoreux, muscat
- agrumes	• Pamplemousse, citron, orange écorces d'agrumes, cédrat	• Sauvignon, vins liquoreux
- fruits exotiques	• Litchi, ananas, mangue • Coing	• Manseng, sauvignon • Chenin, vins liquoreux
- fruits secs	• Noix, noisette, amande	• Vieux chardonnay, marsanne, vins du Jura
Épicée	• Cannelle, vanille, girofle	• Vins élevés en barrique
Boisée et balsamique	• Chêne, balsa, cèdre, pin, résine, eucalyptus	• Vins élevés en barrique
Empyreumatique	• Fumé, grillé, tabac, caramel	• Vins élevés en barrique, liquoreux
Minérale	• Pierre à fusil, naphte, mine de crayon	• Sauvignon, riesling
Fermentaire	• Levure, mie de pain, brioche beurre, yaourt, bonbon anglais, vernis	• Vins élevés sur lie, champagne, fermentation malolactique récente, vins technologiques
Chimique	• Soufre • Alcool, œuf pourri • Iode	• Trop de SO_2 • Réduction • Manzanilla
Miel-confiserie	• Miel, praline, pâte d'amandes, • Cire d'abeille, encaustique	• Vins moelleux, liquoreux, vins vieux

Déguster...
Les vins blancs jeunes

Les vins blancs jeunes flattent les sens du dégustateur par leur fruité et leur fraîcheur, mais aussi par l'équilibre entre les sensations de moelleux et d'acidité. D'un abord aisé, ils permettent au débutant de trouver ses repères.

À l'œil

Un vin blanc possède en général une couleur pâle. Néanmoins, la mode influence le vinificateur et l'on a pu voir apparaître des vins aussi incolores que de l'eau. Aujourd'hui, on assiste à un juste retour au bon sens, avec des robes de couleur paille, dont le reflet vert plus ou moins prononcé est la signature des vins blancs jeunes.

Au nez

On retrouve dans la palette des vins blancs jeunes les grandes familles aromatiques.

Série végétale : herbe fraîche, foin coupé, fougère, bourgeon de cassis, buis. Certains vins peuvent exprimer des senteurs de plantes infusées, comme le tilleul et la verveine, ou de plantes aromatiques comme l'anis, la lavande ou le fenouil.

Série florale : acacia, chèvrefeuille, rose, œillet, fleurs des champs, genêt, fleur de tilleul, citronnelle, jasmin.

Série fruitée : dominante de fruits blancs (pomme, poire, pêche blanche, abricot, coing).

Série fermentaire : banane, levures, bonbon anglais, mie de pain, brioche.

Série épicée (à un moindre degré).

En bouche

On distingue deux sortes de vins blancs selon leur équilibre. Certains tendent vers une acidité assez prononcée ; ce sont souvent des vins issus des régions septentrionales. Leur fraîcheur naturelle fait ressortir leur fruité. Leur finale est très désaltérante. Les vinificateurs rétablissent parfois l'harmonie en gardant quelques sucres résiduels, comme en Alsace, ou en procédant à une fermentation malolactique (**p. 58**), comme en Bourgogne. Les vins des régions méridionales manquent parfois d'acidité. Plus mous, moins désaltérants, ils valent néanmoins par leur gras et leur volume en bouche. Ce sont des vins bâtis pour les plats épicés de leur région d'origine et non des vins de soif. Grâce à un élevage sur lies, ils peuvent gagner un côté perlant.

Quelques vins blancs à boire jeunes

France : gaillac, vins de Provence, vins du Languedoc, côtes-du-rhône, condrieu, alsace-sylvaner, alsace-pinot blanc.
Afrique du Sud : chardonnay.
Allemagne et Autriche : silvaner, riesling kabinett, pinot blanc.
Californie : chardonnay.
Chili : chardonnay.
Espagne : rioja, rias baixas, penedès.
Italie : est ! est ! est !, orvieto, soave, veneto, friuli, frascati.
Luxembourg : riesling.
Nouvelle-Zélande : sauvignon.
Portugal : vinho verde.
Suisse : fendant du Valais.
Slovénie : chardonnay.
Ukraine : aligoté, sauvignon.

Page de droite : Herbe fraîche, fruits blancs, fleurs. Les vins blancs jeunes expriment une profusion d'arômes variétaux. L'alsace-sylvaner est un vin sec et fruité, à boire sur sa fraîcheur.

L'OR·LIQUIDE d'ALSACE
MARQUE DÉPOSÉE
SYLVANER
1977
D.M.

Déguster...
Les vins blancs de garde

Les vins blancs aptes à affronter le temps ne sont pas nombreux. Cependant, lorsqu'ils ont assez de force et d'équilibre, ils gagnent en vieillissant des arômes originaux et fondent leurs diverses composantes en un ensemble complexe.

À l'œil

La robe d'un vin blanc évolue assez rapidement avec l'âge. Les reflets verts de sa jeunesse disparaissent peu à peu pour laisser place à une composante dorée. Toute les nuances de l'or se déclinent au fil du temps : de l'or pâle au vieil or, avec des reflets qui peuvent se cuivrer.

Au nez

Les arômes primaires du vin blanc cèdent peu à peu la place au bouquet, les caractères variétaux s'estompent, ainsi que les arômes issus de la fermentation, pour céder la place à des arômes d'évolution. Il est d'ailleurs intéressant de constater que les arômes évoluent dans leur série comme dans leur nature. Par exemple, un arôme de rose dans le gewurztraminer évolue vers la rose fanée, puis vers les fleurs séchées. Un arôme d'abricot passe du jeune fruit frais à l'abricot mûr, puis à l'abricot sec.

La série végétale se fixe sur des notes d'herbe sèche, de tabac, d'infusion, de feuilles mortes. La série fruitée s'oriente vers les fruits secs, la banane sèche, la noix, la noisette, l'amande grillée. La série épicée est très présente, avec des notes de cannelle, de vanille, de muscade, d'ambre et de musc.

Elle peut prendre parfois des accents de truffe, ultime récompense d'une dégustation mémorable.

Mais le point commun de tous les vins blancs évolués est bien la note de cire qui peut aller jusqu'à l'encaustique et qui apparaît quels que soient les arômes initiaux.

Vinification bourguignonne : les vins blancs fermentent en barrique.

Le rôle de la barrique

Dépourvu de tanins, un vin blanc se trouve désarmé face aux menaces de l'oxydation et aux divers outrages que le temps ne manque pas de mettre sur sa route. Pour affronter l'épreuve de la garde, il ne peut compter que sur la force et la densité de sa matière et, surtout, sur son acidité, seul caractère capable de bloquer toute attaque bactérienne. L'apport des tanins de la barrique comble l'éventuelle faiblesse tannique du vin. Au cours de cet élevage bien particulier, le vin blanc subit une légère phase oxydative. Il est ensuite remis dans un milieu réducteur, la bouteille, où il entame sa vie de vin de garde.

En bouche

Très bien constitués au départ, avec de la puissance, de la concentration et de la vivacité, les vins fondent leurs caractères au cours du temps. Généralement, les vins blancs les plus acides dans leur jeunesse parviennent à apaiser cette nervosité avec les années. Dans d'autres cas, le vin redevient plus acide encore et se décharne : il a atteint ses limites de longévité. De même, les arômes d'oxydation doivent rester discrets et s'intégrer aux autres éléments aromatiques du vin. Un vin blanc âgé vit donc sur la corde raide ; son équilibre peut basculer dans un sens ou dans un autre à la moindre occasion.

Des vins blancs secs aptes à la garde

• **Marsanne et roussanne.** Les vins blancs de l'hermitage comptent parmi les vins français qui savent traverser le temps avec le plus de vigueur. Ces vins vieillissent bien non pas grâce à leur acidité – qui est assez basse –, mais grâce à leur force et à leur concentration. Les vins de marsanne, épicés et miellés au départ, prennent une belle complexité, axée sur la gamme des fruits secs.

• **Riesling.** À la fois vifs et tendres, les vins de riesling savent vieillir avec élégance. Floraux et épicés au départ, les arômes s'orientent ensuite sur la célèbre note minérale de pétrole qui ne doit pas être considérée comme un défaut.

• **Chenin.** Les vins issus de chenin, en particulier les savennières dans la Loire, sont peut-être les plus aptes à une très longue garde. Bien soutenus par leur acidité (parfois déséquilibrée dans leur jeunesse), ils traversent les âges sans prendre une ride. Peu aromatiques au départ, ils expriment au fil du temps des arômes de fleurs séchées, de tisane, de fruits secs et de miel dans des palettes très délicates.

• **Chardonnay.** Les grands vins blancs de Bourgogne vieillissent avec grâce. Vinifiés et élevés en barrique, enrichis de leurs lies et des arômes du bois, ils ont assez de force et de sève pour résister au temps. Ils prennent alors d'inimitables arômes de fruits secs, d'amande, de noisette, de fleurs fanées et d'infusion (tilleul ou verveine). Les notes miellées apparaissent ensuite pour arrondir et adoucir une palette aromatique parmi les plus racées.

• **Viognier.** Peu vif au départ, d'une structure gracile, le vin de viognier, qui atteint sa meilleure expression en condrieu, se révèle étonnamment résistant et développe une palette harmonieuse de fruits secs et de cire, d'épices et de tabac. La bouche reste longtemps ronde et charnue.

• **Sauvignon** et **sémillon.** Dans les vins blancs secs des Graves, le couple sauvignon–sémillon fonctionne à merveille. Si le sauvignon laisse parler son exubérance de jeunesse, le sémillon sait prendre le relais lorsque l'impétuosité de son compagnon s'émousse avec le temps. Arrivent alors ses inimitables notes miellées, épicées qui se fondent avec le fruit du sauvignon.

Les arômes végétaux évoluent des notes fraîches aux nuances de tabac et de sous-bois, lors du vieillissement du vin.

Déguster...
Les vins rouges

La dégustation des vins rouges est un exercice difficile, mais les récompenses sont multiples : couleur, arômes, structure et tanins veloutés. En respectant quelques étapes clés, vous vous familiariserez avec leurs caractères et apprécierez leur analyse.

Page de droite : Dégustation de châteauneuf-du-pape.

À l'œil

La simple observation de la couleur renseigne sur la jeunesse du vin, sa concentration et son gras. Après avoir jugé de la brillance et de la limpidité du vin, examinez le disque avec une vue plongeante sur le verre. La surface du vin doit être brillante, exempte de particules flottantes. Sur les bords, vous pouvez repérer les nuances qui se superposent à la teinte générale, dont les premiers signes d'évolution.

L'intensité peut être qualifiée de *faible* à *intense*, en passant par *légère*, *claire*, *soutenue*, *foncée*, *profonde*. Par exemple, un vin jeune de syrah ou de cabernet-sauvignon à faible intensité colorante indique une vendange délayée par des pluies et de hauts rendements, ainsi que de très courtes cuvaisons. C'est un défaut flagrant. Au contraire, la même intensité pour un pinot noir ou un gamay est considérée comme parfaitement normale.

Les vins rouges jeunes ont des teintes violacées avec une nette composante bleue. Celle-ci décline avec le temps jusqu'à disparaître pour être progressivement remplacée par une composante jaune. Le vin prend alors une teinte *violette*, *brique* puis *brune* (p. 29). Cette nuance brune trahit l'âge avancé d'un vin ou une conservation dans de mauvaises conditions. Examinez enfin les larmes du vin qui coulent sur le verre pour juger de la richesse en alcool, en glycérol et en sucres résiduels.

Au nez

Après avoir perçu les arômes les plus évidents, agitez le vin dans un mouvement rotatif pour oxyder et débusquer les arômes cachés.
L'intensité aromatique est la première impression à étudier. Un vin est fermé si les arômes ne s'expriment qu'avec retenue. De très grands vins rouges passent par cette phase ingrate, fort heureusement passagère.
Procédez ensuite à l'analyse des différentes composantes aromatiques.
Notez enfin l'évolution du nez au cours du temps en revenant sur les verres à la fin de la dégustation.

L'expression de la vinification

Les divers caractères des vins rouges sont fortement influencés par le mode de vinification, notamment dans leur jeunesse.

• L'égrappage
Cette opération consiste à séparer totalement ou partiellement les baies de la rafle. Les tanins de la rafle étant en général plus herbacés que ceux du raisin, l'élimination de cette partie de la grappe donne des vins plus souples. Les cépages plus légers en tanins comme le pinot noir peuvent gagner à conserver une certaine proportion de rafles.

• Le foulage
Il s'agit de faire éclater les baies de raisin ou de libérer le jus et de le mettre en contact avec les pellicules. Partiel ou total, le foulage doit être conduit avec délicatesse pour ne pas briser les pellicules et les pépins. Dans le cas d'une macération carbonique, la vendange n'est pas foulée.

• La fermentation alcoolique
On distingue deux facteurs déterminants pour le style de vin.
- La température.
Si elle est volontairement maintenue assez basse, c'est le fruité du vin qui est privilégié.
À température plus élevée, ce sont les anthocyanes **(p. 10)** et les tanins qui sont extraits en quantité.
Le vinificateur obtient ainsi des vins de garde.
- L'intensité et la durée de l'extraction.
L'extraction consiste à mettre en contact jus et parties solides.
Les remontages, en Bordelais, consistent à arroser le chapeau de marc avec le jus repris au bas de la cuve.
Le pigeage, en Bourgogne, consiste à enfoncer le chapeau dans le jus, autrefois avec les pieds, désormais avec des vérins.
De la fréquence des remontages ou du pigeage dépend la concentration du vin en tanins.
Enfin, la durée de cuvaison permet une extraction plus ou moins intense des matières tanniques.

• Vin de goutte ou vin de presse
À l'écoulage de la cuve, on recueille le vin de goutte, la partie liquide, et l'on déverse le marc dans un pressoir. On en tire le vin de presse, plus coloré, plus chargé en tanins, plus agressif. Suivant la qualité de ce vin de presse et la volonté du vinificateur de corser plus ou moins son vin, une certaine proportion sera ajoutée dans le vin de goutte.

En bouche

Les vins rouges doivent être analysés suivant trois axes : l'*acidité*, la *sensation moelleuse* et les *tanins*.
Jugez d'abord l'attaque, première impression en bouche, qui pourra être fuyante ou franche, puis le développement en bouche et la finale. À ces trois stades, le vin rouge peut être comparé à une charpente plus ou moins bien bâtie. C'est le squelette du vin. Sur ce squelette s'accroche une chair, une consistance. C'est la matière du vin. Cette matière développe des arômes de bouche perçus par voie rétronasale. Ces derniers peuvent être différents de ceux identifiés par voie directe car le vin, dans la bouche, est porté à quelque 30 °C et libère ses substances les moins volatiles.
À chaque stade, analysez l'équilibre entre la sensation acide, la sensation moelleuse et surtout la sensation tannique. Cette dernière est perçue

Page de droite : Tapis de tri du raisin au château Clarke (listrac-médoc).

de façon tactile, par la langue et les gencives. C'est une composante astringente dont la faiblesse comme l'excès sont des défauts, mais dont la qualité est un signe de grandeur pour un vin rouge. Vous pouvez trouver une force tannique assez faible mais avec un grain sec ou, au contraire, une force tannique imposante avec un grain fin. La maturité du raisin, la bonne conduite des extractions pendant les vinifications, les élevages longs mais sans excès dans un bois de qualité sont favorables à ces impressions veloutées. La sensation moelleuse dans un vin rouge est la somme des sensations alcoolique et glycérinée qui sont toujours perçues d'une manière positive. Dans une dégustation comparative, la force alcoolique est bien souvent un facteur déterminant, au détriment des sensations acides ou tanniques qui peuvent parfois agresser un palais non averti ou fatigué par une longue série d'échantillons. Gardez-vous de tomber dans ce travers : la force alcoolique est peut-être flatteuse mais ce n'est jamais un élément de finesse, ni d'équilibre. En revanche, ce que l'on nomme « la trame », la sensation tactile qui prend en compte la maturité des tanins, est un élément qui doit faire la différence entre les vins rouges et permettre de dégager une hiérarchie qualitative, complétée par la notion de longueur en bouche.
La longueur, sensation aromatique qui persiste en bouche après que l'on a avalé ou craché le vin, est le point d'orgue de la dégustation. Notez la durée de cette sensation.

Séries aromatiques des vins rouges

Séries	Arômes	Vins
Végétale	• Bourgeon de cassis • Poivron • Tabac • Champignons • Truffe	• Syrah, fer-servadou • Cabernets • Vins élevés en barrique • Vins plus âgés • Pomerol, cahors
Florale	• Rose, violette, pivoine	• Vins jeunes, pinot, gamay, cot
Fruitée	• Fruits rouges • Fruits noirs • Fruits à noyau • Fruits secs	• Vins jeunes • Vins récoltés très mûrs, vins des régions méridionales, syrah, tannat, mourvèdre • Vins plus évolués, pinot • Indique un début d'oxydation
Épicée*	• Cannelle, vanille	• Vins élevés en barrique
Boisée*	• Chêne, balsa, eucalyptus	• Vins élevés en barrique
Empyreumatique*	• Cacao, pain grillé	• Tannat, grenache, mourvèdre
Animale**	• Jus de viande, cuir, gibier	• Vins évolués, grenache, mourvèdre

** Ces trois séries se trouvent dans des vins élevés en barrique ou issus de la syrah, des cabernets et du merlot très mûrs,du mourvèdre et du tannat.*
*** Cette série peut disparaître à l'aération. Il s'agit alors d'une réduction passagère. Si le côté venaison est trop prononcé, il s'agit d'un défaut.*

Déguster...
Les vins rouges jeunes

Un vin rouge jeune est à la fois marqué par son fruité juvénile et par l'impétuosité de ses tanins. Selon qu'il a été bâti pour une consommation rapide ou pour la garde, il donne un plaisir immédiat ou une promesse d'avenir.

À l'œil

Un vin jeune doit être limpide et brillant. Mais son intensité colorante est très variable d'une appellation à l'autre. Du rouge léger d'un beaujolais nouveau à la robe sombre d'un jeune côte-rôtie, la gamme est infinie. Dans un vin rouge jeune, la composante bleue, voire violette, est toujours dominante. Selon les cépages qui entrent dans l'assemblage du vin, les teintes peuvent être cerise, groseille, framboise, et aller jusqu'aux nuances pourpres, cassis, grenat, violettes, encre. Le disque ne comporte en général aucun signe d'évolution, sauf en cas de vieillissement prématuré. C'est dans cette frange que la composante bleue est la plus perceptible.

Au nez

• Dans un vin jeune, les arômes variétaux sont encore à l'honneur, alliés aux arômes fermentaires. Suivant le type de vin, se manifeste en premier la série florale ou la série fruitée. Les senteurs de pivoine, de violette, de rose se mêlent à celles de fruits rouges comme la groseille, la cerise, la fraise, la framboise, la griotte, le cassis, la mûre ou la myrtille. La macération carbonique (p. 43) fait naître des arômes amyliques comme le bonbon anglais ou la banane.

• Un vin rouge jeune destiné à une longue garde présente des arômes fort différents. L'intensité aromatique peut être faible, voire masquée. Loin d'être un défaut, cette phase fait partie de la vie du vin. La gamme aromatique est parfois enrichie de notes épicées, balsamiques, réglissées ou poivrées. Les vins rouges de garde étant bien souvent élevés en barrique, les arômes de bois, de vanille, de cèdre, de pain grillé se superposent à l'ensemble.

En bouche

• Un vin léger en bouche est bâti sur le fruit et la souplesse. Mais un vin léger ne veut pas dire vin fluide. L'attaque doit être franche, le caractère fruité doit s'imposer d'emblée. L'équilibre doit privilégier la fraîcheur et la matière mûre, avec une force alcoolique qui reste discrète – ce qui n'est pas toujours le cas dans bien des vins de primeur. Les tanins doivent être mûrs, souples et déjà fondus. Dans certains styles de vins, une certaine « mâche » apporte un élément de franche rusticité, très appréciable.

• Les vins de garde dégustés jeunes laissent parler leur structure tannique, avec une matière dense, du fruit, et surtout une architecture imposante, parfois sévère. Ils ont besoin de temps pour s'affiner.

Page de droite : Dégustation de vins de Bourgueil.

Quelques vins rouges à boire jeunes

France : beaujolais, vins de Loire, vins primeurs des côtes-du-rhône, vins du Languedoc, alsace-pinot noir, bourgognes d'appellations régionales.
Espagne : rioja joven, jumilla, la mancha.
Italie : bardolino, valpolicella, chianti, merlot du Haut-Adige.
États-Unis : zinfandel, gamay.
Chili et Argentine : merlot.

Déguster...
Les vins rouges âgés

À la naissance du vin, certaines qualités peuvent indiquer une bonne aptitude au vieillissement tanins, acidité ou structure. Cependant, rien ne remplace l'expérience du dégustateur. Il faut avant tout bien connaître l'appellation, le cru ou la propriété afin de disposer de toutes les indications nécessaires sur le potentiel de garde des vins.

À l'œil

Au départ orientée vers les nuances fortement teintées de bleu (violet, pourpre), la couleur du vin perd progressivement cette tonalité pour s'orienter vers des nuances plus orangées. D'une part, l'intensité colorante diminue ; d'autre part, la teinte passe de rubis à vermillon, puis se fait cerise, tuilée, brique, pelure d'oignon, avant d'atteindre la note acajou qui caractérise les vins vieux dans leur plus belle expression chromatique.

Au nez

Les arômes d'un vin vieux se distinguent par leur complexité. À ce stade s'est développé un bouquet. Les arômes sont progressivement influencés par la phase de réduction que le vin subit dès qu'il est mis en bouteilles. On trouvera d'abord toute la série empyreumatique, puis la série animale, très caractéristique de l'évolution d'un vin en bouteille, qui commence par le cuir, les notes viandées, avant d'atteindre les odeurs de gibier et de finir par des notes parfois violentes de venaison. Il arrive que cette phase gibier s'atténue avec l'âge et que le vin revienne à des notes fruitées. Parfois, le vin évolue vers des arômes de champignon, de sous-bois et d'humus, qui doivent rester discrets. Toutefois, la truffe est fort agréable lorsqu'elle se montre généreuse.

En bouche

La structure d'un vin rouge de garde peut paraître agressive dans sa prime jeunesse. Les tanins astringents, les charpentes massives, l'acidité qui durcit l'ensemble ont des chances de se fondre et de se lisser au cours des années. Ce n'est pourtant pas toujours le cas : des vins très tanniques ou rustiques peuvent s'effondrer d'un seul coup sans avoir vu leur structure prendre de l'élégance. La qualité du grain des tanins importe dès le départ. Une grande force tannique dans laquelle le

Quelques grands vins rouges de garde

Bordelais : médocs, graves, saint-émilion grand cru, pomerol.
Bourgogne : pommard, vosne-romanée, gevrey-chambertin, corton, volnay, clos vougeot.
Australie : shiraz, Penfolds Grange.
Espagne : rioja, priorato, ribera del duero.
États-Unis : cabernet-sauvignon californien.
Italie : barolo, barbaresco, brunello di montalcino, recioto, super toscans.

grain tactile se montre déjà fin est un signe qui ne trompe pas : le vin sera capable d'atteindre une grande harmonie. Ces tanins vont peu à peu se condenser et perdre leur caractère asséchant. Souplesse, velours, finesse apparaissent alors. Le vin est entré dans sa phase optimale pour un temps plus ou moins long. Puis, cette structure s'amaigrit progressivement, laissant percevoir plus intensément l'acidité, l'alcool et la sécheresse. Les éléments autrefois mariés et fondus se dissocient. Le vin est alors à la fin de sa vie.

À leur apogée, les grands vins de garde se parent d'une robe profonde aux nuances acajou.

REPÈRES

Suivez l'évolution d'un vin rouge de garde

Un vin rouge élaboré pour la garde traverse des phases diverses. Très ouvert dans sa prime jeunesse, en particulier lorsqu'il est goûté au chai, dans sa barrique ou dans sa cuve, il subit la maladie de la bouteille. Ses arômes s'éteignent, sa chair se flétrit, puis se mâche ; il ne reste que sa structure pour rappeler ses qualités d'antan. Après un an ou deux, suivant les cas, le vin se referme, se replie sur lui-même pour une longue période de réflexion. La dégustation d'un vin dans cet état peut être désespérante : vous aurez l'impression de vous trouver devant une porte cadenassée dont vous auriez perdu la clé. Il faudra alors attendre l'ouverture du vin.

Déguster...
Les vins rosés

Le vin rosé se déguste-t-il ? Souvent bu par pur plaisir, sur un plat de charcuteries, ce vin ni rouge ni blanc étonne parfois. Il existe dans les diverses appellations d'origine des vins qui imposent un style et une réelle personnalité.

La vinification en rosé

Il existe deux procédés de vinification en rosé, chacun donnant des profils de dégustation différents.

• Un vin rosé peut être obtenu par pressurage d'un raisin à peau rouge ou rose. La teinte du jus qui s'écoule après pressurage est très légère. Après vinification du moût comme pour un vin blanc, le vinificateur tire ce que l'on appelle un vin gris. Les caractéristiques gustatives d'un rosé de pressurage sont très proches de celles d'un vin blanc.

• On peut également procéder par saignée. Les raisins sont vinifiés comme pour élaborer un vin rouge. Lorsque le vinificateur estime que la couleur du jus a atteint l'intensité désirée, il « saigne » la cuve, c'est-à-dire sépare le jus des parties solides (pellicule, pépins, etc.). Le jus ainsi obtenu continue sa fermentation à l'instar d'un vin blanc. La couleur finale est alors plus intense, selon le type de l'appellation. Le rosé de saignée possède une certaine richesse tannique ; il paraît plus vineux que le rosé de pressurage.

Pour les deux types, le jus est généralement vinifié à basse température ; des levures aromatiques développent le potentiel fruité du produit final. Entrent dans cette catégorie les vins rosés dits « d'une nuit ».

Dans sa jeunesse, le tavel revêt une robe rose clair, limpide. Après un an de garde, sa teinte prend des nuances or pâle, puis cuivrées.

À l'œil

La robe d'un vin rosé participe à l'éveil des papilles du dégustateur tout autant que ses arômes ou son goût. Observez d'abord l'intensité qui doit correspondre au type. Une intensité trop faible peut être un défaut dans une appellation ou bien une qualité dans une autre. Une intensité trop élevée, qui se rapprocherait de celle d'un vin rouge léger, peut vous induire en erreur. Outre la brillance et la limpidité qui sont notées comme celles d'un vin blanc, attachez-vous à définir la teinte. Toute une gamme de roses se décline avec plus ou moins de composante bleue d'une part, marron d'autre part. Vous pourrez ainsi trouver des vins allant de gris pâle à rose pâle, rose franc, pivoine, cerise, framboise, fraise, vieux rose, rose orangé, abricot, saumon, brique, roux, pelure d'oignon. Un rosé de gamay est plutôt cerise, un rosé de cabernet framboise, et un rosé de carignan présente des tons plus orangés.

REPÈRES

À quelle température déguster un vin rosé ?

Dégustez les vins rosés à une température fraîche (entre 10 et 13 °C). Il faut flatter le vin et non casser ses arômes. Un vin rosé bu glacé perd tout son fruité et son équilibre. Il serait dommage de ne pouvoir apprécier à sa juste valeur un tavel, un rosé-des-riceys ou un marsannay rosé.

Tavel, un vignoble consacré à la production de vins rosés, à partir des cépages grenache noir, cinsaut, syrah et mourvèdre.

En bouche

Un vin rosé doit être rafraîchissant. Jugez son équilibre selon son caractère vif et acide, sa composante moelleuse, son gras et sa force vineuse. Appréciez la qualité de l'attaque qui doit être franche et aromatique : le vin doit parler dès son entrée en bouche. La composante acide est perceptible mais équilibrée. Un vin rosé qui manque d'acidité paraît plat et lourd ; son côté alcoolisé ressort avec vulgarité. En revanche, un vin rosé trop acide semble vert et grinçant. Cette juste acidité met en valeur le caractère fruité du vin et lui donne toute son

Vin rosé et SO_2

Le vin rosé a parfois mauvaise réputation : il est accusé de donner des maux de tête qui font regretter sa consommation. Cet inconvénient vient en général d'un excès de soufre (SO_2) ajouté pour protéger le vin de l'oxydation lorsque celui-ci a une constitution trop faible ou lorsqu'il est issu de vendanges altérées ou de vinifications approximatives. Ce défaut est souvent masqué par un service à basse température et peut, dans ces conditions, passer inaperçu. Le SO_2 s'identifie au nez par une odeur soufrée caractéristique et en bouche par un picotement de l'arrière-gorge. Les bons vignerons savent élaborer des vins rosés avec des taux de SO_2 faibles et donc parfaitement digestes.

Au nez

Un vin rosé doit être aromatique. Les gammes florale, fruitée, végétale, fermentaire ou amylique s'y retrouvent. Se manifestent plus rarement les séries boisée, balsamique ou animale. Notez cependant que des arômes épicés – notamment des nuances poivrées – peuvent apparaître dans les vins rosés de syrah, tels les côtes-du-rhône. Dans les vins rosés plus évolués (tavel par exemple), les arômes se rapprochent du bouquet des vins rouges, avec des notes empyreumatiques. Puis, se développent des notes cuites ou confiturées, des arômes de sous-bois ou de viande qui indiquent que le vin arrive au terme de sa vie.

appétence. La teneur en gaz carbonique renforce parfois la nervosité, mais elle ne doit pas être trop perceptible. Notez l'intensité et la persistance de la perception aromatique en bouche. La relative puissance tannique du vin lui donne son corps. Celui-ci ne doit être ni trop lourd ni trop charpenté. Léger et bâti sur sa qualité aromatique, un rosé est plus particulièrement destiné à l'apéritif ou à des buffets froids. Un rosé plus riche en tanins et en structure peut accompagner tout un repas.

Séries aromatiques des vins rosés

Séries	Arômes	Vins
Végétale	• Feuille de cassis, poivron	• Rosés de cabernet
Florale	• Fleur d'oranger, aubépine, fleur de pêcher, fleur de vigne, pivoine, rose, tilleul, iris, violette, œillet, bruyère, genêt, fleurs séchées	• Rosés de négrette, pinot noir
Fruitée	• Cerise, groseille, cassis • Fraise, framboise • Abricot, pêche, poire, pomme, figue fraîche • Agrumes, fruits exotiques, amandes fraîches	• Rosés de pinot noir • Rosés de cabernet, tannat cinsaut, grolleau • Rosés de grenache • Rosés technologiques
Fermentaire	• Levure, bonbon anglais	• Rosés technologiques
Épicée	• Poivre	• Rosés de syrah, mourvèdre

De teinte framboise, l'irouléguy est un vin franc, aromatique (fleurs sauvages) et légèrement tannique. Il est obtenu par saignée. Son vignoble s'étage sur le piémont pyrénéen.

Déguster...
Les vins liquoreux

En dégustant des vins liquoreux, vous comprendrez le sens de l'expression « l'or du vin ». Vêtus d'une robe rayonnante, porteurs d'arômes floraux ou fruités et exotiques, délivrant une matière de velours, ces nectars semblent éternels.

À l'œil

La robe d'un vin liquoreux est plus intense et plus profonde que celle d'un vin sec, avec une viscosité importante. Le vin forme des larmes abondantes (**p. 29**) sur les bords du verre. C'est la composante dorée qui domine, dans une large gamme qui peut aller de l'*or pâle* au *vieil or*, en passant par le *jaune doré* ou le *bouton d'or*. Au vieillissement, les vins liquoreux commencent par se *cuivrer*, avant de passer par des teintes *ambrées*, *rousses*, *fauves*, *brunes* et même *acajou* dans les bouteilles du siècle dernier.

Au nez

Un vin qui a subi les assauts du *Botrytis cinerea* se reconnaît à ses arômes d'abricot, d'épices douces, de pain et de praline. Si le *Botrytis* ne s'est pas développé dans de bonnes conditions, vous pouvez déceler quelques déviations aromatiques comme des senteurs d'iode et de champignon ou des notes d'humus. S'il n'est pas apparu, dans une année trop sèche par exemple, le vin perd en complexité mais gagne en notes riches, confiturées ou miellées.

Le jurançon se distingue du sauternes par une plus grande vivacité due au cépage petit manseng.

La dominante de la très complexe palette aromatique des vins liquoreux est la famille fruitée, avec des notes d'une grande maturité. Dans les liquoreux jeunes, des notes florales, comme la fleur d'oranger, peuvent être fréquentes, mais le plus souvent ce sont les agrumes confits qui dominent. Viennent ensuite les séries de fruits exotiques (litchi, mangue, ananas), de fruits à noyau (abricot, pêche jaune), de fruits confits (pâte de coings, angélique). Certains cépages producteurs de sélection de grains nobles en Alsace, comme le pinot gris ou le gewurztraminer, apportent leurs notes épicées. Se superposent enfin les séries empyreumatique (grillé, caramel), épicée (vanille, cannelle et parfois anis), complétées par les nuances de confiserie (miel, praline, pâte d'amandes). Les vieux liquoreux évoluent vers des notes d'encaustique (cire d'abeille), associés à des arômes d'épices très développés et à des nuances élégantes de rancio.

L'élaboration d'un vin liquoreux

Si un moût destiné à élaborer un vin sec contient environ 200 g de sucre, les vins moelleux et liquoreux doivent bénéficier d'une matière première plus riche, obtenue par surmaturation. Une partie du sucre contenu dans les baies de raisin est transformée en alcool, tandis qu'une certaine proportion reste dans le vin à l'état résiduel. Il existe diverses manières d'obtenir ces concentrations qui peuvent aller jusqu'à 350 ou 400 g de sucre.

• Le Botrytis

Le viticulteur laisse parfois se manifester dans des conditions climatiques favorisées par les microclimats locaux, un champignon : le *Botrytis cinerea*. Sur des cépages à peau épaisse, comme le sémillon ou le chenin, ce micro-organisme développe son mycélium, perfore la pellicule et permet l'évaporation de l'eau. Les grains rôtissent, se flétrissent, perdent leur acidité et s'enrichissent en sucre ainsi qu'en arômes bien particuliers. Les vendanges s'effectuent par tries successives (plusieurs passages dans les rangs), à mesure que s'étend cette pourriture noble dans le vignoble. Les vignobles qui recherchent l'action du *Botrytis cinerea* commencent au sud de Bordeaux, à Sauternes, se poursuivent à Monbazillac, en Val de Loire et en Alsace, puis dans la région rhénane, avant de gagner l'Europe centrale, l'Autriche, la Bulgarie et la Hongrie.

• Le passerillage

Il s'agit du dessèchement de la baie obtenu sur souche, dans des régions où le climat d'automne est sec, comme dans le Jurançon, ou sur des claies, après la récolte des grappes les plus mûres et les plus saines, comme dans le Jura. Autrefois étendu sur un lit de paille, aujourd'hui suspendu à des fils, le raisin sèche dans un local bien ventilé.

Le Botrytis cinerea se développe inégalement sur la grappe. Les raisins doivent être vendangés à la main, par tries successives.

En bouche

L'équilibre d'un vin liquoreux se note souvent en équivalent alcool. Un liquoreux d'équilibre 14-4 présente une richesse alcoolique de 14 % vol. et une teneur en sucres résiduels équivalente à 4 degrés d'alcool, soit 70 g de sucre.
Trop d'alcool et le vin paraît *brûlant* ; trop de sucres résiduels et le vin est *lourd* et *pâteux*. Fort heureusement, l'acidité équilibre l'ensemble. Plus un vin liquoreux est acide, plus il paraît léger et harmonieux. La grande richesse en sucre des vins liquoreux allemands semble presque aérienne grâce à une belle acidité et à des degrés alcooliques très modestes. Un barsac se distingue souvent d'un sauternes par une vivacité plus importante, un jurançon ou un quarts-de-chaume paraît moins liquoreux et plus facile à consommer grâce à l'acidité élevée du petit manseng ou du chenin. La bouche d'un liquoreux se juge aussi sur sa complexité aromatique et sur son onctuosité : cette sensation tactile qui s'apparente au velours tapisse les papilles.
Complexes, concentrés et puissants, les vins liquoreux ont tous les atouts pour habiter pleinement la bouche. Ce sont les vins les plus longs. Les arômes puissants s'installent au palais comme des conquérants. Ils occupent l'espace et règnent en maîtres en finale.

Déguster…
Les vins jaunes

Le vin jaune est un type de vin blanc du Jura, obtenu à partir d'un seul cépage, le savagnin, et élevé sous un voile de levures. Sa dégustation nécessite certes une bonne compréhension de sa vinification, mais le dégustateur débutant peut d'emblée apprécier sa longueur exceptionnelle.

À l'œil

Les vins jaunes héritent de leur élevage oxydatif une robe de vin âgé. Très dorée dès le début de leur vie, leur couleur évolue vers des teintes ambrées, vieil or, presque cuivrées. L'expression « vin jaune » ne fait cependant pas référence à la couleur mais au goût.

Le vin jaune du Jura est élevé pendant six ans et trois mois sous un voile de levures.

L'élevage sous voile

Dans le Jura, le raisin de savagnin, qui doit titrer au moins 13 % vol., est vinifié en vin blanc de manière classique. La fermentation, lente et complète, donne un vin sec qui subit une fermentation malolactique (**p. 58**). Le vin est ensuite transvasé en fûts de type bourguignon tenus en vidange, c'est-à-dire à moitié remplis. Il serait très vite oxydé si un voile de levures ne venait s'interposer entre le liquide et l'air. Ce voile est formé de levures de type *Saccharomyces oviformis* ou *bayanus.* Le vin reste en barrique pendant au moins six ans, avant d'être mis en bouteilles dans un récipient de forme trapue et de contenance spéciale (62 centilitres), le clavelin.

Le voile de levure a un double rôle : il protège le vin du contact direct avec l'air et permet une très lente oxydation ménagée qui fait naître des produits aromatiques, de l'éthanal et du sotolon, responsables du célèbre « goût de jaune » qui signe ces bouteilles de prestige. La seule protection du vin réside dans son degré alcoolique. L'alternance des températures estivales et hivernales pendant ces six années favorise un bon développement du voile, et les vinificateurs privilégient des caves à humidité assez basse pour que l'évaporation se fasse au détriment de l'eau plutôt que de l'alcool. Le degré du vin jaune se renforce donc avec l'âge.

Au nez

Les vins jaunes du Jura sont expansifs. L'expression aromatique est intense. Le premier nez évoque les noix vertes. Toute la gamme qui gravite autour de ce pivot renforce la complexité : noix sèche, amande grillée, noisette, brou de noix et une farandole de fruits secs. Vient ensuite une palette déclinant des notes grillées et empyreumatiques : fumée, pain grillé, café fortement torréfié, parfois cacao, avec des touches de réglisse, voire de Zan. Enfin, les épices relèvent l'ensemble : poivre, cannelle, écorce d'orange séchée, clou de girofle.

En bouche

La puissance et le volume s'imposent dès la mise en bouche. Ample, gras, avec à la fois de la force, de la structure et une grande expression aromatique, les vins jaunes ne peuvent laisser indifférents. La richesse aromatique s'exprime pendant un nombre incroyable de caudalies (**p. 51**), tant l'imprégnation du palais est intense : les vins jaunes sont les plus longs du monde. Lors de son élevage sous voile, le vin a pris l'habitude de cohabiter pacifiquement avec l'oxygène. Fort en alcool, riche en éthanal, il aborde sa vie en clavelin avec une grande sérénité. Le vin jaune est de très longue garde : certaines bouteilles passent le siècle sans prendre une ride, en acquérant une complexité inouïe. Même entamée, une bouteille de vin jaune garde ses qualités, et vous pouvez profiter longtemps de ce vin qui a atteint une sorte de neutralité biologique.

Des vins de voile...

Les vins jaunes du Jura se répartissent en quatre appellations : côtes-du-jura, appellation qui recouvre tout le territoire ; arbois, patrie de Pasteur ; l'étoile, petite appellation par sa production mais grande par sa réputation ; château-chalon qui produit le vin jaune le plus célèbre.

On peut rencontrer à Gaillac quelques réminiscences de traditions aujourd'hui tombées en désuétude. En Hongrie, les tokay sont élevés dans de petites barriques maintenues en vidange. Avec les cépages furmint et hárslevelú, les vins botrytisés peuvent ou non prendre le voile et donner des vins à la fois liquoreux et à fort caractère oxydatif. Mais c'est au sud de l'Andalousie, en Espagne, qu'est produit le vin sous voile le plus célèbre : le xérès, de type fino, manzanilla ou amontillado, obtenu avec le cépage palomino qui donne sur ces sols crayeux un vin très sec, muté, élevé sous la *flor*, l'équivalent du voile jurassien.

Vin de voile issu des sols calcaires d'Andalousie, le xérès est apte à une longue garde.

Déguster...
Les vins doux naturels et vins de liqueur

Au XIIIe siècle, Arnaud de Villeneuve, recteur de l'université de Montpellier, découvrit le principe du mutage, c'est-à-dire l'arrêt de la fermentation par ajout de liqueur. Ce procédé allait être à l'origine de vins riches en sucres : ce sont les vins doux naturels en France et les vins de liqueur, tel le porto, produits dans le sud de l'Europe.

L'équilibre entre l'alcool et le sucre

En dégustant un vin doux jeune, vous serez d'emblée frappé et peut-être dérouté par l'alliance entre l'alcool et les sucres résiduels. Si la palette aromatique est assez riche, la note alcooleuse, toujours présente, se fond et ne se distingue que par son apport à la richesse de l'ensemble. En revanche, si cette note est dominante, le nez est lourd et chaud. De même, en bouche, un bon vin doux doit intégrer sa richesse alcoolique dans une matière capable de l'équilibrer.
La dose de sucre est ainsi d'une grande importance.

Les vins doux naturels et vins de liqueur blancs

• Les rivesaltes blancs ou **ambrés**
Le cépage macabeu domine, allié au grenache blanc et à la malvoisie. Embouteillés très tôt, les vins présentent une robe pâle. Leurs arômes fins et délicats privilégient les notes florales : acacia, genêt, fenouil, badiane, avec quelques touches miellées ou des nuances de cire d'abeille. Élevés en foudre, ils prennent des teintes plus soutenues, dorées et cuivrées, des notes plus évoluées comme la noisette, l'amande, les agrumes confits et parfois des nuances de torréfaction.

Le porto est l'un des premiers vins dont l'élaboration ait été strictement codifiée dès 1750.

• Les muscats
À base des deux cépages muscat d'Alexandrie et muscat à petits grains, les muscats-de-rivesaltes ont une teinte or pâle, des arômes de fruits exotiques, de zestes d'agrumes, de melon, de menthe ou de citron. Ils sont équilibrés, fringants et dévoilent une grande puissance aromatique.
Le muscat-de-saint-jean-de-minervois est peut-être le plus fin de tous. Très floral, avec des notes d'acacia, de lys, de chèvrefeuille, il complète sa gamme aromatique par des nuances d'agrumes très fines. Son équilibre en bouche est toujours d'une grande délicatesse.
Le muscat-de-frontignan, élaboré avec le cépage muscat à petits grains, est riche, onctueux, avec des arômes d'agrumes, de melon bien mûr et de miel. Son équilibre est plus riche, et sa finale très sucrée.
Les muscats de Samos et de Patras ont servi de modèle dans l'Antiquité ; leur réputation a perduré jusqu'au Moyen Âge. Ils sont en général non mutés, élaborés avec

L'élevage des vins doux naturels

Il existe deux méthodes d'élevage qui influencent le caractère des vins.

• La plus courante consiste à élever les vins doux naturels, surtout les rouges, dans des fûts en vidange, c'est-à-dire à moitié remplis, au contact de l'air. Parfois, ces fûts sont disposés à l'extérieur de la cave. Dans ces conditions, les vins prennent rapidement des accents évolués, oxydés, de type rancio. Leur couleur vire vers des teintes ambrées, en perdant de l'intensité ; leurs arômes s'orientent vers les fruits secs, les notes de torréfaction (café, cacao) et les épices orientales. La bouche devient complexe et l'équilibre s'affine. Les vins doux naturels sont alors de merveilleux compagnons des fromages persillés ou des desserts au chocolat.

• L'autre méthode se rapproche de celle utilisée pour la production de porto vintage : le vin est élevé comme un vin rouge sec, en fût plein, à l'abri de l'air. Mis en bouteilles, il vieillit en milieu réducteur. Cette technique donne des produits très colorés, aux arômes de fruits mûrs, de cassis, d'épices et de goudron.

À Banyuls, le vin vieillit au soleil. Les bonbonnes entreposées sur les terrasses de Maury assurent une lente oxydation du vin.

la seule richesse naturelle du raisin muscat à petits grains ; à Patras, on peut aussi trouver le cépage mavrodaphné. Ces vins opulents, aux arômes confiturés, sont issus de raisins gorgés de soleil, très riches en sucres.

Vin de liqueur ou vin doux naturel ?

Vin de liqueur et vin doux naturel sont deux catégories définies par l'Union européenne. Ils ne se distinguent que par l'opération du mutage qui a pour but d'arrêter la fermentation et d'augmenter la richesse alcoolique du vin fini.

• Si le mutage est effectué sur un moût en cours de fermentation avec de l'eau-de-vie de vin (des brandies locaux ou importés), on obtient un vin de liqueur. Le porto, le xérès, le madère sont des vins de liqueur.

• Les vins doux naturels sont mutés avec de l'alcool neutre et sont issus exclusivement des cépages muscat, macabeu, malvoisie et grenache.

• En France, on appelle aussi vins de liqueur des mistelles : le mutage est effectué sur le moût de raisin frais, avant toute fermentation, avec de l'eau-de-vie de vin ou de marc. Le pineau-des-charentes, le floc-de-gascogne, le macvin-du-jura constituent les trois appellations de vins de liqueur.

• Le malaga

À base des cépages pedro ximénez, vidueño, airén ou moscatel, le malaga bénéficie d'une ancienne réputation. Ce vin de liqueur puissant, élevé pendant deux ans en fût, livre des arômes intenses de caramel, d'épices, de fruits cuits et de bois exotiques.

• Le madère

À base des cépages nobles verdelho, sercial, bual, malvoisie, ou du cépage tinta negra mole pour les vins plus ordinaires, les vins de Madère sont issus d'une méthode très originale. Les vins mutés sont chauffés, presque cuits à 40 °C pendant trois mois dans des « estufas » (étuves) avant d'être élevés de nombreuses années durant. Le madère est le vin qui vieillit le plus longtemps au monde ; il peut atteindre deux cents ans ! Ne vous contentez pas d'un usage culinaire du madère, mais découvrez cette merveille de complexité.

Les vins doux naturels et vins de liqueur rouges

• Les rivesaltes

Élevés traditionnellement, ce sont des vins doux à robe tuilée et aux arômes de café, de cacao, de fiche ou de pruneau sec, de coing et de fruits confits. Ils font preuve d'un bon équilibre entre tanins, sucre et force alcoolique.

À droite : Le porto vintage est un vin millésimé, issu d'une année exceptionnelle et élevé pendant deux ans au moins.

Le madère est issu d'un vignoble abrupt, cultivé sur d'étroites terrasses : les "poios".

• **Le maury**

Avec du grenache presque pur sur des sols schisteux, l'appellation d'origine maury s'applique à des vins doux naturels riches et tanniques. Colorés, livrant des arômes de café, de chocolat, de cuir, d'épices et de réglisse, ces vins sont très équilibrés en bouche grâce à leur richesse et à leur charpente. On peut trouver des maury de style traditionnel, mais aussi des vintages aux délicieux arômes de fruits rouges.

• **Le rasteau**

Dans le département du Vaucluse, l'appellation d'origine rasteau désigne des vins doux naturels de grenache, aux arômes de fruits secs, de noix, de fruits confits, de pruneau et aux notes de torréfaction. Amples et chaleureux, ce sont des vins pleins et harmonieux, dont la charpente tannique peut être intense.

• **Le banyuls**

Produit aux portes de l'Espagne, banyuls est le vin doux naturel le plus célèbre. À base de grenache récolté sur des terroirs schisteux escarpés, les banyuls sont élaborés soit par méthode oxydative, soit en vintage. Dans le premier cas, ils prennent des teintes acajou, ambrées, avec des notes aromatiques de fruits secs, de torréfaction, de cuir, de cacao et d'épices. Très structurés en bouche, ce sont des vins doux naturels puissants qui peuvent vieillir indéfiniment en acquérant une rare complexité. En vintage, ils développent des arômes de cerises à l'eau-de-vie, de cassis, de réglisse. Leur force tannique a besoin de temps pour s'affiner.

• **Le porto**

Issu des vignobles en terrasses qui bordent le Douro, au Portugal, le porto admet des styles très différents qui dépendent tout autant des assemblages des cépages locaux (touriga nacional, baroca, roriz, francesca cão, bastardo, etc.) que des modes d'élevage. Les **portos tawnies** sont élevés pendant longtemps en foudre ou en *pipe* (barrique de 550 litres), où ils subissent une oxydation. Ils gagnent ainsi une couleur ambrée, des arômes de cacao, de réglisse, d'écorce d'orange et fondent leurs tanins et leur force alcoolique. Les vins sont ensuite assemblés de façon à perpétuer le style constant de la maison de production. Des vins vieux sont ainsi associés à des vins plus jeunes, plus frais et plus fruités. Les tawnies peuvent être bus en apéritif, mais ils s'accordent surtout avec les fromages et les desserts au chocolat. Un **colheita** est un tawny rare issu d'un seul millésime, qui a été jugé assez noble pour ne pas être assemblé. Un **late bottle vintage** (LBV, « mis en bouteille tardivement ») est un porto élevé en fût pendant quatre à six ans, puis mis en bouteilles. Il commence sa vie en milieu oxydatif, où il prend les prémices des arômes d'évolution. Cette évolution est interrompue par la mise en bouteilles. Ce vin présente donc un style à mi-chemin entre le tawny et le vintage : il est plus rapidement prêt à boire qu'un vintage et constitue une bonne introduction à la dégustation des portos millésimés. Un porto **vintage** est issu d'une vendange exceptionnelle ; il est élevé deux ans seulement en barrique et mis en bouteille, à la façon d'un vin de garde du Bordelais ou de Bourgogne. Le fruité originel est ainsi préservé, ainsi que la jeunesse des tanins. Ce vin poursuit son évolution en milieu réducteur, avec lenteur, en gardant sa force et sa couleur profonde. Emprisonné sous verre, il peut vieillir ainsi pendant très longtemps en acquérant une complexité peu commune. Souvent un dépôt épais tapisse la bouteille : il faut servir le vin avec précaution. Il s'agit d'un porto de gastronomie, à marier avec un gibier ou des fromages persillés.

Déguster...
Les vins effervescents

Les vins effervescents sollicitent tous les sens, même celui de l'ouïe. Le dégagement gazeux s'écoute tout près de l'oreille pour mieux apprécier ce vin tantôt retenu et timide, tantôt poétique et disert.

À l'œil

À l'instar d'un vin tranquille, un vin effervescent se juge d'après son intensité colorante, sa teinte, ses reflets, sa brillance et sa transparence. S'ajoutent cependant des notations relatives à la mousse et aux bulles. Le dégagement gazeux dépend de deux facteurs.

• La pression du gaz dans le vin. Elle est fonction de l'élaboration même du vin effervescent, mais elle est également liée à la température de service. Plus un vin est froid, plus il peut dissoudre de gaz carbonique et moins il dégage de pression au-dessus du liquide. Aussi ne servez pas glacé un vin mousseux.

• La constitution du vin. La richesse en corps tensioactifs (protéines par exemple) favorise l'abondance de la mousse. Ces corps abaissent la tension superficielle d'une solution et permettent de stabiliser les mousses ou les émulsions (ainsi, une vinaigrette peut-elle être stabilisée par les

protéines contenues dans la moutarde). La mousse peut être peu, assez, trop *abondante*, *fugace* ou *persistante*. Jugez de sa bonne tenue dans le temps. Lorsque la mousse primaire a disparu, il reste un mince *cordon* de bulles autour du vin, au contact du verre. Étudiez l'importance de ce cordon, la surface qu'il occupe, sa persistance. Examinez ensuite les bulles qui s'échappent du liquide, en relevant leur nombre et leur taille.

Le pinot noir est l'un des cépages du champagne, auquel il apporte des arômes de fruits rouges.

Quels cépages pour les vins effervescents ?

Le chardonnay domine l'élaboration des vins effervescents, sur le modèle champenois qui lui associe pinot noir et pinot meunier. Toutefois, le riesling, le chenin, le muscat et le mauzac peuvent également être utilisés. En Espagne, le cava est un assemblage de cépages macabeo, parellada, xarel-lo et chardonnay.

Au nez

Les arômes des vins effervescents sont propulsés hors du verre par le gaz carbonique. Ils peuvent être classés dans les catégories primaire, secondaire ou tertiaire de façon encore plus nette que ceux des vins tranquilles.

Les cépages qui entrent dans leur élaboration empreignent les arômes de leurs caractéristiques. Le chardonnay apporte ses notes de tilleul, de fruits blancs et d'agrumes. Le mauzac lègue ses accents de pomme et d'épices, le chenin ses arômes de foin coupé. Le pinot noir fait chanter ses notes de cerise, de violette ou de pivoine.

Les vins issus de méthode traditionnelle sont marqués par l'autolyse des levures, lors de la seconde fermentation qui enrichit la gamme : de la levure au pain grillé, en passant par la mie de pain, la brioche, le cake ou le beurre frais. Enfin, le vieillissement du vin oriente les arômes vers des notes de miel, de cire, de fruits à noyau (pêche), accompagnés d'accents épicés, voire boisés dans les rares cas où le vin est encore élaboré en fût.

En bouche

Évitez de faire tourner le vin dans votre bouche car le gaz carbonique anesthésie les papilles. Le vin peut être *envahissant* ou *discret*, *fin* ou *grossier*. Analysez ensuite la bouche comme celle d'un vin tranquille, en jugeant l'équilibre entre les axes acide, moelleux et tannique (des tanins sont présents dans un vin blanc issu de raisins noirs ou dans

un vin rosé). L'acidité doit être rafraîchissante, mais pas trop coupante. Le vin peut être *mou*, *vert*, ou bien *souple*, *frais*, *vif* ou *nerveux*. Appréciez ensuite le corps du vin et sa vinosité.
L'axe des sensations moelleuses est le plus délicat à noter car il dépend du type de vin effervescent.
En effet, le vinificateur ajoute une solution sucrée avant la mise en bouteilles : la liqueur d'expédition. Suivant la quantité ajoutée, il obtient un brut zéro ou un brut de brut (sans liqueur), un brut, un demi-sec ou un doux. Pour les bruts, le sucre doit participer à l'équilibre du vin ; il doit notamment tempérer une acidité qui pourrait s'avérer agressive. Le vin peut être *bien dosé*, *équilibré*, *harmonieux* ou, au contraire, *trop dosé*, *pommadé*.

REPÈRES

Le choix du verre

Le verre de dégustation influe sur la qualité du dégagement gazeux, ce qui rend l'observation de la mousse encore plus difficile. Sa forme (en tulipe évasée), l'état de sa surface (lisse ou rayée), sa propreté risquent de perturber l'observation. Pour vous en convaincre, il vous suffit de regarder plusieurs verres sur une même table, remplis avec le même vin. Aucun n'offre le même dégagement gazeux. Pour éviter ces variations, utilisez toujours le même verre, une flûte de préférence.

L'élaboration des vins effervescents

Méthode traditionnelle, méthode ancestrale ou cuve close ? Autrefois nommée méthode champenoise, la **méthode traditionnelle** exige une double fermentation. Une première fermentation conduit à un vin de base sec que l'on met en bouteilles. On ajoute ensuite du sucre et des levures dans chaque bouteille hermétiquement bouchée. La transformation de ce sucre supplémentaire en alcool dégage le gaz carbonique qui provoquera l'effervescence. Un dépôt de levures mortes se forme dans les bouteilles, qui sera éliminé par remuage et dégorgeage. On peut opposer cette méthode à celle, plus ancienne, encore en usage à Gaillac, Limoux ou Die : la **méthode ancestrale**. Celle-ci consiste à embouteiller un vin dont le sucre naturel n'a pas été complètement fermenté. Cette transformation se poursuivra en bouteille jusqu'à obtention de la pression de gaz carbonique désirée. Cette méthode donne des produits très naturels mais moins réguliers que la méthode traditionnelle.
Selon la **méthode cuve close** qui préside à l'élaboration des Asti spumante italiens par exemple, la fermentation s'effectue en cuve fermée et la mise en bouteilles sous pression.

Deux terroirs distincts pour des vins effervescents à la forte personnalité : la Champagne et ses sols crayeux plantés de chardonnay, de pinot noir et de pinot meunier ; le Gaillacois et ses cépages ancestraux, tel le mauzac.

Déguster...
Les eaux-de-vie

La dégustation d'une eau-de-vie ne diffère pas de celle d'un vin : les trois grandes étapes de l'analyse sont respectées. Cependant, la présence parfois envahissante de l'alcool change les donnes, et les critères d'appréciation ne sont pas rigoureusement identiques.

À l'œil

Une eau-de-vie sort de l'alambic incolore et la couleur qu'elle présente dans le verre ne peut être issue que d'un apport lors de son élevage. On distingue ainsi les eaux-de-vie blanches qui ne passent pas sous bois (comme les eaux-de-vie de fruit) ou les alcools blancs (vodka, gin, tequila) des eaux-de-vie d'élevage (whiskies, cognac, armagnac ou calvados). Ces dernières sont progressivement colorées par les tanins du bois ; la teinte peut aller de *paille clair* à *brun*, en passant par *jaune d'or*, *topaze*, *feu*, *acajou*, *brun* ou *ambre*. Cette gradation de couleurs pourrait constituer une bonne indication sur le temps passé en fût si la pratique de la caramélisation, hélas légale, ne venait modifier les donnes. Vous pouvez donc qualifier la teinte avec précision mais sans en tirer de conclusions. Notez ensuite la limpidité, la brillance, l'absence d'irisation à la surface, signe de traces d'huile indésirables. Examinez enfin la viscosité de l'eau-de-vie, en observant les larmes sur les parois du verre.

Au nez

L'analyse de la palette aromatique d'une eau-de-vie est un exercice passionnant. Un véritable amateur est capable de sentir son verre pendant très longtemps avant de le porter en bouche. Comme pour l'analyse olfactive d'un vin, procédez à trois coups de nez successifs : liquide immobile, liquide agité d'un mouvement de rotation, liquide vigoureusement cassé. Vous dégagerez ainsi les divers arômes, des plus volatils aux plus lourds. À mesure du réchauffement de l'eau-de-vie, d'autres arômes se révéleront. Une grande eau-de-vie a besoin d'aération ; il faut bien lui laisser le temps de s'exprimer dans toute sa complexité. Toutes les séries rencontrées dans les vins peuvent se retrouver dans les eaux-de-vie, avec des tendances plus ou moins marquées suivant leur type. Dans tous les cas, la qualité de la distillation est déterminante. Elle doit être conduite de façon à éliminer une partie des produits de « têtes » (aldéhydes, esters et alcools supérieurs) entêtants et violents, ainsi que des produits de « queues » (esters ou furfurols) lourds et marquants. Ces produits secondaires doivent être absents d'une eau-de-vie destinée à une commercialisation rapide, mais ils doivent être présents à faible dose pour être dégradés et fondus par un long élevage sous bois et participer à la complexité finale d'une vieille eau-de-vie.

- Une eau-de-vie de fruit blanche exhale en priorité le fruit dont elle est issue. Qualifiez la franchise, la netteté de ce fruit, le respect de sa qualité originelle. Plus que la complexité, c'est ici la pureté qui fait la qualité.
- Les alcools blancs sont jugés sur la netteté des épices qui ont présidé à leur aromatisation (le genièvre pour le gin, en particulier), sur l'absence de composés secondaires et sur le fondu de leur composante alcoolique.
- Les eaux-de-vie présentent en général les séries florale, fruitée, épicée, boisée, empyreumatique, ainsi que les nuances huileuses ou rancio. Notez la présence de tel ou tel arôme, la complexité de la palette et son indépendance par rapport à la force alcoolique.

Couleur or légèrement ambré, larmes sur le verre, le cognac célèbre le mariage de l'esprit du vin et du chêne.

En bouche

Ingérez une très petite quantité d'eau-de-vie (quelques gouttes), et gardez-la, immobile, en bouche deux ou trois secondes avant de recracher. Les traces qui restent sur le palais n'ont pas eu le temps d'anesthésier les papilles ; les sensations vont s'évaporer grâce à la chaleur de la bouche et dégager ainsi tous leurs arômes.

Étudiez d'abord la présence alcoolique. Jugez de sa force et de son fondu. Vous qualifierez l'eau-de-vie de *brûlante*, de *feu*, *agressive*, *violente*, *sèche*, *rude*, *montante*, *lourde*, *puissante*, *ronde*, *moelleuse*, *douce*, *légère*, *faible*, *plate*, suivant une sensation alcoolique décroissante.

Notez ensuite la structure et la charpente tannique, s'il y a lieu : *plate* ou *pointue*, *carrée* ou *ronde*, *légère* ou *lourde*, *maigre* ou *grasse*, *franche* ou *fuyante*, *creuse* ou *pleine*, *pauvre* ou *riche*. Jugez la qualité tactile de l'eau-de-vie : *âpreté*, *astringence* ou, au contraire, *souplesse*, *velouté*, *moelleux*, *viscosité*, faculté de tapisser les muqueuses.

Détaillez les arômes de bouche révélés par la chaleur de la cavité buccale, avec les senteurs particulières de chaque eau-de-vie (terroir, rancio, etc.), sans oublier les éventuels défauts (goût de cuit, caramel, fauve, amer, métallique, piqué, moisi, savon, graillon, yaourt, caoutchouc, pharmaceutique).

Qualifiez enfin la longueur de la fin de bouche, en distinguant la longueur aromatique de la longueur due à la chaleur alcoolique (p. 51). La finale peut être *brève*, *courte*, *nette*, *franche*, *longue*, *riche*, *en queue de paon*, comme celle d'un vin.

Au sortir de l'alambic, le cognac titre environ 70 % vol. Ce liquide incolore possède déjà des composés aromatiques originaux, que l'élevage complétera.

Alambic à repasse ou charentais : la chaudière en cuivre est surmontée d'un chapiteau, puis d'un col de cygne.

La distillation

En usage depuis l'Antiquité chez les Égyptiens, redécouverte par les Arabes, la distillation consiste à séparer les divers constituants d'un liquide en fonction de leur température d'ébullition. Ainsi un mélange qui contient de l'eau, de l'alcool et divers corps bout-il à des températures croissantes jusqu'à 100 °C lorsqu'il ne reste plus que de l'eau. Les substances les plus volatiles passent à l'état de vapeur aux températures les plus basses ; elles se condensent en premier dans le serpentin de l'alambic : ce sont les « têtes » aux arômes intenses, parfois piquants. Puis, vient le « cœur de chauffe » riche en alcool. Enfin se manifestent les corps les moins volatils, les « queues », qui donnent des arômes lourds. Tout l'art du distillateur consiste à doser le distillat en têtes et queues suivant le type de produit désiré et donc à surveiller la température de distillation.

On distingue deux grands types d'alambics :

Les alambics à repasse, avec col de cygne et serpentin : l'eau-de-vie est obtenue par des distillations multiples (deux pour le cognac, les whiskies pur malt, le calvados et certains rhums ; trois pour les whiskeys irlandais) ;

Les alambics en continu, selon le principe des plateaux de distillation (armagnac, rhums, whiskies de grain, vodka, etc.). Une eau-de-vie destinée à être bue jeune doit être épurée et ne provenir que du cœur de chauffe, au risque de perdre en complexité aromatique. Une eau-de-vie destinée au vieillissement peut être plus riche en produits secondaires qui s'affinent au cours de l'élevage en barrique.

Le fond de verre

Cette dernière étape révèle l'âme d'une eau-de-vie. Posez une feuille de papier sur le verre qui a servi à déguster, au fond duquel est restée tapie une dernière goutte. Quelques heures plus tard, voire le lendemain matin, soulevez le papier et humez votre verre. Les arômes retenus prisonniers et qui ont pu vous échapper la veille, aérés et débarrassés de l'alcool qui a eu le temps de s'évaporer, se révèlent à vous.

Déguster...
L'armagnac

En plein cœur de la Gascogne, l'Armagnac prend la forme d'une feuille de vigne... Avec ses trois terroirs et ses quatre cépages, il produit des eaux-de-vie aux multiples caractères.

Les facteurs de qualité

Comme un grand vin, un armagnac doit sa personnalité à des facteurs multiples. Le terroir d'abord : assis sur des sables fauves (ferrugineux) au relief aplati dans le Bas-Armagnac, surtout dans la partie ouest – celle que l'on appelle le Grand Bas – ; sur des sables, des boulbènes et des terrains argilo-calcaires dans la partie centrale de la Ténarèze, avec des coteaux plus marqués ; sur des sols franchement calcaires et modelés en Haut-Armagnac. Les cépages ensuite : l'ugni blanc et la folle blanche comme en Cognaçais, le colombard en faible proportion et le bacco, cépage hybride adoré par les uns et voué à l'arrachage par les autres. La température de distillation – en alambic armagnacais continu de préférence – avec gestion judicieuse des têtes et des queues. L'élevage, bien sûr, avec des bois gascons de qualité, fûts neufs au départ et plus âgés ensuite, une alternance judicieuse entre chai sec et chai humide, un brassage à l'air des eaux-de-vie. La réduction enfin, soit artificielle avec de l'eau distillée ou des petites eaux pour arriver à 40 % vol., soit naturelle en prenant son temps et en le donnant aux anges ! Un armagnac « non réduit » a gardé sa force originelle, à peine tempérée par l'évaporation de l'alcool qui est facilitée par un élevage dans un chai humide. Ces armagnacs titrent en général entre 42 et 48 % vol.

Les styles

- **Les Haut-Armagnac** se font rares. Ce sont des eaux-de-vie de caractère, parfois rustiques, qui ont besoin d'une distillation et d'un affinage soignés. Quelques producteurs ont entrepris de redonner un visage à cette partie du terroir qui était tombé dans l'oubli.
- **Les Ténarèze** ont beaucoup de personnalité, avec de forts goûts de violette et d'épices. Ce sont des eaux-de-vie viriles, fougueuses dans leur jeunesse, mais qui peuvent atteindre une belle complexité avec l'âge. Il leur faut au moins quinze ans pour assouplir leur structure. Dans ce terroir, les cépages folle blanche et colombard donnent les produits les plus racés.
- **Le Bas-Armagnac** produit les eaux-de-vie les plus fines, dotées d'une grande expression aromatique et d'une réelle élégance. Le pruneau, les zestes d'orange, la vanille signent la personnalité de ces armagnacs. Sur les sols de sable, le cépage bacco exprime tout le caractère gascon ; l'armagnac qui en est issu est plus long à s'exprimer (au moins vingt ans) que les autres. L'eau-de-vie de folle blanche, plus fruitée, est plus rapidement ouverte (quinze ans). Les deux cépages produisent des armagnacs d'une exceptionnelle qualité. Après vingt-cinq ans se développent des notes de rancio et de vernis qui signent un armagnac mature.

Planté sur les sables fauves du Grand Bas, le cépage bacco produit des eaux-de-vie incomparables tant leurs caractères et leur personnalité éclatent dans le verre : orange confite, cacao, pruneau et rancio.

Déguster...
Le cognac

Produit d'une élaboration complexe et longue, le cognac est issu du mariage d'eaux-de-vie d'âges et de crus différents. Aucun cognac ne peut être vendu sans être âgé d'au moins deux ans et demi.

Les facteurs de qualité

Dans le Cognaçais, la distillation est dite « à repasse ». Le vin est distillé une première fois dans un alambic à col de cygne pour produire un premier distillat appelé « brouillis ». ce brouillis est redistillé pour donner une eau-de-vie épurée. Le fort degré de cette eau-de-vie (environ 70 % vol.) impose une réduction jusqu'au degré de commercialisation qui est en général de 40 % vol. Exporté à près de 95 %, le cognac est avant tout une eau-de-vie de terroir. Les cercles concentriques qui s'organisent autour d'un cœur constitué de sols calcaires des Grande et Petite Champagne, portent les noms de Borderies, Fins Bois et Bons Bois. Chaque terroir induit des caractéristiques gustatives spécifiques, encore modelées par les modes de culture de la vigne, de distillation, d'élevage dans le chêne. Mais c'est au cours du vieillissement plus ou moins prolongé en fût que le cognac acquiert toute sa personnalité, au gré de l'oxydation de ses divers composés et de l'apport tannique et aromatique du bois.

Les styles

Tout l'art du maître de chai consiste à marier les différentes origines et les années pour obtenir le goût et le style qui caractérisent la marque, dans la catégorie désirée. C'est la force des grandes maisons dont les stocks et les capacités d'achat permettent cette constance de goût qui fait qu'un cognac acheté à Paris ne différera pas de celui acheté à Tokyo quelques années plus tard. Avantage commercial certain pour vendre de gros volumes, mais qui n'excite que très modérément l'intérêt d'un amateur, celui qui trouve son plaisir dans la diversité et la découverte. Il existe de petites maisons ou des propriétaires-éleveurs qui embouteillent à part des eaux-de-vie personnalisées, soit par terroir, soit par âge, et qui permettent des dégustations aussi didactiques que passionnantes. Des cognacs pour véritables dénicheurs.

Un grand cognac propose une palette aromatique très étendue, complexe et racée : la vanille, les fruits confits, les épices orientales, les notes de bois exotiques, le pruneau, les agrumes séchés. Mais si vous procédez à une dégustation comparative d'un armagnac et d'un cognac, c'est le fondu de la sensation alcoolique qui retiendra votre attention. Autant un armagnac – surtout s'il est non réduit – reste fougueux, avec un côté brûlant recherché par les amateurs, autant un cognac est amadoué par son élevage et intègre cette chaleur dans son corps. C'est ainsi que l'on peut opposer une eau-de-vie fermière, très personnelle, à une eau-de-vie de style plus international.

Selon l'âge de l'eau-de-vie la plus jeune de l'assemblage, on distingue plusieurs types de cognac : Very Superior, Very Superior Old Pale, Reserve, ainsi que les exceptionnels Napoléon, XO, Extra et Hors d'âge.

Déguster...
Les whiskies pur malt

Les modes d'élaboration des whiskies pur malt sont nombreux et la notion de terroir n'est pas absente. Ces whiskies se boivent purs ou à peine mouillés d'eau plate, sans glaçons ou autres artifices qui risqueraient de masquer leurs caractères originaux.

L'élaboration

Ces alcools de céréales sont issus d'une bière d'orge maltée, séchée avec un feu plus ou moins chargé en tourbe (elle-même marquée par les conditions locales : certaines tourbes des îles peuvent être très iodées), mouillées avec une eau du cru (qui apporte son caractère selon qu'elle est passée sur des sols de tourbe ou de granite), puis fermentée. La bière est distillée par la méthode des *pot stills* – distillation à repasse de type charentais. L'alcool est ensuite vieilli dans des fûts de bourbon, en chêne américain recyclé ou, plus rarement aujourd'hui, dans les fûts qui ont servi à l'élevage des xérès. De plus en plus de distilleries embouteillent leur malt à part, et le choix des single malt sur le marché est important.

Les malts des Lowlands

Ils se distinguent par leur légèreté. Peu marqués par la tourbe, assez rectifiés, ils constituent une bonne introduction à un univers par ailleurs plus viril.

Les malts des Highlands

Cette vaste région peut se diviser en plusieurs secteurs : au centre, c'est la vallée historique de la Spey river et de ses affluents, le Livret, le Fiddich, la Lossie. Ces malts peuvent présenter des visages différents suivant le climat local et, surtout, les pratiques d'élaboration, mais ce sont toujours des malts de style classique, équilibrés entre tourbe et fruit, souvent élégants, parfois corsés.

Les céréales, une tourbe mouillée par l'eau du cru, une distillation à repasse... Le whisky pur malt se décline au gré des terroirs écossais : léger, élégant ou corsé.

Les malts de Campbelton

Cette presqu'île était autrefois un grand centre de distillation. Elle a perdu sa suprématie, mais on y produit encore quelques malts de haute lignée, issus de distillations sophistiquées. Ces whiskies conservent tout l'équilibre qui a fait leur réputation.

Les malts des îles

Les distilleries établies sur les îles qui bordent la côte écossaise produisent des malts fortement marqués par leur environnement marin. La tourbe et les algues leur impriment un caractère violent qui se reconnaît au premier coup de nez. Malts pour amateurs de sensations fortes, ces whiskies des îles ne manquent pas de virilité ! Longuement vieillis et amabilisés par un passage en fût de xérès, ils font partie du cercle très fermé des grands alcools de caractère.

Déguster...
Le rhum

Le rhum est l'alcool le plus vendu au monde. Souvent cantonné à un rôle gastronomique, il peut cependant revêtir une grande typicité selon ses modes d'élaboration et ses origines – Antilles, Caraïbes hispaniques ou anglophones.

Les types de rhum

Il existe deux types de rhums résultant de procédés d'élaboration distincts : les **rhums** dits **agricoles**, issus de la distillation du jus de canne à sucre frais, le vesou directement fermenté, et les rhums issus de la distillation des résidus de la fabrication du sucre de canne, les mélasses, qui contiennent encore du sucre non cristallisé. Les rhums agricoles ne se trouvent que dans les Antilles françaises et à Haïti. Les **rhums de mélasse**, appelés rhums de sucrerie ou rhums industriels, sont produits en énorme quantité dans toutes les Antilles, en Amérique du Sud et dans l'océan Indien. Presque tous connaissent une distillation de type continu et des rectifications plus ou moins poussées en fonction du style de rhum désiré.

Les rhums de tradition française

• **Les rhums agricoles de Martinique**. Ce sont les plus racés de cette catégorie. Il existe plusieurs styles, selon les méthodes d'élaboration, le mode de vieillissement et même la nature du sol. On distingue les rhums blancs non vieillis des rhums paille, à peine boisés, et des rhums ambrés ou vieux, vieillis plus ou moins longtemps en fût de chêne, en général des fûts de Bourbon réemployés.

• **Les rhums de Guadeloupe et de Marie-Galante.** Moins connus que ceux de la Martinique, les rhums de la Guadeloupe peuvent réserver de belles surprises.

• **Les rhums d'Haïti.** Ils sont la survivance des rhums fabriqués au XVIIIe siècle par les premiers colons, avec du vesou et des alambics de type charentais

Les rhums de tradition espagnole

Cuba, Porto Rico, Saint-Domingue et le Venezuela produisent des rhums de sucrerie qui vont des produits les plus neutres aux rhums vieillis sous bois. Le géant mondial Bacardi, originaire de Cuba et replié sur Porto Rico, possède des unités de production dans tous les centres de culture de la canne à sucre et produit un rhum très épuré, destiné aux bases de cocktails.

Les rhums de tradition britannique

Boisson traditionnelle de la Navy qui l'appelait Nelson's Blood, le rhum britannique est issu des mélasses de la Jamaïque, de la Barbade, de la Guyana, de Trinidad ou des Bahamas. Il s'agissait autrefois d'un rhum corsé, obtenu par le *dunder process*, ajout des vinasses (résidus de la distillation) dans la mélasse, et par distillation en *pot stills*, à l'instar du malt écossais. L'eau-de-vie ainsi obtenue était un véritable single rhum, comme les vieux Demerara ou les vieux Jamaïque. Il reste très peu de rhums de ce style. Les produits ont hélas aujourd'hui une légèreté plus commerciale.

Vieilli en fût de chêne français, le vieux rhum de la Guadeloupe possède une couleur ambrée et des arômes généreux d'épices, de caramel, de cassonade et de fruits exotiques cuits.

Les rhums agricoles sont issus de la distillation du jus de canne à sucre frais.

Les rhums ambrés ou vieux sont vieillis dans des fûts de Bourbon réemployés.

S'exercer...

Les vins rouges : la structure tannique

Vins de l'exercice

1. Beaujolais-villages.

Présentez la bouteille à 14-15 °C et débouchez-la au dernier moment.

Vin de remplacement : gamay de Touraine, de Savoie ou gaillac primeur.

2. Saint-estèphe d'un millésime récent.

Présentez la bouteille à 17-18 °C. Débouchez-la une heure à l'avance. Décantez la moitié de la bouteille en carafe. La décantation a un rôle bénéfique (**p. 24**) : elle donne un coup de fouet à un vin qui vient de passer plusieurs années dans sa prison de verre. Dans le cas d'un vin jeune, l'oxygène accélère l'évolution des arômes et les révèle. Dans le cas d'un vin parvenu à maturité, l'aération efface les notes de réduction qui pourraient apparaître à la première dégustation.

Vin de remplacement : premières-côtes-de-bordeaux ou graves.

À l'œil

	BEAUJOLAIS	SAINT-ESTÈPHE
INTENSITÉ	Légère.	Intense, presque sombre.
TEINTE	Cerise vive et fraîche, avec quelques reflets pourpres, voire violacés qui ourlent la surface du vin.	Dominante rubis, avec une frange pourpre, signes de jeunesse.

L'influence des cépages

- Le **gamay** est un cépage précoce qui peut être cultivé dans des vignobles septentrionaux ou d'altitude. Les sols granitiques, comme ceux du nord du Beaujolais, lui conviennent bien. Ce plant donne des vins très aromatiques, peu colorés, souvent issus de macérations semi-carboniques (**p. 43**).
- Le **cabernet-sauvignon** est un cépage tardif, cultivé partout dans le monde. Cependant, les meilleures productions s'obtiennent à la limite nord de son aire de culture, notamment en Médoc. Ce plant donne des vins très colorés, avec du fruit noir (mûre, cassis), une remarquable structure tannique, astringente dans leur jeunesse.

Au nez

	BEAUJOLAIS	SAINT-ESTÈPHE
PREMIER NEZ	Très intense, fruits rouges vifs comme la framboise accompagnée de cerise, fraise, griotte, groseille. Des vinifications à basse température, utilisant certains types de levures, peuvent apporter des arômes de banane.	Discret et même fermé.
DEUXIÈME NEZ	Composante florale (iris ou violette).	Fruits rouges ou noirs (cerise, cassis) associés aux arômes issus de l'élevage en barrique (cèdre, vanille, épices). Sur des raisins moins mûrs, des nuances de poivron apparaissent. La décantation souligne le côté fruité et augmente l'intensité aromatique.

En bouche

ATTAQUE	Souple.	Structurée.
MILIEU DE BOUCHE	La structure est légère, coulante, même chaleureuse.	Beaucoup de matière et une imposante charpente tannique. L'astringence est importante, mais il faut surtout percevoir le grain fin des tanins. Essayez de distinguer les tanins issus du raisin de ceux, plus épicés, apportés par la barrique. Le vin décanté gagne en harmonie : il présente des tanins plus fondus et un fruité plus intense.
FINALE	Vive et fraîche. Peu de sensation tannique. Les arômes persistent quelques secondes, en rappelant les composantes du nez.	La persistance aromatique, intense, privilégie le fruit et les épices.

À vous de jouer...

La comparaison des extrêmes dans la structure tannique permet de mémoriser les deux bouts des échelles de notation ; la dégustation de vins très différents s'avère en effet utile aux débutants. Comparez les vins suivants, issus de la production mondiale, en respectant les étapes de la dégustation.

• **En Italie,** un bardolino et un barolo.

Le bardolino est produit en Vénétie, sur les rives sud-est du lac de Garde. C'est un vin souple, issu des cépages corvina, rondinella et molinara.

Le barolo est un vin du Piémont, issu du célèbre cépage nebbiolo. Le nebbiolo produit des vins moyennement colorés, très aromatiques, riches et tanniques, avec une forte vivacité.

• **En Espagne,** un jumilla et un priorato.

Le jumilla est un vin de mourvèdre produit dans la région aride du Levant.

Le priorato, né en Catalogne à partir du grenache et du carignan, est un vin très structuré.

• **En Suisse,** un pinot noir du canton de Vaud et un merlot du Tessin.

• **En Californie,** un Blush Zinfandel et un cabernet-sauvignon.

Un *blush wine* est un vin très pâle issu du cépage rouge zinfandel vinifié comme un vin rosé.

• **En Australie,** un gamay et une syrah (shiraz).

S'exercer...

Les vins blancs secs : l'acidité et la température de dégustation

Vins de l'exercice

1. Jurançon sec.

2. Côtes-de-provence.

Achetez les deux bouteilles dans le millésime le plus récent, afin de profiter de la fraîcheur et du fruité primaire des vins. Demandez conseil à votre caviste pour acheter un vin élevé en cuve et non en barrique. Procurez-vous plusieurs bouteilles de chaque vin afin de décomposer l'exercice en deux temps.

L'influence des cépages

Les vins blancs du sud de la France peuvent être classés en deux grands groupes climatiques. Les vins qui regardent à l'ouest – bordeaux blancs secs, graves, duras, gaillac, irouléguy ou jurançon sec – et ceux qui sont issus du Languedoc, de la Provence ou de la vallée du Rhône méridionale. Côté Atlantique, le climat se caractérise par des températures douces, avec peu d'écarts, et par une pluviométrie importante, ce qui offre aux cépages blancs la possibilité d'exprimer leur puissance et leur complexité aromatique mais qui, en contrepartie, favorise une acidité élevée. Côté Méditerranée, le climat chaud et sec n'est pas propice à la finesse mais donne des vins riches et gras, en général peu acides. Certaines pentes exposées au nord, à Palette par exemple, parviennent à compenser cet excès de chaleur. Deux styles radicalement opposés qui se prêtent à une démonstration didactique.

- L'aire d'appellation jurançon sec se situe sur le piémont pyrénéen, au sud de Pau. Les pentes sont abruptes, les vignes taillées en hauteur pour échapper aux gelées. Les cépages destinés à l'élaboration des vins secs sont le gros manseng,

À l'œil

	JURANÇON SEC	CÔTES-DE-PROVENCE
INTENSITÉ	Intense.	Moyenne.
TEINTE	Paille ou dorée, avec des reflets verts qui ourlent le disque.	Franchement paille, avec des reflets dorés.

Au nez

	JURANÇON SEC	CÔTES-DE-PROVENCE
PREMIER NEZ	Fruits exotiques (signature du cépage gros manseng) : ananas plus ou moins mûr, litchi, mangue, pamplemousse.	Fleurs rehaussées d'arômes de fenouil (caractéristique des vins blancs sudistes).
DEUXIÈME NEZ	Très intense. Fruits à chair blanche (pêche, poire). En agitant fortement le verre, apparaissent quelques accents épicés.	Moins intense, plus alangui que celui du jurançon. Fruit mûr, miel, quelques épices et parfois une note chaude et généreuse. En cassant la surface du vin, apparaissent des touches d'abricot et d'amande fraîche qui apportent beaucoup de subtilité.

En bouche

	JURANÇON SEC	CÔTES-DE-PROVENCE
ATTAQUE	Vive, très nerveuse.	Ronde.
MILIEU DE BOUCHE	Grande fraîcheur équilibrée par la puissance aromatique (gamme fruitée).	La rondeur est appuyée par une richesse alcoolique, un gras et un volume qui adoucit, « arrondit les angles ». Les arômes de fenouil et d'amande sont parfaitement mis en valeur par le réchauffement du vin dans la bouche.
FINALE	Longueur fruitée.	Prolongement des arômes de fenouil et d'amande.

variété très aromatique et à forte acidité, et le courbu, plus neutre et moins vif.

• Plus connue pour ses rosés, la vaste aire d'appellation des côtes-de-provence produit également des vins blancs secs. Les cépages sont ceux du croissant méditerranéen : l'ugni blanc, assez neutre et relativement vif ; la clairette qui peut donner des arômes fins, avec peu d'acidité ; le bourboulenc, chaud et généreux ; et surtout le rolle, expressif et délicat, qui apporte sa noblesse.

Temps 1

Dégustez les vins à la température de 12-13 °C. Débouchez les vins au dernier moment.

Temps 2

• Portez le jurançon à la température de la pièce de dégustation (de 18 à 20 °C) et maintenez le côtes-de-provence à 14 °C. Le jurançon laisse apparaître un nez moins fin, et des composantes herbacées se développent. Si le vin présente le moindre défaut, celui-ci est impitoyablement révélé par une température élevée. L'acidité est perçue plus intensément et devient déséquilibrée.

• Réalisez l'expérience inverse, avec le côtes-de-provence à 18 °C et le jurançon à 14 °C. C'est le déséquilibre alcooleux du premier qui se dévoile, renforcé par le gras et les sensations moelleuses. Néanmoins, les arômes du côtes-de-provence semblent plus puissants.

• Portez la température des deux bouteilles vers 6-8 °C. Les vins sont anesthésiés ; les arômes semblent bloqués, la bouche se resserre et ne se prête plus à l'analyse. Il est alors bien difficile de déterminer si les vins ont des qualités ou des défauts. La tradition qui veut que les vins blancs se boivent frais et non glacés est donc bien fondée **(p. 22 et 73)**.

À vous de jouer...

Cet exercice consiste à situer vos appréciations sur la sensation acide. Vous pourrez ainsi graduer l'axe de l'acidité à partir de ses extrêmes, avec un vin très vif et un vin chaud et gras. Comparez les vins suivants, issus de la production mondiale, en respectant les étapes de la dégustation.

• **En France**, remplacez le jurançon par un savennières, un sauvignon de Touraine ou un riesling d'Alsace sans sucres résiduels. Remplacez le côtes-de-provence par un gaillac à base de mauzac, une clairette-du-languedoc, un vin-de-corse.

• **En Allemagne**, choisissez un riesling sec de la Moselle et un pinot blanc de la Nahe.

• **En Italie**, un riesling du Haut-Adige et un vin blanc de Sicile.

• **En Espagne**, un rias baixas et un penedès.

Le rias baixas est un vin blanc réputé de Galice, issu essentiellement d'un cépage local appelé albariño. C'est un vin très fruité. Le penedès, produit en catalogne, est un assemblage de xarel-lo, macabeu et parellada.

• **En Suisse**, un vin du Valais à base d'arvine et un vin à base de chasselas.

• **En Australie**, un sauvignon blanc et un sémillon.

• **En Californie**, un sauvignon blanc et un chardonnay.

S'exercer...

Les vins liquoreux : la concentration du raisin

Vins de l'exercice

1. Sauternes.

2. Jurançon.

3. Arbois vin de paille.

L'exercice consiste à relever les différences entre un vin liquoreux botrytisé, un vin de passerillage sur souche et un vin de passerillage sur claies. Votre caviste sera de bon conseil dans le choix des bouteilles les plus représentatives. Cet exercice demande un certain investissement, mais rien n'empêche de se grouper pour réaliser cette dégustation. Rafraîchissez les bouteilles à 12-13 °C et débouchez-les au dernier moment.

Botrytis ou passerillage

• À Sauternes, sur des collines au relief assez marqué, des sols argilo-calcaires et des croupes de graves, la proximité de la Garonne et la présence du Ciron font naître un microclimat qui favorise l'évolution du *Botrytis cinerea* vers la noblesse sur les cépages sémillon, sauvignon et muscadelle.

• À Jurançon, c'est le dessèchement des baies sous le soleil qui est favorisé. Les régimes de vent du sud-ouest qui s'établissent en automne provoquent un effet de fœhn qui accélère l'évaporation et concentre la vendange. Le cépage petit manseng, aux petits grains et à la pellicule épaisse, supporte bien ce flétrissement.

• Le vin de paille est issu du vignoble du Jura planté des cépages savagnin, poulsard, trousseau, contrairement au vin jaune qui provient du seul savagnin. Le climat prémontagnard ne permet ni le développement de la pourriture noble, ni un passerillage sur souche. Les plus belles grappes récoltées à grande maturité sont mises à sécher à l'abri, sur des claies dans un grenier bien aéré. Ces raisins « secs », pressés fortement pour en extraire un rare jus, sont fermentés pour donner le vin de paille.

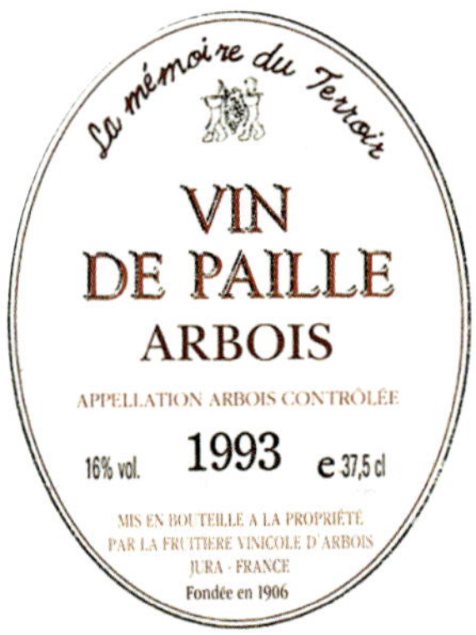

À vous de jouer...

Comparez les vins suivants, issus de la production mondiale, en respectant les étapes de la dégustation.

• **En France**, vous pouvez remplacer le jurançon par un coteaux-du-layon ou un vouvray moelleux, le sauternes par un monbazillac ou un gaillac moelleux (une cuvée concentrée), le vin de paille du Jura par un vin de paille de la vallée du Rhône (appellation hermitage).

• **En Italie**, comparez un vin santo de Toscane, un picolit du Frioul et un recioto de Valpolicella (ce dernier vin est rouge, ce qui devrait exciter la curiosité !).

• **Aux États-Unis**, il est instructif de comparer les vins de glace des Finger Lakes ou du Canada avec les rares vins moelleux californiens (*dessert wines*).

• **En Allemagne** ou **en Autriche**, vous pourrez comparer pour un même cépage les différentes forces en sucre, entre un Auslese, un Beerenauslese et un Trockenbeerenauslese, en complétant par la dégustation d'un vin de glace. Les trois dernières catégories regroupent des vins botrytisés, alors que la première désigne des vins issus de vendanges tardives.

• **En Hongrie**, la comparaison entre les différentes forces de tokay de 3 à 6 *puttonyos* s'impose. Les raisins botrytisés (*aszú* en hongrois) sont récoltés grain par grain, après passerillage sur souche. De ces raisins mis en petits cuvons s'écoule un jus très sucré qui donne le mythique vin *essencia*. Le reste est réduit en pâte, additionné à du vin sec pour une seconde fermentation. La quantité de pâte ajoutée détermine le nombre de *puttonyos* (1 *puttonyo* = 1 seau de 25 kg de raisin *aszú* ajouté à une barrique de 136 litres de vin sec) et donc la richesse du produit final.

À l'œil

	SAUTERNES	JURANÇON	ARBOIS VIN DE PAILLE
INTENSITÉ	Soutenue.	Soutenue.	Soutenue.
TEINTE	Paille doré.	Paille franchement doré.	Vieil or, avec des nuances ambrées. Le gras du vin est plus intense que celui du sauternes et du jurançon.

Au nez

	SAUTERNES	JURANÇON	ARBOIS VIN DE PAILLE
PREMIER NEZ	Impression de surmaturité, de fruits rôtis, confits.	D'une grande puissance aromatique, même sur verre immobile, le vin exhale des notes de fruits blettis. La pêche, la mangue,l'ananas et un arôme original de nèfle se mêlent harmonieusement.	Fruits confits, ananas, pêche, raisins secs.
DEUXIÈME NEZ	Le *Botrytis* se caractérise par des arômes d'abricot très mûr, d'épices, de poivre. Des notes florales (fleur d'oranger, acacia), des odeurs de zestes d'agrumes mais aussi de fruits secs complètent la gamme. Viennent ensuite des sensations miellées et confites.	Miel, cire d'abeille, pain d'épice, noisette, pralin, notes épicées.	Nuances confiturées, pâte de coings, pruneau sec, zestes d'agrumes confits, cire d'abeille, épices douces.

En bouche

	SAUTERNES	JURANÇON	ARBOIS VIN DE PAILLE
ATTAQUE	Ample et suave.	Vive.	Opulente.
MILIEU DE BOUCHE	Liqueur imposante et corps très dense. Grande concentration.	Équilibre parfait entre liqueur et vivacité. Le sucre ne masque en rien les côtés floraux, fruits exotiques et épicés.	Grande richesse, Toute la gamme des confitures, pâtes de fruits, épices rares, soutenue par des notes de cire. Se manifeste aussi un côté confit, miellé et raisin de Corinthe.
FINALE	Opulente, complexe et persistante.	Vivacité élégante. Parfois aussi longue que celle d'un sauternes, la finale d'un grand jurançon est confite, miellée, avec toute une gamme de fruits rôtis et épicés.	Très persistant, le vin de paille peut faire la queue de paon.

S'exercer...

Les vins rosés : l'influence climatique

Vins de l'exercice

1. Irouléguy.

2. Tavel.

Choisissez les bouteilles dans un millésime récent pour profiter de leur fraîcheur et de leur fruité intact. Portez-les à une température de 14 °C environ et débouchez-les au dernier moment. Procurez-vous plusieurs bouteilles de chaque vin afin de décomposer l'exercice en deux temps.

L'influence du climat

• Les vins rosés sont souvent produits dans les régions touristiques. Si cette adaptation viticole a quelquefois enfanté des produits plus commerciaux qu'originaux, on peut trouver au pays basque d'une part, près de la Côte gardoise d'autre part, des vins qui n'ont pas à rosir de leurs origines.

• Sur le versant français de l'extrême ouest des Pyrénées, Irouléguy est un vignoble pittoresque, cultivé sur des terrasses abruptes, à flanc de montagne. Il associe la couleur rouge de ses sols au vert des ceps de vigne. Le climat y est très atlantique, avec des hivers doux, des étés dont la chaleur n'est jamais brûlante et une pluviométrie importante. Les cépages cabernet franc, tannat et cabernet-sauvignon y produisent des vins rosés et rouges.

• Tavel est réputé être le premier vin rosé de France : l'appellation ne produit que ce type de vin. L'aire d'appellation se situe au sud de la vallée du Rhône, sur la rive droite du fleuve, en face de Châteauneuf-du-Pape. Sur des sols de cailloux roulés, de sables et d'alluvions argileuses, ce vignoble sudiste se caractérise par des vignes taillées en gobelet et un climat méditerranéen. Hivers doux, étés torrides, périodes de sécheresse, toutes les conditions sont ici réunies pour produire des vins ensoleillés. Les cépages sont nombreux : grenache et cinsaut principalement, complétés par la syrah et le mourvèdre.

Temps 1

À l'œil

	IROULÉGUY	TAVEL
INTENSITÉ	Soutenue.	Soutenue.
TEINTE	À nuances cerise. Une composante bleue issue du cépage tannat donne des notes pourpres qui confèrent une impression de jeunesse et de fraîcheur.	À nuances orangées. Le grenache n'est pas étranger à cette note d'évolution qui peut aller parfois jusqu'à la pelure d'oignon. On assiste cependant à une évolution des styles vers des couleurs plus modernes, d'un rouge plus vif.

Au nez

	IROULÉGUY	TAVEL
PREMIER NEZ	Très intense, vif et fringant : arômes floraux délicats, notes d'aubépine, de violette ou de jasmin.	Intense, chaleureux. Notes de maturité : fruits rouges, fraise écrasée, cerise noire, pêche de vigne, ainsi que fleurs blanches ou violette si le cépage syrah est présent.
DEUXIÈME NEZ	Épices du tannat, arômes de fruits noirs (mûre). Une dernière agitation du verre libère des notes poivrées.	Pierre à fusil et épices. En agitant bien le vin, des notes plus chaleureuses, cuites, de cassonade se dévoilent.

En bouche

ATTAQUE	Fraîche.	Ronde.
MILIEU DE BOUCHE	L'équilibre en bouche associe une vivacité importante à un fruité intense, avec une note tannique qui structure l'ensemble. L'irouléguy est un vin rosé très sensible à l'état de maturité de la vendange. Un millésime froid et pluvieux se traduit par la présence de caractères végétaux issus du cabernet franc (nuances de poivron vert d'une verdeur parfois intense). Si le raisin a bénéficié d'un été chaud et d'un automne sec, le vin gagne en rondeur, en souplesse et en maturité de fruit.	Souple, ample, avec une sève imposante. Si une générosité importante peut parfois le déséquilibrer vers un côté trop chaud, le fruité intense et les épices tempèrent la chaleur toute méditerranéenne de ce vin de la vallée du Rhône méridionale. C'est un rosé tout en courbes, sans angles ni aspérités, un rosé voluptueux.
FINALE	Sur le fruit frais et la vivacité.	Sur le fruit mûr et la générosité.

Temps 2

Recommencez la dégustation en maintenant l'irouléguy à 14 °C et en refroidissant le tavel à 11-12 °C. Le tavel paraît plus vif car le froid gomme le côté chaleureux du vin.

À vous de jouer...

Comparez les vins suivants, issus de la production mondiale, en respectant les étapes de la dégustation.

- **En France**, remplacez l'irouléguy par un béarn, un tursan, un côtes-du-frontonnais, un bordeaux rosé, ou un rosé à base de cabernet de Loire. Remplacez le tavel par un côtes-de-provence, un vin-de-corse, un coteaux-du-languedoc, un côtes-du-roussillon.
- **En Espagne**, comparez un rosé de Navarre et un rosé d'Alicante.
- **En Californie**, étudiez un rosé de zinfandel et un rosé de grenache.

S'exercer...

Les vins effervescents : la prise de mousse

Vins de l'exercice

1. Champagne blanc de blancs brut sans année.
2. Champagne d'assemblage brut sans année.
3. Gaillac méthode gaillacoise.

Votre caviste vous apportera une aide précieuse dans l'achat des bouteilles de champagne, car si la mention « blanc de blancs » est bien présente sur l'étiquette, une connaissance des habitudes de telle ou telle marque s'impose pour le choix d'un champagne d'assemblage. Le gaillac mousseux n'est pas facile à trouver en dehors de son aire de production. Néanmoins, le *Guide Hachette des Vins* vous indiquera sa sélection des producteurs qui maintiennent cette tradition gourmande. Ne servez pas les vins effervescents trop froids sous peine d'inhiber leurs qualités aromatiques.

Les méthodes d'élaboration

• **Le champagne**. Les cépages utilisés dans l'élaboration du champagne sont rouges et blancs : pinot meunier et pinot noir en rouge, plus particulièrement cultivés dans la vallée de la Marne et sur la Montagne de Reims ; chardonnay en blanc sur la bien nommée Côte des Blancs. Ces raisins sont doucement pressés afin d'en extraire un jus plus ou moins blanc. Les jus issus des deux pinots présentent quelques tanins, alors que celui qui coule d'une vendange de chardonnay en est dépourvu. Dans le premier cas, les vins de base sont plus corsés, vineux et puissants ; dans le deuxième cas, ils sont plus délicats, légers et marqués par les arômes d'un seul cépage. Si les vins sont assemblés entre blancs et noirs, tout l'art de la maison de champagne consiste à trouver l'équilibre « maison « entre ces deux qualités. Toutefois, il est possible d'élaborer une cuvée de champagne avec le seul chardonnay : l'étiquette porte alors la mention « blanc de blancs ».

• **Le gaillac mousseux**. Bien avant que dom Pérignon ne codifie la méthode champenoise, on appréciait déjà les bulles dans quelques régions de France. Que ce soit à Die avec sa clairette célèbre depuis le Moyen Âge, à Limoux avec la blanquette ancestrale ou à Gaillac, les vins mousseux pétillaient dans les verres. Le gaillac mousseux est issu principalement du mauzac. Il est élaboré selon la méthode ancestrale (dite aussi gaillacoise) : le gaz carbonique présent dans la bouteille est le résultat d'une seule fermentation. Cette pratique est née de l'observation des anciens vignerons. Lorsque le vin fermentait en fin de saison, les premiers froids pouvaient ralentir le processus et même l'arrêter. Si le vin était mis en bouteilles à ce moment, les premières douceurs printanières réveillaient les levures et le vin reprenait sa fermentation. Emprisonné, le gaz carbonique produisait alors de la mousse, mais il restait toujours un peu de sucre naturel du raisin non fermenté. Très irrégulière, cette méthode donnait aussi bien des bouteilles peu mousseuses que des flacons explosifs. Réussie, elle créait et crée encore aujourd'hui de petites merveilles. À présent, l'arrêt de la fermentation est obtenu en éliminant les levures du vin par filtrations successives. Il est rare de produire des vins totalement bruts par cette méthode.

À vous de jouer...

Comparez les vins suivants, issus de la production mondiale, en respectant les étapes de la dégustation.

• **En Espagne**, comparez diverses cuvées de cava catalan, en les choisissant de différents dosages.

• **En Italie**, la comparaison s'impose entre un Asti spumante ou un moscato d'Asti (Piémont), marqué par les arômes muscatés, et un Franciacorta (produit en Lombardie dans la province de Brescia), de style plus classique avec des notes de chardonnay.

• **En Allemagne**, comparez différents types de sekt.

• **En Californie**, réalisez le même exercice en choisissant les vins effervescents produits par les maisons françaises installées sur place (aucun vin gaillacois n'a encore franchi l'Atlantique).

À l'œil

	CHAMPAGNE BLANC DE BLANCS	CHAMPAGNE D'ASSEMBLAGE	GAILLAC MÉTHODE GAILLACOISE
MOUSSE	Abondante.	Abondante.	Bulle grosse et persistante.
TEINTE	Paille clair, avec une composante jaune.	Paille doré soutenu.	Doré.

Au nez

	CHAMPAGNE BLANC DE BLANCS	CHAMPAGNE D'ASSEMBLAGE	GAILLAC MÉTHODE GAILLACOISE
PREMIER NEZ	Léger, sur un registre floral.	Fruits rouges et brioche.	Sur le fruit nature.
DEUXIÈME NEZ	Fleurs, fruits à chair blanche (pêche), agrumes (pamplemousse),tilleul, verveine, parfois feuille de thé, iris, herbe fraîche. S'ajoute à cette palette la série aromatique issue de la seconde fermentation : mie de pain, brioche, beurre frais, cake ou pain grillé.	Fruits rouges, noisette, violette, pivoine, réglisse, épices, fruits à noyau. S'ajoute à cette palette la série aromatique issue de la seconde fermentation : mie de pain, brioche, beurre frais, cake ou pain grillé.	Pomme mûre (signature du mauzac), poire William, brioche au four, cake aux fruits confits. La palette aromatique est entièrement orientée vers des notes de pâtisserie, de fruits mûrs, avec une notion de naturel. C'est le fruit cueilli sur l'arbre que l'on sent.

En bouche

	CHAMPAGNE BLANC DE BLANCS	CHAMPAGNE D'ASSEMBLAGE	GAILLAC MÉTHODE GAILLACOISE
ATTAQUE	Légère.	Puissante.	Suave.
MILIEU DE BOUCHE	Très aromatique, d'une structure légère, le blanc de blancs est tout en finesse, en grâce aérienne et en suavité. L'équilibre entre l'acidité, un peu citronnée, et le moelleux laisse toujours une sensation rafraîchissante qui donne au vin du nerf.	Vineux, avec des accents corsés, le champagne d'assemblage est plus sensuel que charmeur. Son équilibre est enrichi par les tanins. La sensation de plénitude et de volume s'en trouve renforcée.	La suavité naturelle du mauzac, cépage peu acide, ses arômes de bouche qui renforcent encore la sensation fruitée, le sucre résiduel naturel qui ne provient que du raisin font du gaillac mousseux une véritable gourmandise, sans prétention à la grandeur, certes, mais avec l'ambition de donner du plaisir.
FINALE	Élégante, tout en finesse.	Plus puissante et plus longue.	Sur le fruit naturel ; longueur modeste.

Dire...
Les mots du vin

Il importe que les mots du vin fassent écho à une réalité connue de tous et qu'ils puissent être partagés : une perception doit être traduite par un terme précis, usité par l'ensemble des dégustateurs. Néanmoins, chaque dégustateur est libre d'enrichir son vocabulaire et d'attribuer à ses écrits un style personnel.

L'analogie

Le dégustateur traduit ce qu'il ressent en recherchant des modèles de comparaison dans son environnement. Il procède par analogie, c'est-à-dire par association d'une sensation à une réalité matérielle, vérifiable par son interlocuteur.
Par exemple, lorsque l'on dit qu'un vin est rond, le mot rond ne relève pas du champ sémantique du goût. Il a été emprunté à la terminologie de la géométrie. Les références à la forme, à l'ossature, à l'architecture ou au corps humain sont courantes pour rendre compte de la matière du vin. Même la description aromatique fait appel à des analogies. Lorsqu'il dit qu'un vin dévoile un arôme de rose, le dégustateur compare une des composantes du nez du vin à son souvenir de l'odeur de rose.

Un vocabulaire adapté au vin dégusté

La règle est simple : à vin modeste, commentaire court et sans fioritures ; à vin complexe, commentaire détaillé jusqu'à une description complète et à la définition du style. Le commentaire doit donc être à la hauteur du vin, mais il peut arriver qu'un très grand vin se refuse à toute analyse sémantique. Le commentaire devient alors laconique et se résume à quelques mots : grand, parfait, indescriptible !

Peut-on se passer de vocabulaire ?

Une dégustation technique peut se réduire à un exercice de positionnement de chaque sensation sur un axe. Si l'on veut noter l'acidité d'un vin, il suffira de procéder à une cotation, de 1 à 10 par exemple, sur l'axe acide. Le vin sera noté A6. De même pour l'axe tannique, T4, ou l'axe moelleux, M2. On peut appliquer cette méthode à tous les éléments du vin et résumer un commentaire par une série de notations. Tel un simple bulletin d'analyse chimique, un vocabulaire ainsi réduit à quelques termes codifiés ne permet pas de distinguer un bon vin d'un grand cru. Seuls les mots, dans leur diversité, en sont capables.

L'ŒIL

■ BRILLANCE
Un vin peut être mat, terne, net, lumineux, éclatant, brillant, étincelant, chatoyant.

■ FRANGE
Nuance de couleur perceptible sur le bord du verre, qui se distingue plus ou moins distinctement de la teinte principale. La couleur de la frange permet de définir la phase d'évolution du vin, une nuance doré intense pour un vin blanc, ou acajou pour un vin rouge indiquant un début de maturation.

■ INTENSITÉ COLORANTE
Un vin peut être incolore, pâle, clair, foncé, soutenu, profond, dense, intense.

■ LIMPIDITÉ
On note la limpidité du vin par les adjectifs : bourbeux (pour un vin qui vient d'être fraîchement décuvé), opaque, trouble, voilé, flou, laiteux, opalescent, transparent, limpide, cristallin. Un vin trouble ne se goûte jamais bien ; il paraît rustique et rugueux, sans aucune finesse.

■ TEINTE
La teinte d'un vin est généralement définie par analogie. Analogies avec des fleurs (rose, pivoine), des fruits (groseille, cerise, cassis), des pierres précieuses (grenat, rubis). Ces analogies ne peuvent être que très générales : il existe une infinité de variétés de cerise et un bijoutier peut proposer des grenats de teintes très diverses.

• Les vins blancs déclinent une gamme allant de jaune pâle à bouillon de châtaigne (teinte peu souhaitable !), en passant par jaune vert, jaune citron (vins jeunes), jaune paille, jaune doré, bouton doré, bouton d'or, topaze, vieil or (vins vieux ou liquoreux), miel, roux, fauve, cuivré, ambré, brun, acajou (vins très vieux, cassés ou oxydés).
• Les vins rosés vont du gris pâle au brun, en passant par rose-violet, pivoine, cerise, framboise, vieux rose, fraise, rose orangé, abricot, orangé, saumon, brique, pelure d'oignon.
• Les vins rouges vont de bleuté à brun, en passant par violacé, grenat, pourpre, rubis (vins jeunes), vermillon, cerise (vins matures), orangé, fauve, tuilé, acajou (vins vieux), brique, roux (vins très vieux). Un vin peut être rubis à frange orangée.

■ VISCOSITÉ
La viscosité est perceptible lors du versement du vin dans le verre : le vin peut être fluide, coulant, épais, gras, glycériné ou visqueux. Il présente des larmes plus ou moins abondantes.

LE NEZ

■ ARÔMES
On distingue trois types d'arômes : les arômes primaires ou variétaux (issus du cépage), les arômes secondaires ou fermentaires, les arômes tertiaires, ou bouquet, issus de l'élevage (**p. 34**).
L'identification des nuances aromatiques est l'exercice le plus spectaculaire. On procède par analogie avec toute la gamme de fleurs, fruits, épices et autres substances aromatiques que l'on rencontre dans la nature et que l'on a gardées dans un coin de sa mémoire depuis son enfance : la framboise, la rose ou la vanille par exemple. En revanche, si aucun arôme précis ne vient à l'esprit, on note simplement ses impressions en les regroupant par famille ou série aromatique : série végétale, série florale, série fruitée, série épicée et aromates, série boisée, série balsamique, série empyreumatique, série animale, série confiserie-pâtisserie, série lactée, série chimique. Voir tableau des arômes (**p. 39**).
Des odeurs anormales peuvent apparaître lorsque la vinification, l'élevage ou la conservation du vin ont été mal maîtrisés : terre, iode, chlore, caoutchouc, odeur foxée, acétate d'éthyle (acidité volatile), beurre rance, croupi, éthanol, évent, moisi, géranium, soufre, œufs pourris, plastique, styrène, Celluloïd, lies, bouchon, ferment, tourne, acétamide, souris, yaourt, bière, fromage, légumes, serpillère, papier, toile de jute, etc. Voir les défauts du vin (**p.52**).

■ FRANCHISE
On note ensuite la franchise du nez, c'est-à-dire la netteté, l'absence de défauts. Le nez peut être douteux, altéré, net, franc, sain, sincère, pur.

■ HARMONIE DES SENTEURS
Une notion plus subjective et dont la reconnaissance demande plus d'expérience consiste à noter l'harmonie des senteurs : le vin peut être désagréable à complexe, en passant par commun, simple, fin, séveux, élégant, raffiné, harmonieux et racé.

■ INTENSITÉ AROMATIQUE
Suivant la puissance des senteurs qui se dégagent du verre, on qualifie l'intensité de faible, suffisante, moyenne à développée ; le vin peut être neutre, fade, discret, fermé, aromatique, ouvert, expressif, fort ou intense.

■ OXYDATION
Lorsque le caractère oxydé est un défaut et n'entre pas

dans le style du produit, le vin est fatigué, battu, aplati, mâché, éventé, oxydé, cuit, brûlé, rance, madérisé. Le rancio ou le goût de jaune font en revanche la typicité des vins jaunes (p. 78).

■ RÉDUCTION
Les arômes propres à la réduction sont toujours négatifs : odeur de renfermé, de réduit, de lies, de bock, de mercaptan, de croupi, odeur alliacée, fétide, putride, décomposée, sulfurée, notes d'œuf couvé, d'eau de Barèges.

■ PERSISTANCE AROMATIQUE
Durée pendant laquelle les arômes se libèrent du verre de vin et sont aisément reconnaissables par le dégustateur. (Voir aussi finale en bouche.)
Chimiquement, les arômes du vin proviennent de molécules plus ou moins volatiles. Cette volatilité n'est pas la même selon les composants d'un arôme complexe.
Elle augmente avec la température et la surface d'évaporation. Elle est aussi différente selon le poids et la structure des molécules. Les molécules les plus légères s'évaporent en premier. Ce sont elles qui évoquent la notion de fraîcheur dans la palette aromatique d'un vin.

LA BOUCHE

■ ACIDITÉ
Du plus au moins acide, un très grand nombre de vocables s'appliquent. Plat, mou, flasque désignent des vins qui manquent d'acidité. Les termes glissent ensuite vers tendre, frais, nerveux, rafraîchissant, vif, nerveux, vigoureux. Puis, on passe à vert, cru, pointu, maigre, maigrelet, mordant, aigre, dur, acerbe, acéré, agressif, anguleux, coupant, grinçant, piquant, raide, ferme, sec, sévère pour des vins trop acides.

■ ACIDITÉ VOLATILE
L'acidité volatile, qui est un défaut flagrant, sera exprimée par les adjectifs acéteux, acétique, acescent, âcre, aigre, aigrelet, aigri, altéré, ardent, fiévreux, bisaigre, piqué, piquant, vinaigré, montant.

■ ÂGE
De sa naissance à la fin de sa vie, le vin peut être qualifié de : jeune, nouveau, jeunet, primeur, fait, prêt, à point, en pleine forme, à son apogée, dépouillé, mâché, rassi, chenu, décrépi, fini, usé, sénile, passé, décharné, desséché, madérisé.
(Voir aussi les mots « avenir » et « évolution ».)

■ ALCOOL
Le vocabulaire marque une gradation du moins au plus alcoolisé : froid, aqueux, plat, lavé, mouillé, petit, pauvre, faible, léger, équilibré, vineux, chaud, puissant, généreux, corsé, capiteux, fort, spiritueux. Un déséquilibre se traduit par les termes alcoolique, alcoolisé, fortifié, viné, brûlant, qui a du feu.

■ AMERTUME
Le vocabulaire est ici assez limité. L'adjectif amer est l'unique qualificatif, mais le dégustateur peut faire référence à des plantes : sauge, gentiane, amande, chicorée, endive. Âpre, goût de bière indiquent une amertume importante.

■ ATTAQUE
D'entrée de jeu, le vin impose une première impression. Il convient de la qualifier : de fausse, fuyante à franche, nette, ample, aromatique, intense. On pourra appliquer à l'attaque les termes relatifs à la structure.

■ CORPS
C'est la matière même du vin, perceptible en bouche, qui se structure autour d'un axe principal : l'acidité ou les tanins. Selon son équilibre, elle donne un style particulier. Il est commode de procéder par analogie. Le vin peut être comparé à des formes géométriques ou, mieux, à un être humain.
• **Analogies avec des formes géométriques :** on essaie de décrire la forme que prend le vin dans la bouche : plat, aplati, filiforme, creux, anguleux, pointu, tordu, ou bien droit, longiligne, rectiligne, carré, sphérique, rond.
• **Analogies avec le squelette :** il s'agit d'analyser la structure du vin. Celui-ci peut être qualifié de désossé, squelettique, petit, fluet, mince, faible, gringalet, étriqué, ténu. Présente-t-il plus de structure, il devient aérien, léger, svelte, franc, large, structuré, étoffé, soutenu, solide, carré, trapu, corpulent, robuste, charpenté, osseux. Impose-t-il trop de structure, il semblera massif, énorme, grossier.
Sur ce squelette est accrochée la chair, la substance du vin : le vin peut être décharné, vide, creux, maigre, grêle, desséché, ou bien tendre, coulant, suave, ample, plein, rond, charnu. Il peut avoir du fond, de la moelle, de la sève, de la matière, être dense, consistant, enveloppé, gras, volumineux, compact. Cette matière se présente avec une certaine fluidité. Le vin peut ainsi être aqueux, léger, coulant, gouleyant, filant, souple, fondant, puis devenir gommé, épais, lourd, huileux, pâteux, visqueux.

■ ÉQUILIBRE

En fin de dégustation, on essaie de qualifier dans une note synthétique l'harmonie, l'équilibre, le style d'ensemble du vin. De grossier à rustique, fermé, muet, petit, simplet, dissocié, sévère pour des vins franchement désagréables, le dégustateur s'oriente vers des termes tels que paysan, pastoral, jeune, frais, primeur, friand, franc, droit, ouvert, développé, achevé, épanoui, complet, tonique, viril, vigoureux, mûr, gras, charnu, opulent, rôti, profond, structuré, concentré, qui a du cachet, racé, élégant, grand, en passant par subtil, élégant, séveux, équilibré, harmonieux, complexe, riche, capiteux ou vigoureux pour des vins louables.

Les termes sont aussi nombreux que les occasions de déguster.

■ FINALE

Après ingestion du vin (ou rejet lors d'une dégustation stricte), les impressions gustatives continuent à se manifester en bouche ; on qualifie la finale de brève, courte, fugace, abrupte ou bien de développée, rémanente, longue, épanouie. Cette finale peut avoir du retour, de l'allonge, pour finir avec la célèbre queue de paon qui occupe la bouche pendant longtemps. L'expression « queue de paon » ne doit s'appliquer que dans les cas exceptionnels où le nombre de caudalies dépasse douze.

Les grands sauternes, le vin jaune du Jura, le montrachet, en blanc, les plus beaux crus classés de Bordeaux, les grands crus bourguignons et les hermitage, en rouge, peuvent parfois faire la roue dans la bouche.

■ GAZ CARBONIQUE

Tout vin présente une certaine dose de gaz carbonique. Celle-ci peut être si faible qu'elle est imperceptible en bouche : le vin est tranquille. Dès qu'une légère perle apparaît, le vin est perlé, perlant, moustillant, puis devient pétillant, crémant, mousseux, effervescent. Lorsque le gaz carbonique est omniprésent en bouche, le vin est picotant, piquant ou agaçant.

■ SALÉ

Le goût salé est rarement perceptible à la dégustation, sauf dans les xérès finos ou manzanillas. On emploie les adjectifs frais, alcalin, salé, marin et l'expression goût de lessive pour un défaut.

■ SUCRÉ

On passe de souple, coulant, fondu, tendre, velouté, assoupli, fondant, gouleyant, crémeux, gras, sucré, suave, mûr, miellé, onctueux à douciné, douceâtre, pommadé, sirupeux, mou, flasque ou lourd. Le type de vin, sec, brut, demi-sec, doux, moelleux, liquoreux influence le choix du mot qui pourra être laudatif ou péjoratif. Dans le cas des vinifications spéciales, on utilise les termes de nectar, surmûri, goût de paille, passerillé, botrytisé, mais aussi de aigre-doux, édulcoré.

■ TANINS

On distingue d'une part la force tannique, d'autre part la qualité des tanins, en particulier la finesse du grain.

• **Force tannique** : creux, informe, sans charpente, amorphe ou, au contraire, charpenté, bien bâti, fondu, solide, savoureux. Trop de tanins et le vin est sec, dur, astringent, rude, agressif, rustique, chargé.

• **Finesse tannique** : à grain fin, fondu, serré, à gros grain, à grain lâche, qui a de la mâche, râpeux, rugueux, grossier. On peut comparer le grain des tanins à celui d'un tissu que l'on frotte entre ses doigts ; il s'agit dans les deux cas d'une sensation tactile : soie, organdi, satin, taffetas, velours, cotonnade, lin, laine, serge, toile de jute.

• **Qualité aromatique des tanins** : végétal, métallique, mûr, savoureux, boisé, vanillé, à goût de marc, à goût de rafle.

L'IMPRESSION GÉNÉRALE

■ AVENIR

Présage des transformations du vin à la garde, à partir de ses caractéristiques actuelles. Une structure tannique de qualité est ainsi susceptible de s'assouplir après quelques années de vieillissement.

■ ÉVOLUTION

État général du vin compte tenu de son âge. L'évolution est identifiable à l'œil, par l'examen de la teinte et de la frange, puis au nez, par la complexité des arômes. Un vin peut connaître une évolution normale par rapport à son type, trop rapide ou lente. Il sera qualifié de jeune, peu évolué, mûr ou évolué. Au point optimal de son épanouissement, il atteindra son apogée. Puis il déclinera et sera alors qualifié de passé.

■ TYPICITÉ

Ensemble des caractères d'un vin qui le rapprochent des autres vins de son appellation. La typicité est liée au terroir de l'appellation (notes minérales par exemple), au cépage (arôme de rose du gewurztraminer, de violette de la syrah), à la vinification (macération semi-carbonique en beaujolais) et à l'élevage (sous bois ou en cuve).

Albrecht Selge

SILENCE

Roman

Rowohlt · Berlin

Dieser Roman entstand mit Unterstützung durch das Ferdinande-Boxberger-Stipendium.

Originalausgabe
Veröffentlicht im Rowohlt · Berlin Verlag, März 2024

Satz ITC Legacy Serif bei Pinkuin Satz und Datentechnik, Berlin
Druck und Bindung GGP Media GmbH, Pößneck
ISBN 978-3-7371-0200-1

Die Rowohlt Verlage haben sich zu einer nachhaltigen Buchproduktion verpflichtet. Gemeinsam mit unseren Partnern und Lieferanten setzen wir uns für eine klimaneutrale Buchproduktion ein, die den Erwerb von Klimazertifikaten zur Kompensation des CO_2-Ausstoßes einschließt.
Weitere Informationen finden Sie unter www.klimaneutralerverlag.de

FSC www.fsc.org MIX Papier | Fördert gute Waldnutzung FSC® C014496

Ich danke allen Menschen, die in diesem Buch vorkommen

(auch wenn in der Wirklichkeit alles anders ist
[aber nur ein klein bisschen])

wobei ‹wirklich› nur eine andere Unwirklichkeit bezeichnet,
eine weniger zufällige, besser gerüstete Unwirklichkeit

(*Roberto Bolaño,* Lumpenroman)

Stille, dieses unstillbare Verlangen nach Stille

Der Karthager

Ich saß nachts im Wald, da hatte ich eine konfuse Vision. Vom Tag verbrannt, jedenfalls in der Höhe zu viel Sonne abbekommen, obwohl L mich noch gewarnt hatte (ich höre immer zu wenig auf sie), wir hatten, während die Kinder mit ihrer Tante ins Freibad gefahren waren, zu zweit eine Bergtour gemacht, und unsere Blicke waren über die atemberaubende Schönheit von Bergen und Tälern geschweift und immer wieder auch über Hänge voll abgestorbener Fichten, getötet vom Borkenkäfer, die Baumkadaver standen wie ein Schattenkriegerheer von Giacometti, gespenstischer Anblick. Dafür war dort oben außer viel Sonne auch jede Menge Ruhe gewesen, nur einzelne Vögel und fernes Brummen von Bienen oder Flugzeugen, sacht rauschende Stille, in der das Vorbeiflirren einer Fliege zum Ereignis wird. Jetzt schliefen die müdegeschwommenen, schlappgetobten

Kinder bereits im Hotel (oder sie daddelten noch auf ihren Handys, wer weiß), um mich aber war ringsum Dunkelheit. Stockfinsternis, nur über den ahnbaren Wipfeln die Sterne. Wir sahen sie, weil wir auf einer schwarzen Lichtung saßen, L und ich mit zwei Freunden, in einem Rondell aus Steinen. Es war fast still, kein Tier zu hören, nur das eigene Atmen und gelegentlich ein Hauch Sommernachtwind, und etwas unter uns plätscherte leise der unsichtbare Gebirgsbach, an dem entlang wir vom Gasthaus hierherauf gelaufen waren. Man hätte die Welt für heil halten können. Die Taschenlampen auf unseren Mobiltelefonen, mit denen wir uns den Pfad durch den Wald beleuchtet hatten, waren lang wieder ausgeschaltet. Niemand sprach. Mir war, als flöge ein schwarzer Falter im Gebüsch, lautlos. Und auf einmal fühlte ich mich merkwürdig verbunden mit einem mir unbekannten Menschen, der irgendwann genau hier gesessen hatte. Nicht im Steinrondell, natürlich, nicht auf dieser Lichtung an diesem Pfad, die es beide damals nicht gegeben hatte, sondern einfach in diesem Wald (der ebenfalls ganz anders gewesen sein wird, vor langer Zeit - das war egal).

Naheliegend war natürlich ein Bauer oder ein Knecht. Aber ich dachte an einen römischen oder, besser noch, einen karthagischen Soldaten, der mit Hannibals Heer die Alpen überquert hatte (wenn auch gewiss nicht über den Brenner - auch das war egal). Der Karthager hatte hier gesessen, oder gehockt, umgeben von wildfremder Ferne. Darüber war ich in diesem Moment vollkommen sicher. Es gab gar keinen Zweifel. Der Wald war geheimnisvoller und gleichgültiger als der heutige, vielleicht war auch das Lagern des Karthagers hier ohne ein Feuer nicht denkbar. Es gab ja Wölfe, Bären, Ungeheuer. War er auf Posten, auf Kundschaft? Oder versprengt, abgehauen, gar ein entlaufener Sklave? Auch das egal. Ich bin der Wiedergänger oder Wiedersitzer dieses Karthagers, des anderen Schattenkriegers. Was ist damals wohl in seinem Kopf herumgegangen? Ob er spürte, in ebendiesem Moment, dass ich – jemand – da sein würde, irgendwann in der fernen Zukunft? Einer, der an ihn denken wird, genau an ihn?

Gemeinsam hören wir ins All, ins Nichts.

Was um alles in der Welt machen wir hier?

Ich wusste schon, ein vernünftiger Mensch würde allerlei Einwände erheben, vielleicht: dass der Karthager, der vermutlich überhaupt kein «Karthager» war, sondern ein Söldner Hannibals von Gott weiß woher, Numider oder Iberer oder Kelte, sich mehr oder weniger geborgen gewusst habe in einer mythisch geordneten Welt, zumindest eingeordnet in ihr, dergleichen halt. Die Sterne waren bekanntlich für einen Menschen der Antike etwas vollkommen anderes als für einen heutigen Menschen. Ist das so? Und wenn schon. In meiner konfusen Vision sitzt der Karthager einfach ratlos da, wie ich, ein verlorener Tropf. Im Gebüsch derselbe lautlose schwarze Falter. – Dann riss das nächtliche Taldurchdröhnen eines Motorrads mich aus dieser Verbindung. Selbst um diese Uhrzeit? Die Motorisierung ist die Pest des Alpenraums in der Sommerzeit (eigentlich auch in der Winterzeit und überhaupt nicht nur des Alpenraums). Der Falter war fort. Und ich fragte mich, was wohl der Karthager, dessen Knochen irgendwo hier in den Bergen liegen mögen, sein Tod war vermutlich ein qualvoller Graus, wie der eines in freier Wildbahn erbeuteten Tiers: was der von unserer eigenartigen Zeit dächte, der Schattenzeit weit nach ihm.

Das Kind hockte im Schneidersitz in seiner Kammer, die sich in der Luft befindet, nur manchmal durchbrach es die ewige Dunkelheit der Kammer mit seiner Taschenlampe, deren Licht über die mysteriösen Wände wanderte. Lang blieb das Kind dort oben sitzen, so lang, bis die Zeit es verloren hat.

Die Geräusche der Vögel gehören für mich quasi zur Stille. Das fiel mir bei einem Spaziergang durch den Tiergarten auf. Und auch, dass ich das Wort «Singen» nicht mag, das der Mensch taktlos den *Singvögeln* überzustülpen versucht. Auch all die lyrischen Verben scheinen mir verkehrt, mit denen er die Geräusche der Vögel nachdichten will: zwitschern, tschilpen, tirilieren oder trillern und piepen. Meine Gedanken streiften Olivier Messiaens Vogelstimmenkompositionen, die ich immer fürchterlich anstrengend fand, kaum je hat sich mir ihr Reiz oder gar Zauber erschlossen, und streiften die Birdnet-App zur Vogelbestimmung, streiften den lustigen Familiennamen Kleiber der großen Dirigenten Erich und Carlos.

Eilig überholte ich einen Lastkahn, der langsam auf der Spree fuhr, als triebe er bloß stromab. (Aber wo ist bei der Spree schon stromab und wo stromauf? Sie scheint beinah zu stehen, und im Süden, Richtung Spreewald, so war einmal in der Zeitung zu lesen, fließe sie bisweilen sogar rückwärts.) Bald hatte ich den Lärm und auch das beißende Stinken des lästigen Kahns, das Halskratzen und Augenjucken verursacht, in meinem Rücken, wie eine durchquerte Wand. Zuerst war ich erleichtert. Dann fiel mir ein, dass es in einem Roman von Terry Pratchett der TOD ist, der durch Wände gehen kann, und dass sein junger Helfer daran, dass er unversehens eine Wand durchquert hat, erkennt, dass er selbst zum TOD wird.

Der großglasige Berliner Hauptbahnhof in einiger Entfernung, die Backsteinmauern zu meiner Rechten über einem Grashang: das Einzige, was fest ist auf dieser weitläufigen und unsicheren Welt. All das Lockere aber, all das Lose dazwischen muss sich vorsehen, damit es nicht von der Erdkugel fällt, auch ich, den Riemen der leichten Reisetasche über der Schulter.

Da näherte sich ein Krach in meinem Rücken. Gleichzeitig rollte mir von vorn ein wuschelköpfiges Kind entgegen, es saß mit angewinkelten Knien im von der Mutter geschobenen Buggy und presste sich die Ohren zu. Auch seine Ellenbogen standen spitz ab, wie die Knie, fast verärgert wirkte das wuschlig-spitze Kind über diesen auf es zukommenden Krach, ja empört. Die Mutter ihrerseits schien ein wenig zu beschleunigen, wohl um ihr Kind möglichst schnell daran vorbeizuschieben (und damit zufällig auch an mir).

Das BSR-Reinigungsmobil auf der Fahrbahn, das diesen Krach machte, kam heran, schon war es laut saugend und brausend auf meiner Höhe, ein putziges Kastenauto, dem man so ein Inferno gar nicht zugetraut hätte. Das Kind hatte ganz recht, seine Hände auf die Ohren zu pressen und empört zu sein. Tut man das als Erwachsener, wirkt man gleich wie ein Nervenbündel, bedauernswertes Psychowrack, geschlossne Abteilung in Sicht. Noch ehe das Kind und ich uns auf gleicher Höhe befanden, bog ich also rechts ab, ein fliehender Esel, leider nicht Tauber im Gras, den Minihang hinauf und durch ein Tor in der Backsteinmauer. Dahinter liegt ein Park, der einmal ein Gefängnis war, erst preußisches Zuchthaus, später Folter- und Mordstätte der Nazis. Nach dem Krieg hatte man darüber hinweg jahrzehntelang eine Autobahn geplant, in den unermüdlichen Bemühungen, unsere Städte in Vorhöllen zu verwandeln. Zum Glück wurde diese Autobahn hier niemals gebaut, aber das in den letzten Jahren neu entstandene Viertel um den Berliner Hauptbahnhof ist trotzdem eine elende Automobilgrotte geworden. (Ich muss nur ein wenig aufpassen, was und wie ich wahrnehme und denke und sage, ich bin ständig von Autos derart genervt, dass bei diesem Thema in meiner Familie schon alle die Ohren verdrehen, gleichsam als wäre ich ein Auto und sie wären ich.) – Die Gefängnismauer um den Park ist immer noch hoch. Aber auch über sie hinweg war der Krach des Putzautos zu hören, leiser als draußen natürlich, dennoch unangenehm laut und bald, paradoxerweise, sogar deutlicher als zuvor: Denn nun lärmte es nicht mehr mit und in dem sonstigen Autoverkehrsrauschen, sondern darüber hinweg im Park. Einem eigentlich ganz hübschen Park, wenn auch etwas überkonzeptioniert und nun schon einigermaßen heruntergekommen. Denn hier lagern ja nicht nur die mannigfaltigen Gedenk- und Bauverweise auf die Vergangenheit (angedeutete Zellen, nachgebildete Hofgangwege und so weiter), sondern auch jede Nacht Menschen mit ihrer Notdurft. Obdachlose, wie es mit einem dieser Wörter heißt, die wie Kapseln sind, weil nur in ihnen ein sonst kaum mehr gebräuchlicher Begriff überdauert: *Obdach*. Was vielleicht tatsächlich zu metaphorisch klingt, metaphysisch gar, weshalb heute stattdessen aus gutem Grund von Wohnungslosen gesprochen wird, metafrei nackt physisch und phorisch; ein bisschen schade ist es trotzdem um das Wort, wie um die *Lehrlinge*, die in den nüchternen Auszubildenden oder Azubis verschwunden sind, oder die von den administrativen Kindertagesstätten oder Kitas verdrängten wundersam-blühenden *Kindergärten*. (Aber natürlich sind das alles Nebenempfindlichkeiten und Kleinsttraurigkeiten im Vergleich mit den viel größeren, wichtigeren Angelegenheiten der Welt. Ob das Dach über dem Kopf und die Heizung im Winter sich nun Obdach oder Wohnung schimpft und die Kinderbetreuung Garten oder Tagesstätte, ist ja belanglos für diejenigen, die das nicht haben.)

Aber all diese Wahrnehmungen und Gedanken lösten sich von mir, und einen Augenblick lang fühlte ich mich innerhalb dieser hohen Mauern sicher davor, von der Erdkugel zu fallen.

Merkwürdigerweise, denn sie sind ja oben offen, diese Mauern.

Während ich an ihrer Innenseite entlangging in Richtung Südausgang (ich wollte zum Hauptbahnhof, um den Zug nach Bonn zu nehmen zu einer mich interessierenden August-Macke-Ausstellung), vernahm ich auf einmal ein Flüstern. Es kam nicht wie der Putzautolärm über die Mauern hinweg, sondern aus ihnen heraus. Lange rätseln musste ich nicht, mir fiel sofort ein, dass es hier eine Gedenkinstallation gab, Sonette von Albrecht Haushofer, dem musikalischen Geographen, den die Nazis an diesem Ort eingesperrt hatten, wie viele andere, bis sie ihn noch in den letzten Kriegstagen ermordeten. Gibt es, und gab es schon damals, etwas Altmodischeres als Sonette? Gerade darum rühren sie einen ja, mit ihrem disziplinierten Formwollen im Angesicht von Verbrechen und Grauen. Im Flüstern aber löst die Form sich wieder in einzelne Verse auf, Sätze, Wörter: *Von allem Leid, das diesen Bau erfüllt ... ein Hauch lebendig, ein geheimes Zittern*

Neben der allgemeinen Hochachtung empfand ich in diesem Moment auch eine ganz private Wertschätzung für Albrecht Haushofer, fast peinlich zu sagen: weil er denselben Vornamen trägt wie ich und den Nachnamen einer meiner liebsten Schriftstellerinnen. Kurz kam es mir vor, als hätte Marlen Haushofer mich geheiratet. Keine angenehme Vorstellung, um ehrlich zu sein, denn ich kann mir keine gelungene Ehe mit der abgrundtief ehrlichen Haushofer vorstellen. Mit mir, einem anstrengenden Menschen, wahrscheinlich auch nicht; trotzdem bin ich ja schön (ob glücklich, weiß ich nicht) verheiratet. *Schön verheiratet*, der Ausdruck gefiel mir.

Dann schüttelte ich den Kopf, ich dachte, durch die Stadt zu laufen ist ein ständiges Davonlaufen vor Lärm, auch dem Lärm der eigenen wirren Einfälle, dem Gelärm des Gedankengedärms. Eine Herausforderung, vielleicht auch bloß Eselei, sich nach Stille zu sehnen, wenn man im Zentrum einer Großstadt wohnt und darin eine Familie mit drei Kindern hat. Die feststehenden Mauern aber, Lautsprecherinstallation hin oder her, schweigen einen an, sprachlos und kalt; und ich, in der Hälfte des Lebens oder schon darüber hinaus, ging weiter. Gleich fuhr der Zug nach Bonn, in der kleinen Tasche über meiner Schulter habe ich die nötigsten Dinge: ein Buch, ein Wasserfläschchen, Noise-Cancelling-Kopfhörer, Ohropax.

Nichts zu sagen

Durchatmen, wenn morgens in der Wohnung (die ich schwerlich *Obdach* nennen würde) Ruhe eingekehrt ist. Oder besser gesagt, die Unruhe ausgekehrt, sobald nämlich das letzte Kind die Wohnung verlassen hat. Am Frühstückstisch sind drei Arten von Unruhe zu erleben, die später, am Abend, wiederkehren werden: Der sechzehnjährige Sohn schweigt und brummt bereits wie ein Erwachsener. Die dreizehnjährige Tochter brüllt immer wieder aus übervoller Seele und zieht sich wütend in ihr Zimmer zurück, das ihre Festung ist, ihr Bunker (oder Labyrinth). Der sechsjährige Sohn plappert stets munter, beinah ohne Pause.

L ist dann schon vom Frühstückstisch aufgestanden und aus dem Haus, um zur Arbeit zu radeln. Zuvor hat sie jedem Kind noch einen Kuss gegeben: Der Große erwidert ihn pflichtgemäß (was keineswegs lieblos bedeutet); ebenso, nur widerwilliger die Tochter (wenn sie sich nicht gerade in Zorn und vielleicht auch Angst im Zimmer verbarrikadiert hat), gelegentlich allerdings schenkt sie sogar impulsiv die intensivsten Umarmungen und würde in so einem Moment anscheinend am liebsten nie wieder loslassen; der Kleine aber erledigt den Kuss und wischt sich danach rasch die Wange ab (er hat Wichtigeres zu tun).

Alles zusammengerechnet, hat sich das frühere blanke, schrille Kinderlärmen in ein allgemeineres, dumpferes Grollen verwandelt, das Grollen des Großseins, das allerdings der nachgekommene Kleine mit seiner fröhlichen Art ein wenig aufhellt. Ich sehne mich dann oft nach dem ZIMMER, das ich seit langem besitze, oder das mich besitzt; nur fürchte ich manchmal, es ganz verloren zu haben oder von ihm verloren worden zu sein. Dann jedoch finde ich es immer wieder, findet es mich, unvorhergesehen, auf unklare Weise. Es geschieht.

Das Grollen hängt nach der Auskehr der Unruhe noch eine Zeitlang in der Luft, auch wenn es die Wohnung physisch verlassen hat, so wie einem früher die Ohren noch klingelten vom hohen Krach. *Wie schnell sie groß werden*, haben einem alle gesagt, es ist ja einer dieser Lieblingssätze älterer Menschen, überhaupt: wie schnell doch alles gegangen sei. Man will es nicht hören, und hörte man zu, was wollte man mit dieser Erkenntnis schon anfangen? Wenn man es schließlich am eigenen Leben erfährt, bleibt es ja doch unbegreiflich, wie der Tod.

Auch die eingekehrte Ruhe ist manchmal, als hätte man eine durchquerte Wand hinter sich, man wird bald misstrauisch und stellt sich die unbehagliche Frage, worein man sich als so ein Wanddurchquerer zu verwandeln im Begriff sein könnte. «Fremde Kostgänger» nennt die Erzählerin in Marlen Haushofers *Wand* ihre großgewordenen Kinder. Es ist, wie alles bei ihr, von erdrückender Wahrhaftigkeit; selbst wenn es sich um alles in allem freundliche Gäste handelt. Die soziale Welt, in der sie sich außerhalb der Familie bewegen, Freunde und Gefüge, ist wichtiger als die Eltern, verständlicherweise. Dagegen steht noch die scheinbar absolute Vertrautheit des kleineren Kindes, das in Wahrheit ja ebenso fremd ist; selbst weiß es das noch nicht, aber ahnt es vielleicht manchmal bereits. Sollte man die verwegene oder auch bloß einfältige Idee gehabt haben, sich durch Kinder in der weitläufigen, unsicheren Welt zu verankern oder das Vergehen der Zeit irgendwie erträglicher zu machen, gar der Zeit zu entrinnen: So machen die Kinder einem ihr Vergehen nur umso härter klar.

Und sie leben ja nicht für dich. Es ist nicht ihr Fehler, wenn du unglücklich bleibst. Es ist doch nicht ihre Aufgabe, ihre Eltern glücklich zu machen.

Warum nur, frage ich mich manchmal, verdunkle ich alles? Woher dieser Schwärzzwang, das Zwangsschwarz? Man sollte wohl besser, solange die Kinder klein sind, das Leben in farbenreichen Paradiesbildern malen, wie der Bonner August Macke es mit seiner Familie tat. In einem Leuchten, dessen Kraft nicht auszulöschen ist. Aber die Begabung zur Freude muss einem nun auch gegeben sein (und selbst dann würde sie einen nicht daran hindern, beispielsweise jung totgeschossen zu werden, wie es Macke 1914 erging: als Freiwilliger ins Feld gezogen, einige Wochen lang entsetzt von den Schrecken und der «namenlosen Traurigkeit» des Krieges, schließlich getötet; das hübsche Haus aber, in dem sein idyllischer Familiengarten lag, befindet sich heute im Würgeeck einer vielbefahrenen Kreuzung, einer dieser Ausgeburten der Auto-Ideologie, die das Zerstörungswerk des

Krieges fortgesetzt haben). Man bräuchte das Vermögen der Harmoniefähigkeit mit anderen und mit sich selbst, auch wenn geheime Traurigkeiten darunter schlummern mögen, in geronnenem Zustand. Dass diese Traurigkeiten jederzeit wieder rinnen könnten, stachelt vielleicht die Freude erst an. «Gut gelogene Natur», schrieb Macke über sein Kunstwollen, und es wäre doch wohl gut, ein bisschen Rhythmus und Farbflächen ins eigene Leben zu bringen.

Gut gelogene Natur. Und doch, auch bei Macke zeigen die Kinder (selbst wenn es nichts bewusst Abweisendes zu haben scheint) dem Betrachtenden ihre Rücken, man seufzt, man gehört nicht in ihre Welt. Oder ein großes dunkles Tier liegt unauffällig im Vordergrund, der Familienhund, gewiss keineswegs unfreundlich, aber doch irgendwie ein Schatten des Bedrohlichen. Oder das spielende Kind und die gärtnernde Mutter sind im, vielleicht ja auch freundlichen, Schatten.

Das Glück bleibt immer eine Fremde. Alle unsere Kinder sind wohlgeraten, keine Frage, wir können uns nicht über sie beschweren und wollen es auch gar nicht. Ich öffnete das Fenster und schaute den beiden Jungs nach, manchmal nimmt der Große jetzt den Kleinen auf dem Gepäckträger mit und setzt ihn vor der Grundschule ab. An einigen Tagen halten sie an der Ecke kurz an, wenden sich um und schauen zum Fenster herauf, und der Kleine winkt mir dann zu, gelegentlich auch der Große. Es ist ein guter, herzwärmender Anblick, wie sie da halten und winken und dann um die Ecke davonrollen, Elftklässler und Erstklässler. – Als sie fort waren (vorbei auch am blauen Kia, unserem peinlichen Familienauto, das wir immer noch nicht abgeschafft haben, obwohl die Kinder diesen Beitrag zur Weltrettung fordern und auch die Eltern es loswerden wollen), roch ich einen

Moment in den Morgen, diese Berliner Mischung aus Frühling und Abgasen. Ich machte den Mund auf, um den Frühling tief einzuatmen, gleichzeitig wollte ich mich verschließen vor der Luftverschmutzung. Ich fürchte, dieser doppelte, widersprüchliche Impuls entspricht meinem Verhältnis zum Leben überhaupt. Im Frühling komme ich mir manchmal fehl am Platz vor, so wie ich mir in meiner Jugend oft fehl am Platz vorkam. Vielleicht ist aber schon der Schritt vom *oft* zum *manchmal* einer nach vorn. Oder ein Rückschritt, je nachdem, wie man das Leben betrachtet. – Dann warf ich noch einen Blick auf die nun einsame Straßenecke, schloss das Fenster und ging in die Küche, um den Frühstückstisch aufzuräumen.

Die eben verlassene Küche ist ein unheimlicher Ort. Die Teller, benutzt, stehen noch da. Hier Ordnung zu schaffen ist an guten Tagen minimaldosierte Meditation. Allein geblieben, weitet sich die Perspektive, ich musste an meine schon vor einigen Jahren gestorbene Mutter denken: Sie, glaube ich, empfand das auch gelegentlich so, minimalmeditativ, aber aufs Leben lang war die Küche für sie doch eher Plantage, Gefängnis. Ein sinnloses Zuchthaus, aus dem es niemals ein besserer Mensch herausschaffen wird, nur ein geschaffter. Als Kind aber, das an die Mutter glaubt, verspürte ich Geborgenheit, wenn ich fest zugedeckt im Bett lag und aus der Küche das leise Geschirrklappern vernahm. Als Vater stehe ich selbst in der Küche und höre schließlich das leise, weiche Rattern der Spülmaschine, dieser segensreichen Erfindung, und denke, es klingt wie das Rieseln des Sands in den Lebensuhren in Terry Pratchetts *Gevatter Tod*. (Ich lese derart konfus, dass es zum Schämen ist, morgens Trakl, abends Pratchett, in schlaflosen Nächten Haushofer oder alles umgekehrt.) Beim Gedanken an Pratchetts Lebensuhren – am Ende des Romans wird eine einzige, im Moment des allerletzten Sandkorns, kurzerhand umgedreht – muss ich lächeln. Außerhalb der Scheibenwelt, in unserer albernen Kugelwelt, aus deren Weitläufigkeit und Unsicherheit man jederzeit zu fallen droht, werden bekanntlich nur in den allerseltensten Fällen Lebensuhren noch einmal umgedreht. Und mein einsames Lächeln in der Küche ist die Art Galgenlächeln, bei dem ich mir nie sicher bin, ob es die Dinge nun leichter macht oder schwerer.

Mir fiel ein Gemälde von Joan Miró ein, das ich einmal in der Fondation Beyeler in Basel gesehen hatte, vor tiefem Blau vereint sich eine verrinnende Sanduhr mit der Gestalt eines Antennenmenschen und zugleich (das Auge eine aufgesteckte Limette) eines Cocktailglases, das eindeutig eher halbleer als halbvoll ist. (Abgesehen davon, erkenne ich auch eine Vulva im Bild; aber das mag nicht am Bild, sondern an mir liegen.) Wieder öffnete ich ein Fenster, diesmal zum Hof, der sich immerhin auf einer Seite öffnet in ein wohltuendes Band von Grün mit einigen Baumwipfeln. Irgendwo aus dem frischen Laub tönte, als wolle es sich übers sanfte Rattern des Geschirrspülers legen, das Rufen einer Türkentaube: *hu-huu-hù! hu-huu-hù! hu-huu-hù!* Minimalistische *patterns*. Jetzt stülpe ich selbst den Vögeln Musik über, merkte ich. Das Rufmuster erinnerte mich an Fensterblicke und den Garten meiner Kindheit, ein Grundgeräusch der Vergangenheit. Dass es eine Türkentaube war, hatte ich allerdings erst viel später herausgefunden, mit Hilfe der Vogelstimmen-App. Ich selbst kann so gut wie keine Vögel erkennen (die Verrücktheit bei diesen überbeschreibenden amerikanischen Autoren, wo noch der letzte Hinz-und-Kunz-Erzähler jedweden Zilpzalp, Pirol oder Grauen Fliegenschnäpper am Gesang identifizieren kann!). Die

Türkentaube, mittels Birdnet identifiziert, höre ich gern. Eigentümlich, dass sie mir viel feiner vorkommt als die garstige, gewiss auch verleumdete gemeine Straßentaube mit ihrem höfedurchwogenden Schwellton, der aus dem und durch den Hals kommt, nicht aus dem Schnabel; wenn *die* im Frühling auf den Fensterbrettern flatternd kopuliert, vergeht einem als Mensch alle Lust auf Geschlechtsverkehr. (Mir jedenfalls. L hat eigentlich immer Lust. Darum ist es auch gut, dass sie ihren verlässlichen St hat, einen sympathischen Menschen und funktionablen Liebhaber.)

Während ich mit dem Ohr an den *patterns* der Türkentaube hing und wider besseres Wissen darauf wartete, dass sie sich allmählich kunstvoll zu verschieben begännen wie bei Steve Reich, kam plötzlich aus einer anderen Richtung ein neues *pattern*, das Husten des unsichtbaren Alten. Man hört es alle Tage, aus irgendeinem Fenster, das wahrscheinlich offen oder gekippt ist. Manchmal dringt es auch nachts bis zu uns, sogar bei geschlossenen Fenstern, dann könnte man meinen, es rotzte aus den Wänden. Auch heute hustete der Alte sich die Seele aus dem Leib, oder eher sämtliche Innereien. So klingt das, seit wir hier wohnen, fünfzehn Jahre. Verblüffend, dass er immer noch lebt, bei solch einem Husten. Ich weiß nicht, wie der Alte aussieht, er muss in einem der angrenzenden Häuser wohnen. Manchmal halte ich ihn für eine verzauberte oder besser gesagt verfluchte Straßentaube. Jeden Tag dieses intensive, aber niemals befreiende Husten. Ein nicht endendes, sinnlos-verzweifeltes Rütteln an den Gitterstäben der Körperzelle.

Mir fiel ein, dass ich meinen Vater im Pflegeheim bald mal wieder besuchen sollte.

Grund genug, auch dieses Fenster schnell zu schließen.

Aus der Küche ging ich ins Wohnzimmer, darin steht

ein Esstisch, auf dem Papiere und Bücher verstreut liegen, mitten darin mein Noise-Cancelling-Kopfhörer (nicht nur für Reisen, sondern auch Zuflucht vor der Familien-Unruhe), und hinter dem Esstisch gähnt ein großer Mund, weit offen mit vielen, vielen Zähnen, das Bücherregal. In diesem Tausendzähnlermaul fällt einem gleich bei Betreten des Wohnzimmers (neben der allgemeinen Unordnung, L's tagtäglichem Ärgernis) ein Regalboden voller Kinderdinge ins Auge, Basteleien und dergleichen, zwischen und vor unseren Büchern. Als ich selbst ein Kind war, in den mir von heute aus seltsam düster-verrußt erscheinenden 1980er Jahren, hatten wir für unsere Eltern noch krumme Aschenbecher getöpfert. Es gab damals Eltern, die im Auto und überall rauchten, ohne es böse zu meinen. Heute wird von den kleinen Kindern für die Eltern mehr denn je gebastelt, wenn auch selbstverständlich keine Aschenbecher mehr. Die Kinder basteln und basteln, Geschenk um Geschenk, Muttertagsgruß um Muttertagsgruß, Sanktmartinslaterne um Sanktmartinslaterne. Eine befreundete Mutter, die zum Sarkasmus neigt, verglich einmal die Basteleien und Geschenke der Kleinen mit Atommüll, die Endlagerfrage sei ungelöst.

Schlagartig sind all die Basteleien zu Dingen aus verstummten Kindheiten geworden. Manchmal starren sie einen an. Manchmal stehen sie aber auch einfach nur da, selbst ratlos. Ich nahm ein kleines tönernes Herz in die Hand, mattrosa, hielt es einen Moment, wog es. Es ist doch ganz hübsch, dachte ich dabei, warum nur drehe ich immer alles ins Schwarze? Woher deine Unfähigkeit, du elender Tropf, dir das Leben mit großflächigen leuchtenden Farben auszumalen oder es wenigstens anzupinseln, wie der später totgeschossne Macke es so wundervoll tat? Ist so eine Unfähigkeit nicht geradezu schon böser Wille, gegen die ganze Welt und auch gegen dich selbst? Wie hübsch ist doch dieses leichte Kinderherz; dann legte ich es zurück ins Regal.

Ich sollte vielleicht ein wenig aufräumen, dachte ich, damit L sich nicht wieder ärgern muss. Wir leiden beide unter der Unordnung unseres Haushalts und unseres Familienlebens, aber es sind unterschiedliche Arten von Unordnung. Das ihr widrige Gerümpel sind überall verstreute Objekte (Schuhe und Lego, Lyrikbände und Nutellagläser, benutzte Taschentücher), das mir widrige ist fast jede Art von Lärm. Manchmal ist unser Chaos-Empfinden kaum vereinbar. Vielleicht wünschen wir beide uns öfter die Nicht-Existenz von «Familie», aber in zwei verschiedenen Dimensionen: sie in der Sphäre der Gegenstände, ich in der Sphäre der Geräusche.

Mein Blick wanderte über die Bücherreihen. Unter *B* stehen viele Bücher von Thomas Bernhard, den ich als Student ebenso gern las wie zuvor als Schüler Heinrich Böll; heute beides weniger. *Wir sind todkrank, aber tun so, als lebten wir ewig,* heißt es im *Theatermacher*. Wie richtig das klingt, wie einleuchtend. Doch was käme dabei heraus, wenn man an so eine Wahrheit andauernd denken würde? Etwas noch viel Verkehrteres, ein noch verkehrteres Leben: Wir leben ja in unserer eigenen Ewigkeit, aber tun so, als wären wir ewig todkrank. – Würden tatsächlich ewig leben, wenn es einem nur gelänge, tatsächlich in der Gegenwart zu sein. Ist es nicht die viel schlimmere Krankheit, sich von Vergangenheit und Zukunft auffressen zu lassen? Und so zu tun, als wäre es lediglich menschliche Schwäche oder Blindheit, wenn einer sich nicht auffressen lassen will vom Ende seiner Ewigkeit? Das hat das Tier Mensch den anderen Tieren hernach.

Weiter zog mein Blick über die Bücherreihen, unwillkürlich dachte ich, auch das ist ja Atommüll. Oder nicht mal das, denn all diese Bücher sind ja bestens recycelbar, das ist gerade das Bestürzende. Papiermüll. Heute noch Kant, morgen Toilettenpapier mit Blauem Engel. Wir hatten es schmerzhaft erlebt, als wir beim Umzug meines Vaters aus seiner geräumigen Grunewalder Wohnung ins Altersheim einen Großteil seiner Professorenbibliothek hatten auflösen müssen. Das Papiermüllste überhaupt waren die klobigen Enzyklopädien, einst Inbegriff von Wissensspeichern. Andere Professorenangehörige hatten uns schon, bevor wir mit der Auflösung begannen, ein jammervolles oder auch bloß jammerbelustigtes Lied davon gesungen. Kompletter Wertverlust, die meisten Bücher waren auch verschenkt nicht unterzubringen, geschweige denn die ganze Bibliothek eines «Gelehrtenlebens», um die sich vor einigen Jahrzehnten wenn nicht viele, so doch manche gerissen hätten. Ein paar der alt gewordenen Professoren blickten dieser Realität bewundernswert gelassen ins Auge; aber vor den meisten, auch meinem Vater, gefangen in der Welt abhandengekommenem C4-Dünkel, versucht man es als Angehöriger doch besser mit rabiater Dezenz zu verbergen.

Die Söhne entsorgen die Bücher ihrer Väter, genauso werden vermutlich unsere Kinder die Bücher ihrer Eltern entsorgen. Schon sah ich die blankgeräumten Regale vor mir, zahnlose Mäuler, leere Höhlen. Sah meine Kinder mit stierenden Augen all unsere Bücher auf einem großen Haufen verbrennen, wie irre tanzen sie ums Feuer. Autodafé. Auch den schönen alten Blüthnerflügel fackeln sie ab. – Wie um mich an etwas festzuhalten, nahm ich Marlen Haushofers *Tapetentür* in die Hand, die noch vorn auf dem Regalboden lag. Ich hatte das Buch vor kurzem wieder gelesen und überlegte, ein wenig darin zu blättern; denn um mich selbst an den Schreibtisch zu begeben, wie ich gesollt hätte, waren meine spätabendlichen Morgengedanken gerade nicht förderlich. Halbstundenlang, dachte ich, grübele ich über ein Punkt-oder-Komma nach, und heraus kommt trotzdem niemals etwas Präzises, sondern jedes Mal etwas lächerlich Ungefähres. Auch mein eigenes Schreiben kam mir wie Müll vor. Weder unentsorg- noch recycelbar, nur problemlos verbrennbarer Abfall. Denn dieses lächerlich Ungefähre ist ja zu allem Überfluss auch etwas auf schweinische Weise Bestimmtes, im Sinn von Artaud, in dem Satz, den Bolaño als Motto seinem *Lumpenroman* vorangestellt hat: *Alles Geschriebene ist Schweinerei. Die Leute, die das Unbestimmte verlassen, um zu versuchen, irgendetwas von dem, was in ihrem Geist vorgeht, zu präzisieren, sind Schweine.* So betrachtet, wären nicht nur meine Müll-Bücher obszön, sondern das ganze Tausendzähnlermaul stünde voller Obszönitäten. Immerhin.

(Aber ist das nicht alles Luxuszierde des Privilegierten? Die amerikanische Schriftstellerin Tillie Olsen, die in jahrelangem Dasein als Hausfrau in Armut am Präzisieren gehindert wurde, haderte später in einem Vortrag: *Ich konnte es nicht niederschreiben. Es verkrampfte sich und starb in mir. Ich werde dafür bezahlen müssen.* Und später, als sie über die Not und übers Hadern hinweg war und schreiben konnte, blieb es dabei: *Freilich kann ich nicht wettmachen, was durch unnatürliches Schweigen bereits verloren gegangen ist.*)

Ich bin im Wohnzimmer angekommen. Lebst du noch, oder wohnst du schon. Ans ZIMMER, den Ort des Unbestimmten, schon gar kein Gedanke. Es ist verloren; widernatürlich, egal ob ich nun selbst daran schuld bin oder irgendetwas anderes.

Statt zum Schreibtisch oder wenigstens spazieren zu

gehen, was ja immerhin etwas Sinnvolles, Gesundheitsförderndes wäre, setzte ich mich an den Blüthnerflügel und klimperte ein paar As-Dur- und Es-Dur-Akkorde rauf und runter. Immer mag ich die B-Tonarten lieber als die Kreuztonarten, vielleicht weil man sich in die B-Tonarten um einen Halbton sanft hinabsacken lassen kann, so dass sie einen tragen, statt sich strebermäßig straff zu den Kreuzen recken und strecken zu müssen; dann versuchte ich etwas Mendelssohn, Chopin (kein Schubert am Morgen, wenn ich den Rest des Tages noch etwas tun oder sein will). Das Klavierspielen richtet mich auf und zieht mich herunter, oder es zieht mich hoch und richtet mich hin, beides zugleich, der Blüthnerklang erhebt mich, die Steifheit meines Spiels bedrückt mich. Seit einiger Zeit habe ich eine wunderbare alte Lehrerin, die im Grunde nicht viel tut, außer unendlich geduldig zu versuchen, mich aus meinen Versteifungen zu lösen ... Schließlich stand ich wieder auf, schob die *Tapetentür* zurück zwischen die ungerührten Bücherrücken und zog mir an anderer Stelle etwas Weißes heraus, mit dem ich mich an den Esstisch setzte: *Silence* von John Cage. Man kann es nicht übersetzen, darum hat Ernst Jandl es auch nicht getan: Denn sollte man es auf Deutsch *Stille* nennen oder doch besser *Schweigen*? Letzteres klänge auch noch peinlich nach Ingmar Bergman. (Gibt es eigentlich etwas Überholteres als gewisse Filme von Ingmar Bergman, der viele Jahre lang mein Lieblingsregisseur war? Mein persönlicher Bartleby war lange die stur verstummte Schauspielerin Elisabeth Vogler aus *Persona*.) Cages *Silence* zu lesen hatte ich schon seit längerem vor. Ich stützte den oberen Teil des Buchs auf dem Noise-Cancelling-Kopfhörer ab und schlug es auf. *VORTRAG ÜBER NICHTS*, beginnt das Buch, die Sätze stehen verteilt über vier Spalten oder, besser gesagt, in Zeilen aus jeweils vier Takten. Aber gleich die eröffnenden vier Takte setzte ich, beklagenswert unmusikalisch, zurück in den nackten Satz, aus dem sie gemacht sind: *Ich bin hier, und es gibt nichts zu sagen.*

Man müsste das natürlich laut lesen, im Takt. Zugleich kam es mir wie ein Missverständnis der vollkommen freien Musikalität von Sprache vor, dieses blasierte Verteilen ihrer Wörter und Interpunktionen in starre vier Spalten, *Rubato* hin oder her. Natürlich, es ist nur ein Behelf, ein Notkonstrukt wie alle Not(en)schrift. Aber wie ich es so papierhaftig vor mir sah, kam der alte Sponti John Cage mir auf einmal steifer als der Hagestolz Czerny vor.

Dennoch las ich nun laut:

Ich bin hier |, *und es gibt* | *nichts zu sagen* |.

Aber es half nichts, ich blieb stur dabei, die Phrasen ständig in ihre nackten Ursprungssätze zurückzuführen. Ich schwankte, wem die Schuld dafür zu geben sei, meinem Unwillen oder Cages Mutwillen. Und blätterte ein wenig. Bei den Seiten im Querformat fielen mir die freirhythmischen hymnischen Langzeilen von Ernst Stadler ein, der in den ersten Tagen des Ersten Weltkriegs wie Macke totgeschossen worden war. Und las bei Cage-Jandl:

Jedes Etwas *ist* | *eine Feier* *des* | *Nichts* *das* | *es trägt.*

Im automatischen Rücksetzen verlas ich mich zuerst auch noch: Jedes Etwas ist eine Feier des Nichts, das es in sich trägt. Damit war der Satz nun erst recht ingmarbergmanhaft verhunzt. Die Schuld daran trug wohl weder Bergman noch Cage, sondern tatsächlich ich, der Tropf.

Vage kam mir die Erinnerung an einen Satz von Susan Sontag, den ich einmal gelesen hatte, sinngemäß: Es wimmele überall von lärmenden Aufrufen zur Stille. Es stimmt schon, das permanente Schweigeblabla ist ebenso heillos wie das ätzende Entschleunigungsgeplapper. Und doch sehnte ich mich nach Stille, wieder und wieder und auch jetzt. In der komponierten Musik scheint Verstummen und Stille so abgedroschen wie das rebellische Gitarrenzertöppern im Rock, ein Anblick, der Fremdscham auslöst. Aber schon seit einigen Jahren hörte ich, manchmal wie in einer Sucht, gern Musik, die der Stille nahezukommen sucht. Salvatore Sciarrino zum Beispiel, eine Zeitlang hörte ich ständig Sciarrino. Oder, manchmal an der Grenze zur Klangschalenwellness und dennoch o wie schön, Konstantia Gourzi. Aber auch jene Stille gehört dazu, die sich schlagartig bei Bruckner ereignen kann. Und Schubert sowieso.

Selbst das Schweigen bezeichne sich durch Töne, sagt Rameaus Neffe in Diderots gleichnamigem Buch, das Goethe übersetzte. Dagegen bei Stille in der Musik an John Cages *4′33″* zu denken, diesen mit Zen-Krempel aufgemotzten Kalauer, wo vier Minuten und dreiunddreißig Sekunden lang der Musiker keinen Ton spielt: fast so nervig, wie an den tauben Beethoven zu denken. Der späte Beethoven und John Cage, die Klassensprecher der Stille in der Musik. Wobei Beethoven natürlich unfreiwillig, zwangsrekrutiert. Außerdem was für ein Unterschied, welche Musik sie aus der Stille holten. Bei Cage der schöpferische Zufall, im speziellen Fall von *4′33″* einfach die Geräusche rundherum. Vielleicht musste das ja exakt einmal geschehen: ein einziges Mal, aber dann bitte nie wieder, wie das Schwarze Quadrat. Doch ständig wird es zitiert und beschworen, es ist nicht zum Aushalten. Von größtem Übel sind alle Arten von Cage-Nachahmern und auch das penetrante Genre der *4′33″*-Witze und Anspielungen.

Niemand sehnt sich jemals nach *4′33″*. Ich aber sehnte mich jetzt nach Beethovens *Opus 131*.

Und das ist ja keine Stille, sondern kommt aus der Stille und ist letztlich *gegen* die Stille. Denn die wirkliche Stille, die vollkommene Stille gibt es erst im Tod. Und dann hört sie ja niemand mehr, die Stille. *Ist* dann überhaupt Stille, wenn kein Lebewesen sie (nicht) hört? Im Grunde, dachte ich, gibt es also überhaupt keine Stille. Außer in unserer Vorstellung.

Wie sollte man da Stille in Töne setzen, oder auch schweigen in Worten, ohne dass es einfach klänge wie klimbim und klingeling?

Mir war längst alle Lust vergangen, weiterzulesen. Ich ließ das Buch von Cage aufgeschlagen auf dem Tisch liegen. Aber ich wollte es auch später gar nicht weiterstudieren, sondern lieber, fiel mir jetzt ein, kurze Texte von Kafka; ich stand nervös auf. Statt mich nun endlich mit einem Willensruck an den Schreibtisch zu setzen, schlurfte ich ins Bad. Die Tochter hatte darin wieder mal die Jalousien heruntergelassen, so dass ich, mitten am hellen Tag, das Licht anschalten musste. Kaum war es an, sah ich an den äußeren Kanten der Duschkabine hell erschrockene Silberfischchen über den Boden gleiten, flugs unter den Badteppich. Die Tochter hatte sie neulich schon nachts entdeckt und sich lauthals geekelt, und L hatte in ihrer energischen Krakelhandschrift auf dem Einkaufszettel am Kühlschrank notiert: *Silberfischchenfalle!*

Es tat mir leid, die Tiere durch das plötzliche Licht entsetzt zu haben. Auch meinte ich, mich von fern in ihnen wiederzuerkennen, in ihrem Erschrecken darüber, wo man sich auf einmal findet im Leben. Bald, wenn ich erst die Falle gekauft hätte, würden sie sterben, davon ahnen sie noch nichts. Und ich dachte noch, was für einen zauberschönen Namen sie tragen: *Silberfischchen*. Ich musste an Märchen denken, an Romantik, an Gustav Mahler. *Wie eine Silberbarke schwebt*, auf einmal war Mond und blauer Himmelssee, mitten am Morgen. Ich beschloss, erst einmal zu *dm* zu gehen. Ich bin hier, und es gibt nichts zu sagen.

Später schlug ich in der *MGG online* nach und las von der nie dagewesenen Aktualität der *Stille*, diesem zum «Modewort» avancierten Ding: *Aufs Ganze gesehen aber, schließen Musik und Stille einander aus. Wo Musik anhebt, ist es mit der Stille vorbei. Und wer Stille sucht, meidet Musik. Ältere musikalische Lexika trugen dem Rechnung: Sie haben der Stille keinen Eintrag zugestanden. Erst die Musik der letzten Jahrzehnte*, etc. pp., schon empfand ich mich getadelt, nicht geadelt, statt in die Stille in die Phrase geraten.

... Vögel, die beim Untergang der Sonne sich im Schweigen verlieren (...) es war die Nacht mit ihren Finsternissen, es war der Schatten und das Schweigen, denn selbst das Schweigen bezeichnet sich durch Töne.

– Le neveu de Rameau

Das Atmen der Sirenen

Wir lagen in unseren Betten und im Schweigen: zwei Schatten auf ihren Schlafstätten. Oder das Schweigen lag auf uns, besonders auf L, die abends schlagartig müde wird nach ihren sie er- und ausschöpfenden, auslöffelnden, ausgabelnden Arbeitstagen, die ihr absolut sinnlos vorkommen (außer dass ihre Familie davon lebt). Könnte sie, dann würde sie den ganzen Tag lang nur lesen. Am liebsten im Bett liegend, wie *Oblomow*, der «Held» ihres Lieblingsbuchs, der freilich an seiner Liegesucht und seinem Nichtstun*können* zugrunde geht. Wenn sie abends von der Arbeit heimkommt, fragt sie mich als Erstes: «Und, wie war dein Tag?» Es ist merkwürdig. Obwohl bei uns sie der geldverdienende Herr im Haus ist und ich die Hüterin der Wohnung, bleibt es bei der Gewohnheit unserer Eltern, bei denen am Abend der Mann aus dem Büro zurückkehrte: Es ist die Frau, die den Mann fragt, wie war dein Tag – nicht umgekehrt.

Am Abend schläft L oft früh ein und, wenn sie nicht durch mich aufgestört wird, ruhig und fest und durch. Fremdartig, von fremder Art, ist ihr mein wiederkehrendes nächtelanges Nichteinschlafenkönnen, mein manchmal in Panik umschlagendes Wachsein, das nächtliche Rumgehen durch unsere Wohnung oder gelegentlich durch die Straßen unseres Viertels. Wenn sie nicht schnell einschläft, hört sie abends auch gern mit Ohrsteckern Musik, in dieser Bettlage dann seltener Berlioz, der ihr Liebling anderer Lebenslagen ist, sondern eher Schubert, die f-Moll-Fantasie, das Es-Dur-Trio ... Und manchmal unterhalten wir uns in unseren Betten (genauer gesagt, unseren Schlafstätten, wir liegen in etwas unüblicher Formation). Über Alltägliches, häufig natürlich die Kinder, etwa das vor kurzem aufgekommene Verlangen des Großen, mit dem Klavierunterricht Schluss zu machen. Oder über unsere Tochter, «die Schwierige»; ebenso gut könnte man sie «die Reiche» nennen. Oder zumindest «die Unübersichtliche». Der Große hingegen scheint sich sogar selbst übersichtlich zu sein, vielleicht zu Unrecht. Denn wer versteht sich schon selbst? Wobei das Sichnichtverstehen könnte auch in der Ratlosigkeit darüber bestehen, wo denn dieses unterstellte Geheime, verborgene Ureigene in einem überhaupt liegen soll. – Im Übrigen mag es sich bei dieser Sicht um eine Unterstellung handeln, eine Elternschuld eigener Art: Es heißt ja, «das unkomplizierte Kind» sei immer das, welches später als Erwachsenes am dringendsten in Therapie müsse ... An der Fröhlichkeit unseres Dritten aber, des Kleinen, perlen alle solche Fragen (noch) ab.

Öfter jedoch schweigen wir, wenn wir wach beieinanderliegen. In einer Mönchszelle könnte es nicht stiller sein als in unserem ehelichen Schweigen. Es ist keine Bösartigkeit oder Feindseligkeit darin, auch nichts Trostloses. Meistens zumindest. Vom Flur durch die geschlossene Tür das leise Ticken der Pendeluhr, seltsamerweise eins der wenigen Dauergeräusche, das mich nicht nervös macht. L liegt im Bett, ich quer auf einer Matratze zu ihren Füßen, wie wir uns im Lauf der Zeit eingerichtet haben, halb aus raumpraktischen Erwägungen, halb aus Neigung. Das Oben/unten unserer Schlafstellen ist eher Spielerei, anders als in meinem Verhältnis zu H, wo es härter zugeht, ein ernsteres Spiel. Dafür hat L ihren St, dessen Angebot und eigene Bedürfnisse ihr eine passgenauere Männlichkeit bieten als meine verworrene. Wie die Kindheiten in uns droht auch die Erotik zwischen zwei Liebenden zu verstummen, das machen Zeit und Leben nun mal; bei uns ist es nicht zwangsläufig so, wir haben unsere Formen gefunden und suchen und finden sie weiter. Es ist kein «Betrug». (Abstoßend, über Liebesdinge in Begriffen des Strafrechts zu fühlen, zu denken und zu sprechen; so wie Partner doch einander kein Eigentum sind – höchstens die Kinder, die man, im Grunde skandalös, von ihnen ungebeten ins Leben gesetzt hat, besitzen einen für einige Zeit, so lange, bis sie genug Halt in sich selbst haben und ihr Eigentumsrecht aufgeben.) Kein Betrug also, sondern Übereinkunft. Auch mit St verstehe ich mich übrigens gut. Und L und ich, das langjährige Ehepaar, kommen alles in allem blendend miteinander aus; nur dass wir in mancher Hinsicht nicht zueinander passen.

Um und über uns stehen ungerührt und stumm die Wände des Zimmers, der Wohnung, zwischen denen früher andere, uns unbekannte Menschen gelebt haben. Manchmal bilde ich mir ein, die wahren Mieter dieser Wohnung seien in Wirklichkeit nur verreist, wir sind lediglich kurz zu Gast, bald werden sie zurückkehren. Und ab und zu ist mir, als hätte sich zwischen diesen Wänden das Atmen jener vergangenen Unbekannten (oder bloß Verreisten) niedergelassen. Und wir werden natürlich nicht die letzten Unbekannten zwischen diesen Wänden sein. Jetzt aber ist es unser Atmen, das sich niederlässt. Wieder dachte ich an Pratchetts Wand, durch die der TOD geht, und an Haushofers *Wand*, und mir fiel auch noch die Wand in Ingeborg Bachmanns *Malina* ein, in der sich ein Riss auftut, in den hinein das Ich verschwindet. Eine Wand, *aus der nie mehr etwas laut werden kann.* Also nicht mal das Atmen der Vergangenen? Gar nichts? Man müsste in die Wand hineingehen können, nicht hindurch, sondern hinein. Einen Moment lang kam es mir vor, als wären alle, die jemals hier atmeten, in diese Wand verschwunden.

Eine Weile versuchte ich, mit den Wänden zu atmen.

Wenn ich sicher bin, dass L heute nichts mehr sagen wird, verstopfe ich mir die Ohren mit Stöpseln. Nicht aus Schaumstoff oder Silikon, was gesünder sein soll, sondern aus Wachs, das fester abdichtet. Denn das Atmen eines anderen Menschen kann einem zur Folter geraten, wenn man zu jener Gattung der Pechvögel gehört (deren Gesang hat Messiaen nicht vertont), die nur schwer einschlafen. So liege ich, hoffentlich taub, wie ein Gefährte des Odysseus. Nur bei Kafka, in einem kurzen Text, von dem ich keinen Deut verstehe, trägt irgendein verschrobener Odysseus selbst das Wachs in den Ohren. Die Gefährten gibt es bei Kafka gar nicht, und die stärkste Waffe der Sirenen sei – ihr Schweigen. Ich aber wäre am liebsten, nebelt es mir im Halbschlaf durchs fahrige Hirn, ein verkehrter Odysseus: sehr wohl unter starken Gefährten, aber als derjenige, dem an den Mast gefesselt als Einzigem die Ohren mit Wachs verschlossen sind, während alle anderen den Gesang der Sirenen hören und genießen können. Oder eben ihr Schweigen. Oder ihr Atmen. – Aber diese Art Konstellation ist eher was für Nächte bei H. So kugeln meine Assoziationen, Fantasien, Sehnsüchte oft durcheinander, konfus; doch auf einmal, während das Schlafen schon aus den stummen Wänden zu fallen schien und sich gleich freundlich auch auf mich legen würde ... da kam mir in den Sinn, dass das Atmen die letzte Äußerung des Lebens ist. Zu Krünitz' Zeiten wurde dem augenscheinlich Gestorbenen ein Spiegel vor den Mund gehalten, um zu prüfen, ob das Glas nicht doch noch beschlage. Ebenso beschlug jetzt meine Seele (ich kann auf dieses Wort nicht verzichten, und im Halbschlaf schon gar nicht), mit einem Schlag geschah es nämlich, dass L's Atmen, welches mich gerade noch wach gehalten hatte, mich bis ins Innerste rührte, so dass ich weinen wollte. Hektisch pfriemelte ich die Wachsstöpsel aus meinen Ohren, weil ich ihr Atmen wieder hören wollte. Und hatte grenzenlose Angst um L, vor ihrem Tod.

Was könnte man statt «Seele» sagen und denken, dieses schönen Worts, das jeder zu verstehen meint, das jedoch die Bescheidwisser verpönt haben, verunglimpft wie die Straßentaube, so dass man sich schämt, es zu benutzen? Oder: Jeder weiß, was gemeint ist, aber wenn man es erklären soll, wird sie haarig, die Seele. Es ist mit der Seele vielleicht wie mit der Pornographie und dem Richter: Wenn er sie sieht, erkennt er sie.

Eins ist sie gewiss nicht, diese Seele: unsterblich. Sterblich ist sie und klebt am oder im Körper, geht durch ihn hindurch und kaum je hinaus, und gemeinsam sind sie irgendwann geliefert. Vielleicht ist sie ja das Atmen oder im Atmen.

Meine sterbliche Seele.

Wie eine Reliquie kommt mir diese haarige Straßentaube nun vor, diese Pornographie: das Wort Seele, möglicherweise nur ein Splitter beliebiges Holz oder Knochenstück irgendeines Bauern oder Landstreichers; und doch liegt in diesem Wort das, was (jawohl:) meine Seele hineinlegt. Sollte ich lieber *Gemüt* sagen und denken? Also statt *seelisch* – *gemütlich*? Dann lieber, vielleicht: *gemütig* ...

In irgendeinem unbestimmten, diffus schwindligen Moment abends auf dem Sofa sitzend oder liegend: das wahrscheinlich nicht originelle, trotzdem immer wieder höchst merkwürdige Gefühl, gerade jetzt in der Vergangenheit der Zukunft zu sitzen. Oder zu liegen. Und etwas später der Impuls, ich sollte mir vielleicht einmal einen Spiegel vor den Mund halten. Schließlich nehme ich stattdessen meine eigene Hand, spüre auf ihr die Wärme des Atems, der aus mir kommt.

Wenn die Tochter, dreizehn Jahre alt, von der Schule heimkehrt, herrscht sie mich öfters an, damit ich sie gar nicht erst anspreche, den Panzer ihres Schweigens, der sie schützt, beschädige, und verbunkert sich, so schnell es geht, in ihrem Zimmerlabyrinth. Wenn der große Sohn, sechzehn, nach Hause kommt, lässt er sich bäuchlings auf sein Bett fallen, ein regelrechter Sturz, und bleibt dort reglos liegen, wie betäubt; aber ohne Anpampen oder Geschrei, sondern erschöpft, vorübergehend antriebstot. Der kleine Sohn, sechs, wird erst etwas später abgeholt, meistens von mir. Er ist stets gesprächig und steckt alle an mit seiner blendenden Laune, er gleicht einem ewigen Frühlingstag. Wenn wir nach Hause kommen, lassen sich sogar die großen Geschwister manchmal von ihm aus ihren Verbunkerungen und Betäubungen locken. Seinen leuchtenden Farben können unsere Schwärzen nicht widerstehen. Heute Nachmittag schien die schon tiefstehende Frühlingssonne auf den Bürgersteig, und er erzählte mir, was er in den letzten Tagen schon mehrfach erzählt hatte, offenbar derart beschwingt durch diese Entdeckung (oder er hatte es gehört von einem anderen Kind), dass er sie nun ständig wiederholen muss: Niemals können wir mit unseren Füßen in den Sonnenschein treten, denn immer treten wir auf den Schatten, den unsere eigenen Füße werfen.

An ganz schwarzen Tagen befällt mich die Angst, wir könnten auch den Kleinen verderben, wie wir schon die älteren Kinder und uns selbst verdorben haben. Dann sage ich zu mir selbst: Du Tropf, steigere dich nicht in alles so hinein! Alle Menschen machen Fehler, man darf und muss, wie anderen Menschen, auch sich selbst Fehler erlauben und verzeihen, unsere großen Kinder sind zudem alles andere als «verdorben», und dein eigenes Leben ist sehr gut. (Aber immer bleibt der kleine Dämon im Ohr hocken und flüstert: Du lügst, du lügst nach, was die Tröster vorlügen, du lügst ...)

Im Spiegellabyrinth

Als wäre sie allein sich nicht genug und gleichzeitig zu viele, stehen im Zimmer unserer Tochter, der Unübersichtlichen, der Undurchsichtigen: drei Spiegel. Ich sammelte von Bett, Boden, Schreibtisch benutzte Teller und Schüsseln ein, herumliegendes Besteck, leere Verpackungen, es sah wieder mal aus, als hätte sie mit sich selbst eine ausgelassene Party gefeiert. Und so klingt es auch manchmal, wenn sie hinter verschlossner Tür laute Gespräche führt oder lange singt oder pfeift. Dass man in ihrer Abwesenheit Geschirr und Müll aufräumt, duldet sie immerhin, auch wenn es sonst allen verboten ist, ohne ausdrückliche Erlaubnis ihr Zimmer zu betreten.

Für die im Eck aufgestellten Spiegel (zwei große und ein kleiner) gibt es selbstbetrachtungspraktische Gründe, aber wahrscheinlich ist da noch mehr. Ich stelle mir vor, wie sie sich in den Spiegeln anschaut voller Be- und Verwunderung. Was gerade überwiegt, wechselt vermutlich. Bisweilen filmt sie sich auch selbst, der Notenständer in der Ecke dient dann als Stativ, und ein paarmal, wenn sie guter Stimmung war, ließ sie mich solche Filme bereits anschauen, voller eleganter Jump-Cuts, als wäre sie beim jungen Godard persönlich in die Lehre gegangen. (Ihr Godard ist TikTok.)

Nun stand ich also im verbotenen Zimmer, wo unsere Tochter am liebsten ganze Tage und ihre Wochenenden verbringt. Und die Spiegel schauten mich, der ich nichts Rechtes mit ihnen anzufangen weiß, abweisend an. Erwachsene verstehen wohl nicht mehr, in Spiegel zu blicken, wie Teenager es vermögen. Verglichen mit Jugendlichen sind wir Erwachsenen, oder die meisten von uns, Schlemihls und Hoffmanns des vorletzten Akts: Menschen, die ihre Schatten und Spiegelbilder verloren oder verspielt haben. (Ist Jacques Offenbachs *Les contes d'Hoffmann* nicht eine der schönsten Opern überhaupt? Der Blick in Spiegel kann natürlich auch, wie in Zemlinskys *Zwerg*, unfassbaren Schrecken bedeuten oder gar den Tod. Offenbachs Hoffmann aber blickt in den venezianischen Spiegel und sieht ... niemanden, wie ein Vampir.)

Vielleicht sind Teenager sogar in der Lage, Spiegel zu *betreten*? Nicht hineinzufallen wie Alice ins Wunderland, sondern hineinzugehen, wie ich es mir nur mehr vor den Wänden wünsche. Sie aber können vielleicht in einen Spiegel hineingehen, tief ins ganz Andere und doch Ureigene.

Weil meine Gedanken gerade um Opern kreisten, fiel mir eine schöne *Tristan*-Aufführung ein, die ich einmal mit L in Cottbus (ausgerechnet Cottbus) gesehen hatte und worin Isolde während des Vorspiels zugleich ins Weltall und auf ihr eigenes Spiegelbild blickte, durch ihr Spiegelbild ins Universum ...

Ich lüftete bei der Gelegenheit, was ich gleich als Erstes hätte tun sollen, es war ziemlich stickig hier drin. Die Bunkerbewohnerin, oder das Höhlenwesen, unsere Tochter, lässt Fenster und Vorhänge fest verschlossen, um den Lärm der Welt draußen zu halten und den eigenen Lärm drinnen. Oder auch das eigene Singen. Das «ewige Schweigen dieser unendlichen Räume», von dem Blaise Pascal schrieb (das eine Pascalzitat, das jeder kennt), erschreckt wohl nur den normalen Erwachsenen. Der verrückte Teenager fürchtet vielmehr die ewigen Stimmen.

Oder es ist alles viel einfacher, und sie redet am liebsten mit sich selbst, damit sie nicht immerzu dumme Antworten bekommt ...

Die Verhängung hat wohl auch nicht nur mit Geräuschen und Gerede zu tun, sondern ebenso mit dem Licht, genauer gesagt, dessen Abwehr. Denn unsere Tochter mag den Regen lieber als die Sonne, und nicht nur wie andere Menschen, wenn man selbst im Warmen und Trocknen sitzt, sondern selbst dann, wenn sie aus irgendeinem Grund draußen sein will oder muss. Nasswerden ist ihr da nachrangig. Ob die Abneigung gegen die Sonne nicht weniger mit der störenden Wärme zu tun hat als mit der Störung ihrer Lichtverhältnisse? Wie bei den aufgeschreckten Silberfischchen? Und mit der Beeinträchtigung ihrer Spiegel, der wirklichen wie der gedachten? Ein Spiegelfisch ...

Mir aber schienen in diesem Augenblick - schmutziges Geschirr und Müll in den Händen - die drei Spiegel im Tochterzimmer wie tausend Stücke eines einzigen, weitaus größeren. Ich spürte schmerzhaft den Verlust des Vermögens, mich in zahllosen Scherben zu betrachten. Als Erwachsener, so kam es mir vor, hat man sich, indem man sich flickt und klebt und zusammenpresst, zu etwas Ganzem gemacht und dadurch kaputt.

Unsere Tochter ist für mich das fremdeste unserer Kinder, manchmal ist L und mir, als käme sie aus einer anderen Welt, könnte sogar jederzeit dorthin zurückkehren. Aber möglicherweise ist das doch nicht so leicht, und sie leidet gerade unter diesem versperrten Rückweg. Einmal sagte sie zu uns, im Scherz (zumindest an der Oberfläche): Wir haben keine Bindung, wir kennen uns einfach seit meiner Geburt. – Doch trotz dieser größten Fremdheit meine ich mich von allen drei Kindern in ihr am deutlichsten wiederzuerkennen. Sie ist mir die Unbekannteste und Vertrauteste zugleich. Ich vermute, niemand in unserer Familie kennt so gut wie sie das Gefühl, fehl am Platz zu sein. Es kann sich ja auf viele Arten äußern. Einmal erwähnte sie beiläufig, sie wäre gern erwachsen. Ich weiß nicht, wie ernst sie das meinte. Und ich vermute, es ging ihr nicht oder höchstens am Rande darum, «alles zu dürfen», sondern um die Hoffnung, im Erwachsensein endlich am richtigen Ort zu sein.

Eine illusorische Hoffnung, natürlich. Aber das wird sie noch früh genug feststellen; falls sie es nicht ohnehin schon weiß. Denn ich kann mir nicht vorstellen, dass unsere Kinder ernsthaft daran glauben oder jemals geglaubt haben, dass ich oder L, ihre Mutter, erwachsen seien und ihnen so etwas wie Halt geben könnten. Oder dass es überhaupt Erwachsene gäbe. *Wir sind beide in etwas hineingeraten, wovon wir keine Ahnung haben*, hörte ich einmal Nina zu Kostja im Schlussakt von Tschechows *Möwe* sagen (als ich zuhause nachschlug, stand da in älterer Übersetzung: *Beide sind wir in den Strudel hineingeraten*), da ging es ums Schreiben und ums Theater, aber natürlich gilt das fürs große Ganze, dieses Hineingeratensein in den Strudel der eigenen Ahnungslosigkeit, das einem allmählich bewusst wird.

Ich glaube, ich sollte diese Sorte Menschen – «Erwachsene» – von nun an besser *Ausgewachsene* nennen. Die Kinder müssen ja spüren, dass wir, ihre Eltern, auch nur Bündel aus Angst und Ratlosigkeit sind. Andererseits, auch ich habe ja einmal (bis zu welchem Alter?) an die Existenz von Erwachsenen, nicht bloß von Ausgewachsenen geglaubt. Dennoch, oder gerade deshalb, erkenne ich das Kind, das ich war, auch noch im Erwachsenseinwollen unserer Tochter wieder. Auch ich wollte unbedingt erwachsen sein. Heute aber nicke ich in widerspruchsvoller Zustimmung, wenn ich auf irgendeiner Mauer in einer Unterführung oder dergleichen lese, *keep your inner child alive*. Unsere Tochter täte das wahrscheinlich auch und ebenso der andere Große. Sie sind beide noch Teenager und werden doch schon manchmal auf Ausgewachsenenart wehmütig, wenn sie ihren kleinen Bruder betrachten, den Nachzügler. Früher hätte man «Nesthäkchen» gesagt. Und einmal meinte der zehn Jahre Ältere über den damals noch winzigen Jüngeren: wenn man ihn anschaue, sei es wie eine Süßigkeit. Ein wenig ist das wohl immer noch so.

Was unsere Tochter angeht, waren wir in den Sommerferien letztes Jahr in den Südtiroler Dolomiten von Eklat zu Eklat getorkelt. Sie hatte, wie sie uns unbarmherzig spüren ließ, keinerlei Lust auf Bergwandern. Sie hasste es, es war, als fauchte ein Drache in ihr. Auch der Kleine (ein tüchtiger Wanderer) konnte es ihr nicht versüßen. Das Ganze war ein Desaster. An Teile dieser umgekippten Ferien ist meine Erinnerung merkwürdigerweise wie ausgelöscht. Und L sagte, so einen Urlaub machen wir nie wieder. Sie wird jetzt noch wütend, wenn sie daran zurückdenkt.

Meinem Vorschlag vor einigen Tagen, in den kommenden Osterferien gemeinsam für ein paar Tage nach Prag zu fahren, nur wir beide, hatte unsere Tochter allerdings zugestimmt, scheint sich sogar zu freuen auf Prag. Sie ist ja im Grunde nicht ablehnend gegenüber anderen Menschen oder gar feindselig. Sie ist sich nur oft selbst Gesellschaft genug, und manchmal wohl zu viel.

Ich merkte auf einmal, dass ich mich schon unstatthaft lange in ihrem Zimmer aufhielt. Denn ich hatte ja längst aufgeklaubt, was aufzuklauben war, und das ist der einzige Grund für die Duldung des Zimmerbetretens. Außerdem spürte ich deutlich, dass es überhaupt ein Unding ist, sich in seinen Kindern spiegeln zu wollen. Und dass der Platz, an dem unsere Tochter fehl ist, wir sind.

Manchmal haben L und ich den Verdacht, unsere Tochter sei in Wahrheit Töchter, nämlich Zwillinge, und die beiden hielten uns seit Jahren zu Narren, mal komme die eine hervor, mal die andere.

Ein anderes geheimes Verhältnis besteht zwischen unserer Tochter und unserem jüngsten Sohn. Sie scheinen als etwas Zusammengehöriges erschaffen zu sein: Während er ein bestürzend positives Verhältnis zur Welt hat und zu allem grundsätzlich erst mal *Ja* sagt, weil er nur Gutes erwartet, begegnet unsere Tochter allem mit einem vorausstürzenden *Nein*. Das liegt nicht nur an ihrem Alter, sondern ist durch die Pubertät höchstens verstärkt worden; ihr Grundverhältnis zur Welt war schon immer negativ, während seins fundamental positiv ist. Als wir einmal am Rhein waren, entdeckte unser Jüngster hinter einem Zaun Hirsche und seufzte strahlend, *es ist toll hier*; unsere Tochter hingegen sagte sofort, der Rhein sei hässlich und sie wolle ihn nie wiedersehen. Zum Glück findet sie dann andere Orte, an denen sie sich wohlfühlt, sie sind nur vielleicht etwas entlegener oder für Außenstehende schwerer zu begreifen. Es kann irgendeine Brache sein, die ihr gefällt. (Damals am Rhein gingen sie und ich nach ihrem ersten Bannfluch dauernd in den Wald, der ihr gefiel. Immerhin.) Aber alles in allem ist es so, sie stößt instinktiv ab und verneint, wo der Kleine instinktiv umarmt und bejaht. So scheinen sie durch eine merkwürdige Laune des Schicksals zwingend aufeinander bezogen, fast skurril komplementäre Charaktere, wie Frühling und Herbst. Unsere Tochter sagt, ihr kleiner Bruder sei derart lieb, aber gar kein normaler Mensch mit seiner ewigen guten Laune.

Ich könnte ihn, überlegte ich mir, gut *Mai* nennen. Unsere Tochter mit ihrer Abneigung gegen Sonnenschein wäre dann selbstverständlich November, eine Jahreszeit und ein Name, die von ihr wohl bejaht würden (also kommt es doch vor, dass sie nicht *Nein* sagt). Allerdings klingt November allzu sehr nach dauerbedrückter Negativität, und eine ständige Trübsalbläserin ist unsere Tochter nun auch wieder nicht, sondern eher ein November, in dem es beispielsweise manchmal heftige Ausbrüche und Unwetter gibt. Während unsere Söhne beide ausgewogene Mitten sind, ist sie die Lauteste und zugleich die Stillste in der Familie (vielleicht ist in ihrer Stille aller Lärm der Welt und in ihrem Krach alles Schweigen). Ihr Name wäre also eher *November-mit-Gewitter*.

Die beiden lieben sich sehr, November-mit-Gewitter und Mai.

Und unser ältester Sohn? Er schwebt selbst in seinem schlappen Durchhängen und den erschöpften Matratzenstürzen über allen solchen Gegensätzen, ist von großer Gemütsruhe und innerer Ordnung, Ausgewogenheit und Gleichgewicht: so dass ich ihn einfach *Mittwoch* nennen könnte. Mittwoch bedeutet (quasi das fünfzehn Uhr der Woche) nicht nur Durchhänger und gelegentliche Lähmung, sondern eben auch ruhige Freude aufs noch nicht nahe, aber bereits sichtbare Wochenende. Und als Mitte zwischen Frühling und Herbst kann er ebenso Winter wie Sommer sein, dieser Mittwoch; niemals jedoch verliert er sich in dem einen Extrem. Dafür schätzen ihn alle in unserer Familie.

Als Kind, vielleicht seit ich acht oder neun war, verband ich mir manchmal mit einem Tuch die Ohren, so gut es ging. Dann hörte ich alles nur noch gedämpft. Die Welt ganz fern, wie sie in Wahrheit ist. Es war eine Lust, die mir, wenn ich heute daran zurückdenke, hinauszugehen scheint über die naive Freude, mit der Kinder sich Tüten über ihre Köpfe ziehen oder ihre Köpfe durch die Stäbe von Zäunen stecken. (Vor einigen Jahren musste ich im Kindergarten einmal mithelfen, den steckengebliebenen Kopf eines bedauernswert neugierigen Dreijährigen aus dem Zaun zum Nachbargrundstück herauszuziehen; zum Glück ging alles glimpflich ab.)

Auch um die Augen band ich mir das Tuch manchmal, oder um die Füße. Lustvoller Sinnes- und Freiheitsentzug. Dann stellte ich mir genussvoll vor, es wären schwere Ketten, unlösbar und klirrend, und genoss zugleich die Weichheit, die enge Weichheit, des Tuchs.

Wohin das lose Sinnieren über *Spiegel* und *Kind* mich führen musste, war mir schon klar, als ich November-mit-Gewitters Zimmer verließ. Etwas später stand ich wieder im Wohnzimmer und zog die Bibel aus dem Regal. *Als ich ein Kind war, da redete ich wie ein Kind und war klug wie ein Kind; als ich aber ein Mann wurde, tat ich ab, was kindlich war. Wir sehen jetzt durch einen Spiegel in einem dunklen Bild; dann aber von Angesicht zu Angesicht. Jetzt erkenne ich stückweise; dann aber werde ich erkennen, gleichwie ich erkannt bin.* Mir fiel ein, dass der französische Schriftsteller Emmanuel Carrère sich Paulus' Hohelied der *agápē* neu übersetzt hatte, um an die allzu vertrauten Worte neu heranzugelangen; und auch an Wittgensteins Forderung dachte ich, bestimmte Begriffe zu reinigen, um sie wieder benutzen zu können. Der Künstler Huang Yong Ping setzte allerdings Wittgensteins Idee wie ein Witzgenstein so um, dass er Bücher in eine Waschmaschine steckte, aus der sie dann als graue Papierbatzen wieder herauskamen. Die Vorstellung der Reinigung von Begriffen klingt nach dem zwanzigsten Jahrhundert (und wohl erst recht für einen Chinesen, der Mao erlebt hat) anders als in dessen erster Hälfte. Kurz spürte ich das Verlangen, die Bibel in die Waschmaschine zu stecken.

Was uns oder zumindest mir vom Hohelied geblieben sein könnte, dachte ich, ist vielleicht allein das ahnende Bewusstsein, durch einen Spiegel in einem dunklen Bild zu sehen. Jedoch kein «dann aber» mehr, das nicht. In diesem Moment nun richtete sich mein dunkler Spiegel allerdings ohnehin nicht mehr in die Zukunft, ins einstmals Verheißene, sondern in die Vergangenheit. Meine Großväter, die längst tot sind (der Hamburger seit fünfundzwanzig, der Görlitzer seit über achtzig Jahren, im Krieg gefallen), waren beide protestantische Pfarrer, und so viel ist immerhin auf mich gekommen, dass mir klar war, dass die Zusammenhänge beim Herrn Paulus ganz andere sind als die Verbindungen in meinen unsystematisch streunenden Gedanken. Ich spürte mit einem Schauer, ja beinah mit Entsetzen, wie ungeheuer fremd uns aus der Gegenwart, zu der ich gehöre, diese Gedankengänge längst sind. Heidnisch, aus unserer Sicht, das Christentum ist uns zu einem Heidentum geworden.

(Bezeichnend, dass ich bei Spiegeln spontan an Paulus denke, nicht etwa an *Die Lady von Shanghai*, obwohl ich von Filmgeschichte doch mehr weiß als von Theologie und sie mich eigentlich auch mehr interessiert.)

Schwach, noch nicht sterbend

«Können wir noch mal über das Thema Klavierunterricht reden?», fragte Mittwoch, während wir nebeneinander die Treppe im S-Bahnhof hinaufstiegen. Er schaute mich dabei nicht an, ich bemerkte das Gerade, Sachliche in seiner Stimme, er vermied einen maulenden Tonfall. Im Grunde ist Mittwoch kommunikationsfähiger als ich.

Hmm, machte ich.

«Bitte, jetzt schnapp nicht gleich wieder ein.»

Du weißt ja, du entscheidest es selbst.

«Das sagst du. Aber wenn ihr dann wochenlang pissig seid ...»

Wir sind doch nicht pissig! Wir ... akzeptieren deine Entscheidung.

«Ja, ja.»

Überleg es dir doch noch mal ein paar Tage. (Oder ein paar Wochen.) Sprich mal in Ruhe mit deinem Lehrer.

«Hmm», machte er.

Seit Wochen lag er uns damit in den Ohren. Natürlich würden wir am Ende zustimmen (müssen). Es hat ja keinen Sinn, jemanden gegen seinen Willen zum Musizieren zu nötigen. Überhaupt einen Sechzehnjährigen noch zu irgendwas nötigen zu wollen.

Mittwoch, unser großer Sohn, ist ein freundlicher, bewunderungswürdig reifer Mensch. Manchmal staune ich über seine Ruhe und Ausgeglichenheit, die mir unvertraut und erstaunlich vorkommen, fast unwirklich. Gerade eben war er noch das Kleinkind, das am Abend um keinen Preis den Spielplatz verlassen wollte, selbst im Winter, wenn es schon stockfinster und eiskalt war, und der ganze Platz lag öd und verlassen. November-mit-Gewitter dagegen, unsere Tochter, kletterte in dieser Jahreszeit schon als sehr Kleine nach ein paar Minuten Spielplatz von selbst in den Kinderwagen, um die Füße in den wärmenden Fußsack zu stecken: wortlose Aufforderung, man möge gefälligst heimgehen. Jetzt. Sie begann wohl früh, ihren Bunker zu bauen.

Mai, der Kleine, kommt in vieler Hinsicht eher nach dem großen Bruder als nach der Schwester. So wie Mai heute tüchtig wandert, den kleinen blauen Rucksack mit dem *Waldfuchs*-Aufnäher auf dem Rücken, flitzte auch Mittwoch schon als Sechsjähriger mit demselben Rucksack hohe Berge hinauf. Die Ausgewachsenen, die er im steilen Geröll überholte, bewunderten ihn dann, und ich als Vater bewunderte mit und fühlte mich ein wenig mitbewundert, obwohl es ja nicht meine Leistung war.

Vor einigen Jahren war mein über achtzigjähriger Vater noch mit in den Bergen gewesen, dachte ich, als wir den S-Bahnhof verlassen hatten und Richtung Heim liefen.

Schwach, aber noch nicht sterbend. Das hatte die Ärztin vor kurzem über den Zustand meines Vaters gesagt. Ich war dankbar, dass ich heute nicht allein gehen musste, sondern der große, ausgeglichene Mittwoch mitkam ins Pflegeheim zu seinem Opa, meinem Vater.

Die Stille des Heims ist von eigener Art. Auf einmal hört man die eigenen Schritte deutlicher, leicht quietschend auf rutschsicherem Linoleum von gedeckter Farbe. Wie gut, wenn es die Schritte von zwei Menschen sind, nicht von einem allein. Freundliches Nicken zu der eingefallenen Frau im Rollstuhl, die vielleicht schläft, man möchte sie nicht aufschrecken. Der einfühlsame Pfleger nennt sie respektvoll *Dame* und erzählt mir mit gesenkter Stimme und in irgendeinem osteuropäischen Akzent, wie es *Ihrem Herrn Vater* heute geht. Manchmal gellen auch die Schreie eines verwirrten Menschen durch die Gänge. Wenn man ehrlich ist, würde man als Besucher manchmal am liebsten ins Schreien einfallen. Mir zumindest geht es so. (Und ich sage wieder zu mir selbst, du willst nicht dauernd «ich» sagen und sagst deshalb «man», und dadurch machst du alles nur noch schlimmer.)

Das Zimmer von kahler Wohnlichkeit. Auf dem Nachttisch ein Wasserglas, bis ans Ende wird das Austrocknen des Menschen bekämpft, und ein Bild meiner Mutter, nicht gerade das vorteilhafteste. Im Regal eine Bibel und ein evangelisches Gesangbuch; mein Vater war dem Pfarrberuf knapp entgangen, indem er sich mit der Kirche historisch befasste, vor allem der mittelalterlichen (was er zur Gegenwart zu sagen hatte, war dagegen meistens haarsträubend gewesen); neben Bibel und Gesangbuch ein paar weitere Bücher, unter anderem eine englische Furtwängler-Biographie, die er nicht mehr zu Ende lesen wird. So viel ist sicher. Er hatte sie vor ein paar Monaten begonnen, noch nebenan im betreuten Wohnen, bevor der Absturz begann; wie viel konnte er da wohl noch verarbeiten von dem, was er las? Er brachte bereits vieles durcheinander und vergaß ständig Dinge. Aber das Lesezeichen steckt noch zwischen den Seiten.

Sein Gesicht ausgemergelt, die Wangen eingefallen und unrasiert, die Haare zu lang, ich weiß, sie können hier nicht täglich ... (Dass beim Mann dieser elende Bartwuchs bis zum Ende, angeblich ja sogar darüber hinaus, anhält, wenn andere Eigenschaften des Männlichen längst ausgelöscht sind; beim Ausräumen der Grunewalder Wohnung unseres Vaters hatten wir, außer Enzyklopädien, einige Packungen jener rautenförmigen blauen Pillen gefunden, ganz eingestaubt.)

Mittwoch reichte dem bettlägrigen Großvater seine Hand, die dieser, uns wohl bemerkend, unmissverständlich begehrte und dann begierig ergriff, so als wollte er sie nie mehr loslassen. Stumm schaute er ihn an, unverwandt, wie man sagt, den Verwandten, seinen ältesten Enkel. Schien auch mit diesem stummen Anschauen nie mehr aufhören zu wollen. Und sein Enkel schaute auch ihn an, fest und freundlich, verwandt.

Halte die Hand nur fest, so gut es geht. Vor einigen Jahren, als es noch besser ging, sagtest du einmal, du wolltest gern noch den achtzehnten Geburtstag deines ältesten Enkels erleben. Jetzt ist er sechzehn.

Ich wollte gern das Fenster öffnen, um die tatsächliche oder eingebildete Stickluft im Pflegezimmer rauszulassen, aber es wäre zu kalt gewesen, draußen war es noch sehr frisch. Stattdessen schob ich nur den dünnen Vorhang beiseite und blickte hinaus, auf eine erschlagend breite Hausfassade und einige kleine Bäume, die in diesen Tagen zaghaft zu grünen begannen. Der Fensterblick aus dem vorherigen Zimmer meines Vaters, noch außerhalb der Pflegestation im betreuten Wohnen, war schöner gewesen: eine Wiese mit kleinem Hang und schlanken Birken. Dort draußen hatte Mai (den wir, um ihn nicht zu überfordern, in den Pflegebereich nicht mehr mitnehmen) öfter allein gespielt oder zusammen mit seiner Schwester, die es auch nie lange aushielt im Zimmer. Dann hatte mein Vater oft mit mir am Fenster gestanden und hinausgeschaut, manchmal winkte der Kleine herein, wie er gern Menschen zuwinkt, und ansonsten rannte er dem alten Mann eben was vor. Wenn er wieder hereinkam, weil er aufs Klo musste oder Durst hatte, dann setzte er sich manchmal sogar von sich aus auf Opas Schoß; wenn auch niemals allzu lang.

In der Nachbarwohnung des betreuten Bereichs hatte eine alte Frau gelebt, ziemlich tatterig und wirr, die sich immerzu bestohlen und betrogen fühlte. Sie hatte keine Kinder, augenscheinlich war sie sehr einsam. Einmal war ich in ihrem Wohnzimmer gelandet, um ihr mit einer verklemmten Gardine behilflich zu sein, da hatte ich an der Wand eine große gerahmte Fotografie bewundert, das schwarzweiße Gemälde einer zauberhaft schönen jungen Frau, abgelichtet wie ein UFA-Star; und als sie bemerkte, dass ich das Bild ansah, hatte sie zu mir gesagt: «Immer wenn ich das anschau, muss ich weinen.»

Unsere Besuche bei meinem Vater hatten nie einen festen Tag gehabt. Wir bemühten uns, den Turnus nicht auf seltener als einmal pro Woche sinken zu lassen, mein Bruder und ich oder L (der ich dankbar bin, wie oft sie herkommt, zu ihrem Schwiegervater). Ein Angehöriger in der Woche. Damit galt unser Vater im Heim als einer der am häufigsten besuchten Bewohner. Das Alter erscheint mir wie ein Ersticken an Einsamkeit.

Es kann sich ebenso gut noch lange hinziehen, hatten mein Bruder und ich nach dem Gespräch mit der Ärztin zueinander gesagt. Dasselbe hatten wir allerdings auch vor sieben Jahren über unsere Mutter gesagt, wenige Wochen bevor sie starb. Seit dem Winter, nach einem wilden und verwirrten Herbst, war mein Vater nicht mehr im betreuten Wohnen, sondern lag in diesem Bett in der Pflegeabteilung. Ich war über die Bettlägrigkeit auch ein wenig erleichtert, wie ich mir widerstrebend eingestand, erleichtert mit schlechtem Gewissen, dass die Zeit der wütenden Unruhe und der aggressiven Fluchten vorüber war. Diese Zeit des *Sturms im Geist*, wie es im *Lear* heißt. (Vielleicht sollte man es besser als *Sturm im Kopf* übersetzen, um die Vorstellung zu reinigen; aber schon dachte ich an *Honig im Kopf*, und aus meiner eigenen Kopfwaschmaschine war Shakespeare als ein heillos grauer Klumpatz mit Til Schweiger und Dieter Hallervorden herausgekommen.)

Ich ließ den Vorhang des Fensters beiseitegeschoben und wandte mich wieder dem Pflegebett zu. Auch ich, der Sohn, sah nun ihn an, der meinen Sohn ansah, seinen Enkel. Das ist also dein Erzeuger, empfand ich geschwollen und jämmerlich, das blüht auch dir irgendwann. Schlagartig gelangte ich somit vom Mitleid zum Selbstmitleid. Dieses Leiden meines Vaters weckte ein diffuses Gefühlsgemisch in mir, ein Hybrid aus nackter Angst und grundweicher Barmherzigkeit gegen die ganze Welt. Dabei schämte ich mich für meine Egozentrik, wie konnte ich überhaupt imstande sein, über meine eigenen Gefühlsgemische nachzudenken im Angesicht des furchtbar langsamen Sterbens eines anderen, der nicht irgendein anderer ist, sondern mein Vater?

Die Minuten rinnen zäh hier drinnen, stellte ich fest, wie jedes Mal. Die Zeit will einfach nicht vergehen, obwohl sie zugleich – an diesem Ort, wo die letzten Sandkörner rinnen – so knapp geworden ist, dass man doch in brandhelle Panik geraten könnte wie die Silberfischchen im plötzlich angeknipsten Licht. Nein, unerträglich lang werden die Stunden, dabei müsste der Gedanke an ihr unausweichliches baldiges Vorübersein der schrecklichste sein. Denn die Zeit steht hier ja alles andere als still, wie es scheint, vielmehr rast sie, wahnsinnig, rast auf ihr Ende zu. Und auf dieser Riesenziehharmonika-Zeit, die sich zugleich beschwerlich dehnt und unaushaltbar quetscht, lastet ein betretenes, schweres Schweigen.

Wieder bewunderte ich die Reife und Ruhe meines Sohns, der diese Stille stoisch ertrug und nur geduldig die Hand des Bettlägrigen hielt. Sich anschauen ließ und anschaute.

Wenn ich allein bei meinem Vater war, dann las ich, um das unwirtliche Schweigen zu durchbrechen, öfter einen Psalm vor, oder ich schaltete das Radio an, und wir hörten Musik. Ich war oft mit ihm in Konzerten in der Philharmonie gewesen. Als er noch sprach, hatte er einmal zu mir gesagt: Ich weiß nicht, was ich ohne Musik mit meinem Leben angefangen hätte. – Als ich vor einigen Wochen einmal so bei ihm gesessen hatte, im Radio war Brahms' Dritte gelaufen (*Brahms*, sagte ich, um etwas zu sagen), da war mir wieder der Geruch meines Vaters aufgefallen. Der Geruch eines alten Mannes, natürlich, etwas ungepflegt, nicht gerade angenehm; aber ganz eigen und individuell. Ich überlegte, wie er am besten zu beschreiben wäre. Aber jeder Begriff, der mir einfiel – *körnig* oder dergleichen –, rief in mir unappetitliche, sogar gehässige Vorstellungen hervor. (Die Gehässigkeit, wie überhaupt das Allesschwarzmachen, ist bei uns eine Art Familienkrankheit, eindeutig aus dieser väterlichen Linie kommend. Ich weiß, dass ich mich vor dieser

Krankheit hüten muss, dabei verlockt sie einen ständig in einer Gegenwart, die möglicherweise selbst immer gehässiger, höhnischer, hämischer wird. Von unseren Kindern ist auch die Versuchung der Gehässigkeit wohl am ehesten in der Tochter angelegt, während die Söhne einigermaßen immun dagegen scheinen.)

Erneut kam mir König Lear in den Sinn: wie der Alte sich im letzten Akt die Hand, die der blinde Gloster küssen will, zuerst abwischt, weil sie nach Sterblichkeit rieche. Keinen Ton hört dieser unglückliche Gloster von der «unaufhörlichen Musik der Blindheit», von der Isaak Babel schreibt. Und ich sah vor mir Til Schweiger als Gloster und Dieter Hallervorden als Lear, schüttelte verärgert den Kopf, um meinen eigenen Honig hinauszuschleudern.

Als wir schließlich wieder draußen waren, im noch kalten, aber doch merklich anbrechenden Frühling, atmete ich tief ein, ein nach Luft und Leben Schnappender. Mittwoch atmete ruhig und gleichmäßig, wir standen vor dem Heim und schwiegen, ich sagte höchstens irgendwas Belanglos-Stärkendes: *Es ist halt, wie es ist,* oder: *So ist das eben.* Was man eben lakonisch plappert, um nicht vollends zu verstummen. Dann verabschiedeten wir uns voneinander, Mittwoch wollte zu einem Freund weiterfahren und ich noch zu einem kurzen Besuch ans Grab meiner Mutter. Das war vielleicht ein bisschen zu viel des Guten, vom Siechbett zur Totenstätte, aber bot sich aus praktischen Gründen an. Wenn man schon auf halbem Weg ist ... Ich ging zu Fuß zum Friedhof, in dieser seltsamen Leichtigkeit, die man an solchen Tagen zu Besuch am Rand des Lebens gelegentlich empfindet. Sie muss mit der Mischung aus Barmherzigkeit und Angst verwandt sein, diese Leichtigkeit. Und ich dachte und fühlte deutlich, wie unbegreifbar die Diskrepanz ist zwischen dem unendlichen inneren Universum eines Menschenlebens, mit all seinen Geheimnissen, die niemand kennt (auch der Mensch selbst nur zum Teil), und seinem quälend läppischen Zuendegehen. Zugrundegehen, hartes Ausklingen. Verschwindend, und bald oder vielleicht schon jetzt verschwunden, sind alle Geheimnisse und Abgründe. Schwach, noch nicht sterbend.

Wie ein Tick oder Ticken begleitete mich das zwanghafte Denken an den Tod nach den Besuchen im Heim und am Grab noch mehrere Stunden lang. Tick tock, tick tot. Ich saß in einem Café und riss mich zusammen, dass ich nichts Alkoholisches bestellte, sondern grünen Tee. Ich trinke ohnehin oft mehr Alkohol, als ich sollte; mir ist bewusst, dass ich Talent zum Alkoholiker habe. (Der Literaturbetrieb ist voll von Alkoholikern. Jeder, der gelegentlich darin zu tun hat, weiß das. Man sitzt mit irgendeinem Literaturhausdirektor zusammen, der ein Glas Rotwein nach dem anderen in sich hineinkippt und, wie über einen ulkigen Schalkerich, von diesem noch lebenden Altmeister erzählt, dem man vor jeder Lesung eine Flasche dieses oder jenes Weißweins kredenzen müsse, oder von jenem bereits verstorbenen Altmeister, dem man nach jeder Lesung eine bestimmte Sorte Schnaps habe bereitstellen müssen, usw. Im Alkoholismus gleicht der Literaturbetrieb der Siebzigerjahre-CDU.) Ich trank also in dem Café japanischen grünen Tee und fragte mich, wie das Spazieren über Friedhöfe manchen Menschen bloß Ruhe und Fassung geben kann. Ich spaziere auch gern über Friedhöfe, aber es artet doch meistens in ein Suhlen in Traurigkeit und Verzweiflung aus, und manchmal denke ich inmitten all des schönen, gepflegten Grüns auch noch an all die vom Borkenkäfer getöteten Fichten in den Wäldern, die

Schattenkriegerheere. Tick tock, tick tot. Nein, Friedhöfe beruhigen mich nicht, sondern machen mich vollkommen hoffnungslos. Natürlich hat alles Vollkommene einen Wert in sich, auch die vollkommene Agonie, dennoch, die Trostversuche der Amseln unter den Friedhofsbäumen hin oder her, es bleibt das absolut Untröstliche und ist nicht zu ertragen. Sie lügen, die Tröster. Selbst wenn es gut gelogener Trost ist (wie Mackes gut gelogene Natur). *Der Friedhof ist mein Golgatha*, hatte in einer überraschenden Anwandlung der heute sechzehnjährige Mittwoch, damals neun, nach dem Begräbnis seiner Großmutter, meiner Mutter gesagt; und beim ersten Besuch am Grab nach der Beerdigung bemerkt, er habe das Gefühl, sie wieder ausgraben zu müssen. Das trifft es, so ging es mir auch und geht es gelegentlich noch heute. Buddele sie einfach wieder aus, mit deinen bloßen Händen, sagt es dann in mir. An den Tod der Großmutter gewöhnt man sich ja noch relativ leicht, außer vielleicht in Ausnahmefällen, wo es ungewöhnlich enge Bindungen gab; an den Tod der Mutter aber gewöhnt man sich wohl niemals. – Dann erblickte ich in dem Café ein plapperndes Kleinkind, das auf seinem Stuhl herumturnte, und selbst bei diesem überaus putzigen Anblick packte mich der unkontrollierbare Gedanke ans andere Ende des Lebens, an den unvermeidlichen Tod selbst dieses unaushaltbar niedlichen kleinen Kindes. Tick tot, tick tot, tick tot. Und ich dachte an meine Mutter als Kind. (Die Mutter, als sie eine Tochter war. Der Vater, als er ein Sohn war. Wie unfassbar das, zugleich banale und ungeheure Tatsache, ist und bleibt: dass die Töchter selbst zu Müttern werden und die Söhne zu Vätern, immer von neuem; bis nur manchmal eine Tochter Tochter bleibt und ein Sohn Sohn und sie nicht zu Müttern und Vätern werden, dann ist alles zu Ende.) Und ich dachte an die drei Geschwister meiner Mutter, allesamt tot, eine ausgelöschte Welt, tot.

Manchmal versuche ich, mir das Kind vorzustellen, das meine Mutter, die gestorben ist, gewesen war. Es wirklich zu *sehen*: wie es auf seinem Schulweg geht, wie es in einem nach Westen fahrenden Fluchtzug sitzt oder hockt oder steht, einen Nachttopf an seinen Rucksack gebunden zu seiner Scham, wie sie öfter erzählte, bis jemand die Familie beschämt ansprach und fragte, ob er sich den Nachttopf einmal ausleihen dürfe. In solchen erinnerten Anekdoten frieren die vorgestellten Bilder letztlich immer wieder ein. – Noch schwerer ist es bei meinem Vater, ihn als Kind zu denken. Und zwar nicht, weil er noch lebte oder nie von dieser Zeit geredet hätte, sondern vielleicht, weil ich dieses Kind mir selbst viel ähnlicher denke als das Kind, das meine Mutter war, ähnlich auch in seinen unangenehmen und verklemmten Seiten, hochfahrend und verdruckst zugleich. Eigenschaften, die er später in seinem Leben, als Ausgewachsener, erfolgreich und zu Lasten seiner Umwelt ausgebaut hatte, so wie meine Mutter ihre große Traurigkeit, die sie manchmal zu verschlingen drohte.

Die Bilder meiner Eltern als Kinder sind immer stumm. Nie höre ich sie plappern, singen, schreien.

Obwohl draußen ein noch kühler, aber doch verheißungsvoller Frühlingsanfangstag war, kam mir nun, in dem Café nach dem Friedhofsbesuch, alles wie ein sonniger Sommertag vor, an dem man sich auf einer blühenden Wiese niederlässt und sich, um auszuruhen, die Handflächen über die Augen legt: Zuerst schirmt man bloß die Augen vom blendenden Licht ab, nach einer Weile aber spürt man, wie sich tatsächlich die ganze Welt um einen herum verdunkelt hat. Sie ist nun wirklich schwarz. Nicht nur, weil man einschläft; im Gegenteil, der Gedanke an ihre Schwärze weckt einen ja gerade auf. Es gibt keine Rettung aus diesem Schwarz. – Didi Hallervorden als König Lear glotzte mich an, Til Schweiger stierte als blinder Gloster aus toten Augen, und ich versuchte in wirrer Verzweiflung, mich selbst zur Ordnung zu rufen, dachte an das schöne Bilderbuch *Die besten Beerdigungen der Welt*, aus dem ich oft vorgelesen hatte. Darin geben die spielenden Kinder sich einen schönen schwedischen Sommertag lang ganz dem Tod hin, begraben ein totes Tier nach dem anderen, von der verendeten Wespe bis zum überfahrenen Hasen, aber auf der letzten Seite sagen sie: *Am nächsten Tag machten wir dann etwas ganz anderes.* Morgen etwas ganz anderes, sagte ich im Stillen zu mir selbst: Steh diesen Tag noch durch und morgen etwas ganz anderes, trotzdem tickte es in mir immer weiter, tick tot, noch jeder Tod, den ich aus einer gewissen Nähe erlebt habe, ist mir elend und trostlos erschienen. *Ihre verstorbene Mutter*, sagen die Menschen, mit dämpfender Vorsilbe, so als machte dieses *ver-* den Tod irgendwie dezenter. «Die Lebenden haben, wie jeder weiß», schreibt Vladimir Jankélévitch, «die abergläubische Gewohnheit, vor Toten leise zu sprechen», und setzt in Klammern hinzu «(dies wäre im Gegenteil der richtige Moment, um zu schreien!)». Meine Mutter ist tot.

(Ob es nicht nur mein individuelles, sondern auch allgemeiner unser deutsches Problem ist, dass wir auf Friedhöfen unbedingt diesen Stille-und-Einkehr-Zwang haben? Wären wir nicht besser dran, wenn wir wie die Menschen in manchen orthodoxen Ländern zu Ostern an den Gräbern unserer Toten laute, fröhliche Picknicks veranstalten würden? Es sind ja die Lebenden, die sich trösten müssen. Die Toten muss man doch nicht trösten. Nur die Lebenden – die doch besser dran sein sollten, denn sie haben ja noch, was die nun Toten zu verlieren sich so fürchterlich fürchteten … Ich für mein Teil könnte mich dann zwar nicht mehr freuen, aber freue mich jetzt bei der Vorstellung, dass irgendwann auf meinem Grab Kinderfüße herumtrappeln und helle Kinderstimmen krakeelen. Bitte, tanzt auf meinem Grab.)

Zuhause zog ich die alte Pendeluhr auf, die früher bei meinen Eltern gehangen hatte und die meine Mutter alle ein oder zwei Wochen aufgezogen hatte (wohl ohne, denke ich mir, die schöne Verbindung, die das Uhr-Aufziehen in Sternes *Tristram Shandy* eingeht mit Liebe und Lust). Weil sie aus meiner Kindheit kommt, hänge ich an dieser Uhr, vermutlich mehr, als meine in solchen Dingen leidenschaftslose Mutter, das Flüchtlingskind, es tat. Das Ticken ist auch recht ungenau, man muss die Uhr immer wieder mal um ein paar Minuten korrigieren. Da sie aber immer etwas vorgeht, hilft sie den Kindern, rechtzeitig in die Schule zu kommen. Überhaupt, wie die Menschen sich Uhren ein wenig vorausstellen, um nicht zu spät zu kommen, zeigt unsere Bereitschaft und grenzenlose Fähigkeit zum Selbstbetrug. – Trotz dieser Hilfe ist die alte Pendeluhr meiner Familie ein Dorn im Auge. Nicht wegen ihrer Ungenauigkeit, sondern wegen ihres für alle außer (seltsamerweise) mich nervtötenden Tickens und weil sie auch nachts zu jeder halben Stunde schlägt, ein Weck- und Erschreckgong. Sie dulden diese Uhr nur in unserem Flur, weil sie wissen, dass ich mit schrulliger, herrischer Sentimentalität an ihr hänge, wie an lauter Dingen aus meiner Kindheit. Für die Schönheit mechanischen Uhrwerks haben sie schon gar keinen Sinn.

Oder ist es bloß so, dass L, meine schöne Frau, sich bei ihrem Ticken wie die Marschallin aus dem *Rosenkavalier* fühlt, die nachts aufsteht, um alle Uhren anzuhalten? Sie hat ja recht; wenn man einmal anfängt, auf das Vergehen der Zeit zu achten, ist man geliefert, und erst recht, wenn man die anhaltende Beschleunigung ihres Vergehens wahrnimmt. Und in Hanekes Film *Das weiße Band* schlummert schon alles Grauen im Ticken der Uhr.

Am nächsten Tag machte ich dann etwas ganz anderes.

Kammern

im Hauptquartier des Lärms der ganzen Wohnung – das kam mir am Morgen in den Sinn, bevor die Kinder das Haus verlassen haben und die Unruhe aus-, die Ruhe einkehrt. Sie und ihre Mutter, die mir das Ticken der Uhr vorwerfen, lieben es, wenn morgens in der Küche laute Musik läuft, während ich (ihr Vater, der Mann) der Einzige bin, der das nicht ertragen kann, erst recht in der Frühe, es versetzt mich in eine Kette von Stresszuständen bis hin zu Panik, Schnappatmung. Aber nicht ich habe das: *im Hauptquartier des Lärms der ganzen Wohnung* – gedacht oder gar geschrieben, sondern Franz Kafka, lebenslanger Geräuschleider und Krachhypochonder, seine Familie wolle er mit der Veröffentlichung dieses Texts *züchtigen*, behauptete er in einem Brief, in möglicherweise bloß scheinbarem, das Ungeheuerliche des Wunsches verhüllendem Scherz. *Ich sitze in meinem Zimmer im Haupt-*

quartier des Lärms der ganzen Wohnung. Der arme Kafka hatte ja, wie Odysseus, höchstens Wachspfropfen, auf Dauer gesundheitlich nicht unproblematisch, weil kleine Stückchen sich ablösen können. Anders als Kafka habe ich immerhin meine rettenden Noise-Cancelling-Kopfhörer, mit denen ich mich manchmal ins Schlafzimmer flüchte.

Dafür haben meine Angehörigen, anders als Kafkas Familie, Bluetooth-Boxen. Durch die ganze Wohnung schleppen sie sie. Will auch ich meine Familie, indem ich über mein Stillebedürfnis schreibe, züchtigen? Vielleicht eher mich selbst. Wenn überhaupt, bin ich ja die Plage der Familie, nicht sie, die lediglich sind, wie sie sind; was freilich ich selbst ebenfalls in Anspruch nehmen könnte.

Später stellte ich in der Badezimmerecke zwischen Dusche und Regal die Silberfischchenfalle auf, die ich gemäß L's Auftrag bei *dm* gekauft hatte. Kein Silberfischchen war jetzt, im Hellen, zu sehen. Auf einmal zweifelte ich daran, dass sie bald sterben würden, wie ich vor kurzem noch fest angenommen hatte. Mir kam nämlich ein anderer Text von Kafka in den Sinn, *Die Sorge des Hausvaters*, und plötzlich war ich mir sicher, dass die Silberfischchen das darin beschriebene Wesen Odradek sind. Lang ist es nicht zu sehen, dieses ominöse Wesen Odradek, vielleicht anderswohin übersiedelt; doch dann kehrt es unweigerlich zurück. Odradek schadet offenbar niemandem; *aber die Vorstellung, dass er mich auch noch überleben sollte, ist mir eine fast schmerzliche.* – Dann knipste ich mit der Spitze eines Kugelschreibers, nachdem es mit dem Fingernagel nicht geklappt hatte, das Türchen der Silberfischfalle auf, den Eingang zum Gift.

Und, wie war dein Tag?

Von der Zeit verloren, hockt das Kind in seiner Kammer in der Luft. Dieses Kind, das einerseits von großem Selbstbewusstsein, sogar Überheblichkeit ist, andererseits von Angst geplagt und manchmal von dem Wunsch beseelt, erwachsen zu sein. Manchmal hört es aus der Küche das Geschirrklappern der Mutter, an die es glaubt, dann hält das Kind die Luft an. Und von verlorener Zeit zu verlorener Zeit nimmt es die Taschenlampe in die Hand, die sonst im Dunkeln neben ihm steht, knipst sie an, um die geheimen Inschriften auf dem verschlossenen Fensterladen und an der Wand zu beleuchten. Kritzeleien, Umrisse, geheimnisvolle Wörterketten. Sie alle sind Zeichen. Die Zeichen versuchen ihrerseits, das Kind zu entziffern. Das Kind selbst hat sie dorthin gekritzelt, gezeichnet, geschrieben.

Wie von H schriftlich angewiesen, schob ich vorsichtig die Tür im dritten Stock des unbekannten Hauses auf, zu dem ich mit der Straßenbahn gefahren war. Leise, mit angehaltenem Atem, betrat ich den kleinen Flur, auf dessen Boden – wie von H vorab beschrieben – Augenmaske und Käfer bereitlagen. Drei weitere Türen grenzten an den Flur, alle verschlossen. Hinter welcher H mich erwartete, wusste ich nicht, nur dass sie es tat. Weiter ihren Anweisungen folgend, zog ich mich aus, ging auf die Knie (*beuge dich auf die kalten Fliesen*, hatte H mir geschrieben) und zog die Maske über meine Augen. Dann senkte ich den Kopf, bis meine Stirn den Boden berührte *(so tief es geht)*, streckte die Arme nach vorn und ertastete mit einer Hand den Käfer, ein kleines blechernes Spielzeug, unbeholfen drückte ich darauf, bis er ein kurzes Klappern von sich gab, nur ein Knacken.

Jetzt war ich es, der wartete. Ich spitzte meine Ohren in die Dunkelheit. Vielleicht, dachte ich, ist der Blechknackkäfer jener Odradek, der mich ausliefert (wie ich ausgeliefert zu sein begehre). Die Zeit zog sich, nicht zäh diesmal, sondern zehrend lustvoll. Dann endlich hörte ich, dass eine der Türen sich öffnete. War es die rechts? Ich war mir nicht sicher. – Wieder dauerte es, bis ich Schritte vernahm. Das Geräusch von H's Absätzen auf den Fliesen, achtsam gesetztes Klacken. Langsam kam es auf mich zu. Und verwandelte sich in Stille und stand als Schweigen über mir, verheißungsvolle Bedrohung.

«Hände auf den Rücken», sagte H erst nach einer Weile mit leiser Stimme, ich folgte, sie band mich. Und wartete wieder ein wenig, bis sie sagte: «Auf den Knien bleiben und Oberkörper aufrichten.» Und ich blieb auf den Knien und richtete den Oberkörper auf, und sie legte mir ein eisernes Band um den Hals und schloss es.

So eröffnet sie das Spiel. Denn H ist meine Spielpartnerin, wie man so sagt, obwohl es für uns beide ja kein Spiel im leichten Sinn ist, sondern lebensbedeutender Ernst. Wenn ich im Lauf eines langen Abends und einer Nacht halbe oder viele Stunden so verschnürt oder gekettet liege, dass ich mich nicht regen kann, denn H's Kontrolle über die Zeit und mich ist für uns beide manchmal auch eine Art Yoga, eine Art Meditation (selbst wenn ich weiß, dass es ganz so meditativ und besinnlich nicht bleiben wird, dazu liebt H es zu sehr, mich in Schrecken zu versetzen und sich selbst dadurch in begierige Angstmachlust) – dann denke ich in der Ruhe vor dem Sturm auch übers Wesen unseres gemeinsamen Spiels nach und erinnere mich vielleicht an Gadamer, der vom Ernst im Spiel schrieb; dass, wer den Ernst des Spiels nicht begreife, der Spielverderber sei. Ich bemerke, obwohl meine Augen verschlossen sind, die gewisse Komik, die da mitliegt in einem am Boden liegenden Sklaven, der über Hans-Georg Gadamer nachdenkt. Aber diese Stunden sind Wahrheit und Methode, die H und ich gewählt haben. H, die für mich wählt, was ich zu wünschen habe; was wiederum sie erregt in einem Maß, das L sympathisch findet, aber nicht ganz nachvollziehen kann.

Einmal passierte es, dass mir, als ich so dalag, auffiel, dass alle meine Bücher (die nutzlosen, dieser Abfall) vom Davonlaufen handeln: Einer läuft schlaflos zu Fuß davon, andere entfliehen im Auto oder im Zug, im ewigen Kreis oder verschwindend ins Nirgendwohin, und ein höchst bedeutender Jemand rennt vor allen weg, die ihn genauer betrachten und sich ein Bild von ihm machen wollen. Diese Gemeinsamkeit habe ich nicht beabsichtigt, sie hat sich so ergeben, oder es ist eben so herausgekommen, ohne dass es mir klar war.

Manchmal, wenn ich bewegungsunfähig zu H's Füßen liege, mit verbundenen Augen und überhaupt vollkommen verschlossenem Körper, lausche ich blind den Wänden, von denen ich dann meine, es steckten alle Lust und alles Begehren darin, die jemals waren und sein werden. Dann meine ich Babels *unaufhörliche Musik der Blinden* zu hören und das Schweigen der Sirenen. Bald verschließt H mir, ihrem gefesselten Odysseus, auch noch die Ohren; und ich höre immer noch, als Einziges und Letztes von der Welt, diese Stille, in der alles enthalten ist.

Einmal erinnerte ich mich, wie ich als Kind von meiner Mutter in die Bettdecke eingepackt wurde. Wir Kinder baten sie abends öfter, *Paket zu machen* oder auch *Wurst*, man sprach damals ja auch auf dem Spielplatz vom «Schweinebaumeln», wie die getöpferten Aschenbecher etwas, was man heute lieber vermeidet. Die Verbindung zwischen den Empfindungen im mütterlichen Paket und unter H's Verschluss ist naheliegend und verlockend, und doch sind sie in vieler Hinsicht verschieden, es liegt sogar etwas Abwegiges darin, einfach weil es zu glatt aufginge: der Schlaf als kleiner Tod, Eros und Thanatos, all die gefälligen Phrasen. Das Paket des Ausgewachsenen ist etwas anderes als bloß ein Substitut. Es ist Einschnürung minus Mutter plus Sexualisierung; wie vielleicht das ganze Leben nach dem Ende der Kindheit.

L's Befremden an dieser Welt von Fesseln und Unterwerfung mag auch daher rühren, dass sie Mutter von drei Kindern ist und wittert, zu allem Überfluss nun auch noch den Mann, der schließlich der Vater ist, als ein viertes Kind zu erhalten; aber eins, das sich nicht lösen wird, sondern auf ewig an ihr kleben bleibt. Diese Muttersorge kann sie immerhin vergessen, wenn sie bei ihrem geradlinigen St ist, der ihr die klassische Maskulinität bietet, die sie sich wünscht. Verführung und Führung und Zursachekommen, ohne zu fackeln, Dominanz, ohne Dom zu sein. Wenn sie den Abend bei St verbringt, bin auch ich glücklich und hüte unsere Kinder.

Aber in dem, was L wittert, irrt sie sich vielleicht. In Wahrheit ist ja die Herrin das Kind. Zu unserem Spiel gehört es nämlich, dass H nach ihrer Willkür das Spiel jederzeit verderben und die Regeln zurechtbiegen oder brechen kann, ganz wie sie Lust hat. Gelingt es ihr beispielsweise nicht, mich wie angekündigt mit der Peitsche in die Knie zu zwingen, oder vergeht ihr der Spaß daran, weil ich zu standhaft bin und ihr Arm ermüdet, dann ist ihr Spiel nicht verloren, sondern sie gewinnt trotzdem, indem sie mir einfach befiehlt, in die Knie zu gehen. Ich folge sofort. Wie ein Kind gewinnt also die Herrin das Spiel auf jeden Fall, und ich verliere immer, so will es die Regel.

Ihr Sklave ist das Zeichen, das die Herrin kritzelt, und

sie betrachtet dieses Zeichen, wie das Zeichen sie betrachtet, fortwährend versuchen die beiden einander zu entziffern, und darin liegt alle Lust. Oder: Die Herrin manipuliert den Sklaven und der Sklave die Herrin. Sie sind einander dunkle Spiegel, füreinander und gegeneinander. Doch am Ende gilt simpel, wie H sagt: Die Herrin hat immer recht.

Nun führte H mich an der Kette in einen der angrenzenden Räume. Erst als wir schon eine ganze Weile darin waren und H Prosecco getrunken hatte aus einem Glas, das ich für sie blind kniend hielt, hörte ich weitere Schritte, die absatzlos klangen. Das Geräusch einer unbekannten Person – ich fürchtete, eines Mannes. Ich rätselte, welcher von H's Freunden es sein mochte. Oder ein ganz Unbekannter? Die Regeln, die H und ich uns gegeben haben, würden das erlauben. Ich spürte Panik in mir aufkommen und spürte auch, dass H meine aufkommende Panik spürte. Langsam beugte sie sich zu mir herab und flüsterte mir langsam ins Ohr: «Du hast zu Recht Angst.» *Schrecken und Entzücken*, wie es im Kirchenlied für die Passionszeit heißt. In diesem Moment waren wir beide glücklich.

Das ZIMMER betrete ich nicht, sondern bin immer bereits, ich weiß nicht recht, wie, unversehens hineingelangt. Mir ist bewusst, dass mein Aufenthalt darin niemals lang sein kann, oder gar für immer. Es ist stets eine gefährdete, brüchige Dauer.

Doch obwohl ich es niemals betrete, sondern immer bereits unversehens hineingelangt bin, weiß ich genau, wo sich die Tür in das ZIMMER befindet. Sie liegt an der kalten Ostwand meiner Studentenbude. Eines Nachts entdeckte ich sie, ganz einfach. Ich war perplex, als ich bemerkte, dass sich dort im schmalen Spalt zwischen Ikearegal und

Nordfenster eine Tür befand, eine weitere Tür. Die hätte ich doch längst entdecken müssen? Ich wohnte schon seit über einem Jahr hier. Man kann wohl schwer eine Tür in einer so kleinen Bude übersehen, so doof und dösig ist nicht mal ein Student. Aber so war es. Musste so sein, denn ich war ja bereits hineingelangt in diesen Raum, den ich später das ZIMMER zu nennen beschloss.

Atemlos, mit pochendem Herzen, stand ich in dem unbekannten und doch vertrauten Raum. Darin waren Licht und Staub. Zur Rechten eine große verglaste Holztür, zu deren Seiten auch große Fenster lagen, über die ganze Wandbreite. Hinter Glastür und Fenster lag eine baufällige steinerne Veranda, die hinab in einen verwachsnen Garten führte, mit dichtem Grün über undurchschaubaren Wassern. Ich konnte nur durchs Geflirr von Staub und Licht dort hinaussehen, die Fenster waren fleckig, und doch wusste ich viel von diesem Garten. Im Raum selbst, quer, ein alter Korbstuhl. Alles in allem fast enttäuschend klischeehaft mit dieser makellosen Lichtregie, dem Staubflimmern im Sonnenlicht, das durch verdämmerte Scheiben dringt, und draußen der verwunschene Garten, angelegt wie vom Grünflächenamt der Träume.

Und doch, ungeheuerlich.

Es ist eine bemerkenswerte Sache, wenn man in einer Wohnung einen Raum entdeckt, von dessen Vorhandensein man nichts gewusst hat. Auch später stellte ich immer wieder fest, dass ich unversehens hineingelangt war. Und bin heute hineingelangt und werde – darauf vertraue ich trotz meiner Angst – auch morgen hineingelangt sein. Und immer wieder. Es kann geschehen sein in einem Moment der eingekehrten häuslichen Ruhe oder im Bett liegend zu L's Füßen oder in H's schmerzenden Fesseln oder auf einem ungestörten Spaziergang durch den Tiergarten oder einen Wald. Es geschieht nur, wenn ich ganz allein bin; manchmal sogar, wenn mich liebe, gute Menschen umgeben und ich dennoch allein bin.

Auf einmal stehe ich im ZIMMER, ich lehne mich an, ich setze mich, ohne doch den Korbstuhl, die Wand, den Boden zu berühren. Ich mache und tue und lasse dort gar nichts. Ich bin einfach da. Auch den Garten dort draußen werde ich niemals betreten. Aber die Gegenwart des ZIMMERS ist gewaltig. Oder unnennbar. Ganz anderswo, und gleichzeitig äußerstes Weltempfinden.

Seither betrachte ich die Wände jedes Zimmers anders, denn mir ist bewusst, man muss immer damit rechnen, dass diese eine Tür auftaucht, die man zuvor seltsam übersehen hat. Hinter oder neben einem Regal, irgendwo. Erst Jahre später las ich *Die Tapetentür* von Marlen Haushofer. Darin öffnet sich auf den letzten Seiten eine unbekannte Tür, die die Erzählerin, «beschämend und typisch Annette», vorher monatelang nicht bemerkt hatte. Ein großer Hund tritt herein und wird sie auf seinem großen, warmen Tierleib durch diese Tür tragen, in einen Gang, dessen Dunkelheit zu Dämmerung wird und der sich zu einer Schlucht erweitert und schließlich verwandelt in den Urwald von A's Kindheit: *Wilder Hohn erfüllte sie. Also hatten die Vokabeln und Klavierstunden nichts genützt. Das brave kleine Mädchen ritt auf einem struppigen Hund in die verbotenen Gegenden* ... Und auch ihre lebensverheerten und eheversehrten Sinne erwachen dort wieder, ihr Riechen, ihr Schmecken.

Natürlich fühlte ich mich da A nahe, wie ich mich überhaupt Haushofer und Haushofers Gestalten näher fühle, als ich es zu beschreiben vermag; und das als Mann, vielleicht ungehörigerweise. Dabei ist mein ZIMMER von völlig anderer Art. Es ist und bleibt ein geschlossener Raum, den ich niemals verlasse. Ich kann nur hinaussehen. Und bin darin. Man könnte ihn einer Zelle vergleichen, ob eines Strafgefangenen oder eines Mönchs, ist gleichgültig. Und doch ist das ZIMMER unbegrenzt. Ein wenig ist es wie mit den Fesselungen, in denen ich Weite erlebe, Befreiung.

Barmherzigkeitsanwandlungen und Panikattacke, als mein Spaziergang zwei sehr alte Menschen kreuzte, die auf einer Bank saßen. Freundlich nickte ich ihnen zu, leichtfüßig ging ich dahin, augenblicksweise schwerelos, im Nacken Entsetzen. Bedenkliches Bedürfnis nach Alkoholischem.

Ich freute mich (denn die Lichtarmut des Berliner Winters ist schwer zu ertragen) über den einsetzenden Frühling, dachte aber daran, dass fast alle für mich bedeutenden Dinge im Herbst geschehen. Herbst und Nacht sind die Schwestern der Stille, wie der Schlaf Bruder des Todes. – Einmal radelte ich in einer Oktobernacht lange durch einen Mischwald im Rheinland. Es zirpte noch sommerlich aus dunklen Kahlschlägen, auch hier vernichtet der Borkenkäfer die Fichten, wie bei Tag überall sichtbar; sonst aber vernahm ich nur das rollende Geräusch der Fahrradreifen ... und tiefer im lebendigen Wald das Herabfallen von Eicheln, wie ich vermutete, schwere gespenstische Tropfen, ich empfand die nackte Angst des Kindes vor dem Schwarz. – Zwei Mädchen sausten in einer Herbstnacht auf Scootern die feuchte Fahrbahn entlang. Viele Ältere ärgern sich über diese Scooter, die sich in den Städten ausgebreitet haben wie Borkenkäfer in den Wäldern, die Älteren fürchten, dass sie fichtengleich zu Fall kommen werden, sich die mürben Leisten brechen.

Ich fürchte öfter um die rasant fahrenden Jugendlichen. In dieser Herbstnacht jedoch bewunderte ich das tollkühne Bewusstsein der Unverletzlichkeit, das die beiden Mädchen hatten. Ich schnappte im nasskühlen Wind, während sie an mir vorbeisausten, einen winzigen Gesprächsfetzen auf, irgendwas über irgendeinen Jungen, der eine der beiden angerufen oder auch nicht angerufen hatte. Und ihr Bewusstsein der eigenen Unverletzbarkeit kam mir nicht wie eine gefährliche Selbsttäuschung der beiden vor, sondern als die lautere Wahrheit. Sie wissen, dass sie unverletzlich sind, so wie sie ewig leben. – Das sogenannte Erwachsenwerden, in Wahrheit Auswachsen, erscheint mir manchmal wie ein einziger Intensitätsverlust. Ich erinnere mich an die Wahrnehmungen der Kinder- und später mehr noch der Zwischenjahre, die Zeit der Verwandlung vom Kind in den Er- oder Ausgewachsenen, als etwas von unbegreiflichem Ausmaß; und das, obwohl ich, wie es mir heute vorkommt, diese Jahre mit läppischen Dummheiten vertändelte. Diese Phase glich dem Balancieren auf einem steilen Grat, den man später niemals wiederfindet, selbst wenn man keine läppischen Dinge mehr tut, sondern solche, die dem Jugendlichen damals abenteuerlich und gewaltig erschienen wären.

Verstummen von magischem Sinn. Eine versiegte Quelle, vielleicht auch mutwillig ausgetrocknet.

Immerhin, eine Spur von Wiederfinden: Wenn ich heute in einer feuchten Herbstnacht in einer fremden Stadt durch eine menschenleere Straße laufe, dann kann es passieren, dass ich plötzlich wieder die Nächte rieche, in denen ich als Vierzehnjähriger durch dunkle Straßen lief. Die existenziell aufgeladene Aura dieser Nächte, deren Beschreibungsversuche immer etwas bestürzend Lächerliches haben, ist meinem Empfinden unvergesslich. Im nächtlichen Rumgehen ist diese Aura in bestimmten Momenten plötzlich wieder gegenwärtig. Eine zurückkehrende Ahnung von etwas.

Dem ahnungsvollen Gefühl, im nächsten Moment die Welt begreifen zu werden. Was immer das heißen mag. Damals schien es klar. Nein: Damals war es klar.

Wir begingen zu dieser Zeit kleine Straftaten am laufenden Band, aus heutiger Sicht lächerliche und geringfügige Dinge, bis die Polizei uns irgendwann stellte; aber unser kriminelles Getue war nur äußerliche Hülle, bedeutungslos, wie die Kriminalität in Bolaños Metamorphosenfabel *Lumpenroman*. Das Wichtige an unseren Aktivitäten waren jene Nächte voller Stille und Anspannung und Herbstkühle, in denen wir auf tollpatschig-kühnen Diebeszug gingen. Ich entsinne mich auch, dass ich einen anderen Jungen aus unserer kleinen Straftätergruppe still und aufregend liebte. Ich wunderte mich gar nicht darüber und fragte mich nicht, warum ich nach und zwischen all meinen Schwärmereien für bestimmte Mädchen diesen einen Jungen liebte, dachte weder über Selbstdefinitionen, Neigungskategorien, Ich-Schubladen nach noch über so etwas Banales wie sexuellen Vollzug oder gar wahre Liebeserfüllung, sondern ich liebte nur ohne Weiteres, gebannt. Eben magisch. (Später, nach unserer Verhaftung, wandte dieser Junge sich von der Freundschaft mit mir ab, ich weiß nicht, ob es wegen des Schocks der schiefen Bahn war, des sich auftuenden Abgrunds, der ganzen Chose mit Fingerabdrucknahme, auf Schreibmaschine getipptem Vernehmungsprotokoll, Jugendgerichtshilfe, peinlichen Elterngesprächen etc. pp., oder doch wegen dieser diskreten Liebe, die er möglicherweise gespürt hatte.)

Heute blicke ich manchmal aus dunklen Herbststraßen in Wohnungen und entdecke wieder einen Hauch jener großen Aufregung, und auch die entgrenzte Verwunderung von damals: über die ganz und gar hilflosen Kammern dort drinnen, das verzweifelte Hausen all der Menschen in ihrem vermeintlichen Schutz vor dem plötzlichen Aus-der-Welt-Fallen. Auf einmal scheint es leicht möglich, dass plötzlich das Dach verschwunden sein wird und die Menschen durch die Dachstühle herausfallen aus ihren trügerischen Behausungen. Es ist sogar das Wahrscheinlichere.

Dann ist das alles wieder weg. Es bleibt das stille Blicken aus Fenstern.

Auch Menschen in Autos kommen mir manchmal vor wie in rollenden Aquarien, stumm schauen sie heraus. Tonlos blubbernd, ein Horrorfilm. (Wie am grandiosen Beginn von Fellinis *8½*, in Guidos Traum.) Wenn ich selbst am Steuer unseres kaum mehr benutzten Wagens sitze, dann empfinde ich mich selbst als so ein Fisch in einem rollenden Aquarium. Aber mein ganzes Leben ist ja eine Aquariums-Existenz, überhaupt unser ganzes Hausen in unseren Behausungen. Gut, dass sie überhaupt da sind und auch nicht platzen. Ab und zu kurbelt ein Autofahrer in Wut die Scheibe runter, etwa um einen Radfahrer zu beschimpfen, dann ist es mir, als sei sein Aquarium geplatzt und habe den Armen ins tödliche Freie gespült, sein Schimpfen ist das Nachwasserluftschnappen und Zappeln des Fischs auf dem Trocknen.

Früher wunderte ich mich auch darüber, dass der Mond (den ich mir manchmal vorstellte als ein Leck im Himmel, durch das gleich die Welt auslaufen wird, auch ein geborstenes Aquarium) genau in ein kleines Loch passte inmitten der ringsum erkennbaren Bewölkung. In einem Lichtatemloch. Es war, als ringte sich die Bebauschung ehrfürchtig krönend um den Mond. Später erst begriff ich, dass der Mond selbst diese Löcher macht, beziehungsweise sein geborgtes Licht, die Kraft einer Reflexion.

In dieser Herbstzeit, in der ich auf einmal auch wieder atmen und schlafen kann und das banale Bedauern der Sommermonate, nicht mehr so jung und knackig zu sein wie früher, dem Schmerz über den Verlust von etwas Sehendem, Ahnendem weicht und es gerade darin wieder momentweise ahnbar und sichtbar macht, in all dieser sich wundersam offenbarenden Fremdheit fühle ich mich manchmal nicht mehr ganz so fehl in der Welt wie im Frühling.

Im Herbst kommen aber auch die Laubbläser

die in mir nach dem ersten, instinktiven Ärger widerstreitende Gefühle auslösen: einerseits empörte Zerrüttung durch diesen penetranten Lärm, andererseits Scham über Schreibtisch- und Spaziergangsexistenzen wie mich, degenerierte Geistesgestalten, die auch vor Putzautos in Zellenparks flüchten, hypernervöse Übermenschen wie von Aubrey Beardsley gezeichnet (sein Décadence-Siegfried), Leute, die sich dreist herausnehmen, wegen der eigenen Lärmempfindlichkeit dem stets als hyperrobust gedachten arbeitenden Untermenschen ohne viel Aufhebens zuzumuten, er solle doch mit Rechen und Harke im Herbstwind das nasse Laub von den Wegen malochen, über die unsereiner still sinnend wandeln möchte, ohne auszurutschen, oder still durchs Land reisen wollen, aber im gestörten Ruheabteil des ICE mokiert sich ein abschreckend Ruhebedürftiger über fehlplatzierte Kleinkinder, deren Leben nun mal

Geräusche macht, ein solcher schrecklicher Ruhewahnsinniger, der doch besser mit dem Friedhof als mit dem Zug reisen sollte, will ich niemals sein, sondern fülle mir wieder Ohropax ein und stülpe den Noise-Cancelling-Kopfhörer noch darüber und schaue aus dem Fenster, die Landschaft flog vorüber und ich würde gern ewig im Kreis fahren

Da blasen und saugen die Menschen also Laub und Blätter von den Rasen und Beeten in ihren Gärten, als müssten sie noch ganz andere Dinge aus ihren Leben davonblasen und absaugen, und später werden sie Kunstdünger in ihren durch sie selbst leergeblasenen Gärten auswerfen; und mir ging auf, dass ich wohl mit meinem Leben ähnlich umspringe, und mit den Menschen um mich herum, mit unseren Kindern, und mit L, meiner Frau, ich zerstöre, was ich hege, und versuche noch zu hegen, was ich zerstöre.

In einer Gratiszeitung blieb ich an einem *Calvin-und-Hobbes*-Streifen hängen, in dem Calvin, das kleine braune Schulköfferchen neben sich auf dem Gehweg abgestellt und die Augen nach oben gerichtet, über die Schönheit eines Herbstmorgens sinniert, die frische Luft, den Duft der Blätter ... und, den Blick nun gesenkt, über das Dahinsein von allem, weil er nun in den Bus steigen und zur Schule fahren müsse; als er noch nicht in der Schule gewesen sei, habe er nie einen Herbstmorgen genossen, es nicht gewürdigt, dumm und jung sei er gewesen und habe gedacht, *diese Zeiten würden ewig währen*, so Calvin mit ausgebreiteten Armen, während der Tiger Hobbes anmerkt: *Wieder eine vergeudete Jugend.* Da sind die beiden bereits von hinten zu sehen, als habe der Comicleser sie im Uhrzeigersinn umkreist. Ich dachte, diese Zeiten würden ewig währen, denke ich manchmal über die vergangene Zeit, in der unsere Kinder klein waren – alles dahin –, und doch werde ich genau das wohl denken bis zuletzt: dass diese Zeiten ewig währen. Unverbesserlich und unbelehrbar, vielleicht erlaubt nur das, überhaupt zu leben. Leben in kurzen Zeitabschnitten, die stets von neuem ewig währen, damit wir nicht immerzu todkrank sind.

Und doch: Laubbläser. Sie nerven.

Ebenso lästig diese höllischen Gebläse auf manchen öffentlichen Toiletten, am furchtbarsten die, in welche man die nassen Hände stecken muss wie zum Abhacken und wo sie dann überfallartig von heißer Luft trockengeballert werden. Sicher, es spart Papierhandtücher ein, aber ...

Ceterum censeo, schlimmer als alle Laubbläser und Handtrockner zusammen ist die Überschwemmung der Welt mit Autos.

Ich war auf ein kleines Dorffest geraten. Nur drei oder vier Zelte auf einer etwas abschüssigen Wiese neben einem Spielplatz, immerhin gab es eine Nebelmaschine. Die laute Musik, zu der ein Haufen Kinder tanzte oder herumsprang, hatte einen Takt ohne Spannung und Atem, überexakter Stampfbeat, aber sie erfüllte ihren Partyzweck, auch wenn sie für mich nur mechanisches Stampfen war. Ich hatte den Einfall gehabt, nicht an dem Fest vorbei- oder davonzulaufen, sondern mir stattdessen ein Bier gekauft und saß damit nun in den Trockennebelschwaden, wo ich an den Mahlstrom oder Malstrøm von Edgar Allan Poe dachte. Du könntest doch, sagte ich mir, die Stille im Kern des Lärms aufsuchen; eine Weile hielt ich es aus, ein hastiges halbes

Bier lang, aber es war zu laut und ich zu nervös, alles drang in mich, und ich lief, um nicht zu ertrinken, davon.

Gemeinsam mit einigen Musikern, die zu einem Konzert in den Iran gereist waren, machte ich einmal eine Bergtour vor den Toren Teherans. Der steile Aufstieg ins Hochgebirge ist in dieser hochgelegenen Stadt quasi mit der U-Bahn zu erreichen. Wir wurden begleitet von einem einheimischen, wenn auch irgendwo in Deutschland geborenen und später auf verschlungenen Lebenswegen wieder «nach Hause» geratenen Bergführer, den wir im Internet kontaktiert hatten; obwohl für diese Tour auf sicheren Pfaden gar kein Führer nötig gewesen wäre, wie wir unterwegs feststellten. Aber er war ein gutmütiger, gesprächiger Mensch und unsere Begegnung interessant. Nur begann er, als er hörte, dass meine Mitwanderer Berufsmusiker waren, über einen kleinen tragbaren Lautsprecher Musik abzuspielen, fröhlichen persischen Pop, der über die Hänge hüpfte. Unser Führer wollte uns damit einen Gefallen tun, uns unterhalten. Die Mitwanderer aber machten gequälte Gesichter, und einer von ihnen, ein Klarinettist, erklärte unserem verblüfften Mann, dass sie, gerade weil sie Musiker seien, keinerlei Musik hören wollten, sondern ihre Ruhe haben. Er sagte nicht, wie ich, der Nichtmusiker, es empfand: *nach Stille verlangen*, sondern «Ruhe haben». Ohne den Wunsch wirklich zu verstehen, machte unser Führer die Musik wieder aus.

Im weiteren Verlauf der Wanderung erzählte er dann mehr und mehr aus seinem Leben, in dem es einige Brüche gegeben hatte, Unglücke und kriminellen Kleinkram; in der Summe hätte man von einer verkrachten Existenz sprechen können, wenn das nicht ein so scheußlicher Ausdruck wäre (wie kann man es wagen, von einem *verpfuschten Leben* zu sprechen angesichts des gewaltigen Inneren eines anderen Menschen, das wir niemals kennen, und angesichts der Tatsache, dass wir – wenn schon – wohl alle dieses unser eines Leben verpfuschen?). Schließlich kamen wir bei einer auf fast 2800 Metern gelegenen Berghütte an, zwei unserer Mitwanderer waren wegen der Anstrengung und aufgrund schlechten Schuhwerks bereits umgekehrt, so waren außer dem Führer und mir nun nur noch zwei der Musiker dabei. Und er erzählte weiter, gab jetzt auch anderen (vor allem Frauen) die Schuld für sein wiederholtes Pech im Leben, überhaupt neigte er nun immer stärker dazu, sich um Kopf und Kragen zu reden. Und wie er, der aus Aufmerksamkeit für uns klangempfindliche Menschen Musik in die Berge hatte bringen wollen, uns da in dieser für uns so eigenartigen iranischen Alpenvereinshütte gegenübersaß, kam mir wieder der verlorene Karthager von einst in den Sinn, dem ich in Südtirol, ohne dass einer der damals Anwesenden es bemerkt hätte, begegnet war, und eine Zeitlang lag eine geheime umfassende Stille in dem von Gesprächen vieler Bergwanderer gefüllten Raum.

Liebesschloss

Wir besuchten im Kölner Staatenhaus am Rheinufer eine Aufführung von *Les Troyens*, der erklärten Lieblingsoper von L. Ich glaube, sie schätzt an diesem Werk und generell an ihrem Favoriten Hector Berlioz (wie an St's geradlinigen Qualitäten als Liebhaber) eine gewisse direkte Art: ohne allzu viele psychologische Finessen oder Abgründe gleich zur Sache zu kommen, aber eben doch pompös und mit erheblicher Ausdauer. Außerdem mag sie ohnehin kleine Männer, wenn sie nur ausreichend charmant und unverschämt zugleich sind. Dreistigkeit und Konstanz, das schätzt L in der Liebe wie in der Musik.

«Hältst du's aus?», fragte sie mich in der Pause. «Nicht zu laut?»

Ich bejahte das erste und verneinte das zweite, in dieser Aufführung, die von dem vorzüglichen Dirigenten François-Xavier Roth geleitet wurde, dröhnte überhaupt nichts, alles war bei großer Prachtentfaltung stets federnd, tänzerisch, elegant, manchmal konnte man geradezu an Rameau denken. Ich fragte mich nur mittendrin einmal, was wohl mein Vorausgänger bzw. Voraussitzer, der verlorene Karthager damals in Südtirol, von diesem seltsamen Werk halten würde, das – welche Maßlosigkeit! – erst im untergehenden Troja spielt und dann am Königinnenhof der unglücklichen Dido.

Während wir am Rheinufer Aperol Spritz schlürften, unterhielten wir uns über unsere Tochter, die Unübersichtliche, November-mit-Gewitter, und darüber, dass Mittwoch mit dem Klavierunterricht aufhören wollte. «Mach das nicht zu etwas Persönlichem», ermahnte mich L, «nicht zu *deiner* Angelegenheit.» Ich spürte bei dem Thema schon wieder eine gewisse Gereiztheit aufsteigen. Dachte flüchtig an Beethovens Groll gegen seinen adoptierten Neffen Karl, der sich den Aufwendungen des Onkels zum Trotz als *gewöhnlicher Mensch* herausstellen sollte; solche überspannten Assoziationen hatte L bei ihrer Ermahnung vielleicht im Sinn. Doch zum Glück brach das Thema gleich ab, denn wir wurden von unserer sehr lustigen Bekannten J und ihrem stillen Dom entdeckt, die gleich zu uns herüberkamen. J hatte mir schon geschrieben, dass sie auch in den Kölner *Trojanern* sein würden. Sie und der stille Dom sind ein Paar von interessanter, auch komödiantischer Dynamik. Wir hatten sie vor einigen Jahren in einem Fesselworkshop für Paare kennengelernt, wo gleich zu merken war, was die beiden auszeichnet: dass die unterwürfige J ihren Herrn und Meister vollkommen im Griff hat, so dass er sie jederzeit streng führt, exakt wie sie's wünscht. Peitscht er sie aus, so lenkt sie, nein, *ist* sie seine Hand. Daran ist nichts falsch, sondern alles richtig, wie sich zeigt, wenn man die beiden als ein Inbild absoluter Harmonie erlebt, auch an diesem Abend in der Opernpause. Meistens sprach natürlich J, gestikulierend mit der Hand, an deren Finger ein kleiner silberner *Ring der O* steckt, an welchem sie quasi ihren Herrn führt. Er schwieg dabei sanft im Hintergrund, der friedlichste Mensch der Welt, kaum vorstellbar, wie er gegen sie den Rohrstock zu schwingen weiß (aber er weiß es), alles ist schlüssig bei den beiden, echte Symbiose.

Von derartiger Eintracht sind L und ich gewiss nicht. *Wenn die Kinder erst größer sind*, solche Sätze fallen oft zwischen uns, dabei sind sie ja schon *größer*, zumindest zwei der drei. Nach dem Untergang Trojas und Didos Tod spazierten wir inmitten einer Menge Passanten über die Hohenzollernbrücke mit ihren abertausend Liebesschlössern, die im gelben Laternenlicht funkeln wie die eisernen Schuppen eines gigantischen Schrottzauberfisches, tonnenschwer schwebend über dem Rhein; zwangsläufig stellt man sich vor, dass all die Liebesversprechen all dieser Schlösser, die nicht nur am Zaun selbst, sondern längst auch an anderen Schlössern hängen wie Liebesverklumpungen, eines Tages diese Brücke, die doch immerhin Eisenbahnen trägt und den Krieg überstand, zum Einsturz bringen müssen. Vielleicht könnte man aber auch, helleren Sinns, statt an fatale Liebesverklumpungen besser an freie, gelöste Polyamorie denken? Das Kreischen der Möwen war zu hören, das notorische Dauerrauschen des miesen Autolochs Köln (ein Wunder, dass sie nicht selbst den Kölner Dom in ein Parkhaus umgebaut haben), manchmal eine brückenrüttelnde Zugüberfahrt, und nur wie ein Beiwerk die Stimmen vorbeiziehender Fußgänger. Da fragte L mich inmitten dieser Geräusche und der Nacht aus schwarzem Wasser und ringsum strahlenden Stadtlichtern, ob ich denn eigentlich mit meinem, oder besser gesagt: *unserem* Leben hadern würde? Mit unserer Wirklichkeit?

Nein, tue ich nicht. Oder doch, tue ich dauernd, und gleichzeitig gar nicht. Denn hätte ich jene anderen, süchtig ersehnten Wirklichkeiten, dann würde mir diese unsere Wirklichkeit ja fehlen, und zwar genauso schmerzlich – mindestens. Die Wahrheit ist wohl, dass man mehrere Leben nebeneinander führen können müsste oder übereinander: jedenfalls nicht zerstückelt oder abschnittsweise und irgendwie zusammengeklebt, sondern jedes einzelne dieser verschiedenen Leben vollständig und ausschließlich. Das ist der entscheidende Punkt. Und das geht nun einmal nicht.

Das wurde mir, obwohl es doch auf der Hand liegt, jetzt erst richtig klar. Man müsste nicht ein, sondern mehrere Menschen sein können oder mehrere Leben führen, um möglicherweise glücklich zu sein. In mehreren parallelen Welten, die zugleich existieren. Ich dachte an unsere Tochter, die möglicherweise mehrere ist (aufgrund der Zusammenstöße gewittert es so oft bei ihr). Was mich angeht, so müssten unsere Kinder am besten gleichzeitig da sein und nicht da sein, ich müsste zugleich allein sein und nicht allein sein, und man müsste über sein Schicksal als Herr und Schöpfer bestimmen können und ebenso vollkommen vom Schicksal, oder dessen stellvertretender Hand, erschaffen und beherrscht und ausgelöscht werden.

In Basel steht übrigens auf allen Brücken, dass man nicht in den Rhein springen soll, fiel mir plötzlich ein. Hier nicht.

«Ja», antwortete L, «aber in Basel soll es ja die Übermütigen vom Springen abhalten, die verwegenen Sportburschis, nicht die Lebensmüden. Hier in Köln könnte man höchstens aus Lebensmüdigkeit in den Rhein hopsen.»

Ob es der Anblick der zahllosen Liebesschlösser war, der sie, in einer Verkettung von Assoziationen, an Lebensmüdigkeit denken ließ? Oder hatte sie es einfach dahingesagt, um etwas zu entgegnen auf etwas, was von mir dahergesagt worden war? Ich spürte wieder einmal (und nahm mir vor, es ihr noch heute Nacht zu sagen), dass L das große Los meines Lebens ist. Und, bei allen unseren sexuellen Divergenzen trotz heftiger Anziehung, wie viele Gemeinsamkeiten wir nun einmal haben, Gemeinsamkeiten und Übereinstimmungen in Dingen, die uns menschlich berühren, verwandte Weltneugierden, etwa was die Länder angeht, in die wir unbedingt einmal reisen wollen, Äthiopien zum Beispiel, Eritrea oder Mali; auch wenn den Nachrichten zu entnehmen ist, dass diese Länder im Moment kaum bereisbar sind und es auch auf absehbare Zeit kaum sein werden. Alles verschieben wir in die Zukunft.

Nein, nicht alles. Wir machen kleinere, kürzere Reisen, wie Beruf und Familie es eben erlauben, statt nach Westafrika nach Münster und statt nach Ostafrika nach Cottbus, und wir gehen gemeinsam aus, ins Theater und ins *KitKat*.

An der Spitze unserer Gemeinsamkeiten aber steht die Liebe zur Musik. Ich dachte an diesen einen Satz, den mein Vater, als es noch ging, gesagt hatte: er wisse gar nicht, was er ohne die Musik mit seinem Leben angefangen hätte. Und nun dachte ich, ich wüsste gar nicht, wie ich hätte leben können ohne L und wir beide ohne Musik. Zuhörend im Konzert zu sitzen ist für uns eine der beglückendsten Formen des Schweigend-beieinander-Seins. Unsere Vorlieben sind zwar nicht identisch, überschneiden sich jedoch oft. Bruckner, der alte Hagestolz, legt uns beide flach, und Berlioz' gerade gehörter *Nuit d'ivresse et d'extase infinie* können wir nicht widerstehen. Oder (fast überflüssig, es zu nennen)

O sink hernieder, Nacht der Liebe. Das reine Paradies auf Erden ist für uns beide erreicht, wenn wir die *Canzonetta sull'aria* aus Mozarts *Figaro* hören. Hör einer an, sagte ich mir, das sind ja alles Duette, die uns so viel bedeuten, musikalische Zweisamkeiten. Das schweigend zu hören und hörend darin zu schweigen.

Vielleicht ist überhaupt unser ganzes gemeinsames Leben seit mehr als zwanzig Jahren eine einzige Suche nach dem guten Schweigen und zugleich ein immer erneutes Durchbrechen des schlechten Schweigens. Nur hoffte ich in dieser Nacht auf der Brücke über den schwarzen Rhein, dass L mich nicht irgendwann wegen meiner rücksichtslosen Kompliziertheiten vor die Tür setzen wird. Und ersetzt durch ein oder zwei Katzen. Weil ich sie vielleicht ebenso unglücklich mache wie der ewig flüchtende Hallodri Aeneas die Königin Dido, nur eben ohne dass ich ein Held wäre; außerdem neigt L entschieden nicht zur Selbsterdolchung aus Kummer. Eher wird sie den misslichen Geliebten erdolchen als sich selbst. Das ist auch ein Fortschritt der Menschheit, wenn die Frauen die Männer, von denen sie unglücklich gemacht werden, erdolchen statt sich selbst.

Und eine weitere Gemeinsamkeit entdeckte ich, vielleicht noch wichtiger als die Liebe zur Musik: ein ähnliches Empfinden, was das Elend der Menschen angeht. Wenn man es ausspricht, klingt es albern, aber das Empfinden ist intensiv, und es bringt Momente von absoluter Nachsicht hervor für jede Jämmerlichkeit, der irgendein Mensch sich hingibt oder mit der er sich behilft, um nicht zu verzweifeln. Religiös müsste man sein können. (Aber diese Menschen, die aus forciertem Entschluss religiös werden, sind bestenfalls komische, schlimmstenfalls böse Gestalten.) L und ich werden stattdessen wehmütig, ja sentimental, wenn wir an Religion denken, dieses seltsame Etwas. Natürlich ist für uns Kunst an ihre Stelle getreten, Musik und Literatur. Merkwürdig, dass Aussprechen vielleicht nicht tröstet (denn die Tröster lügen), aber doch lindert.

Dennoch immer wieder unsere Verwunderung, das Wunder: wie es Menschen überhaupt gelingt, nicht zu verzweifeln.

Ich dachte an eine andere Oper, die wir daheim in Berlin gesehen hatten und demnächst auch in Köln besuchen wollten, *Der Zwerg* von Alexander Zemlinsky: dass wir uns vielleicht nur dieses eine wünschen, dass jemand uns sagen möge, du bist gar nicht hässlich und missgestaltet, sondern schön; auch wenn es nicht wahr ist. Gut gelogene Liebe.

«Und?», sagte L und wies mit einem Nicken auf den schweren Panzer aus Metall, der den Zaun der Hohenzollernbrücke bedeckt. «Wollen wir mal das Liebesschloss von Dido und Aeneas suchen?»

Ich suche es schon die ganze Zeit.

Mir fiel eine kleine Szene ein, die ich kurz vor Beginn der Oper beobachtet hatte, als wir bereits auf unseren Plätzen saßen: Vor uns war ein älteres Paar, neben das sich im letzten Moment ein sehr junges Pärchen setzte, vielleicht sechzehn oder siebzehn, der Junge mit Strubbelkopf, das Mädchen mit freien Schultern, und die ältere Frau betrachtete die sich eilig setzenden beiden Jungen diskret, aber doch mit einem deutlich wahrnehmbaren Ausdruck von Gönnen, Glück, Liebe.

Ich musste beinah aufpassen, L nicht aus den Augen zu verlieren, so viele Fußgänger liefen heute Nacht über die Brücke. Auch einige andere Paare suchten die Schlösserklumpen am Zaun ab, vermutlich nach ihren eigenen Schlössern von einst. Und natürlich wirkten auch L und ich, als suchten wir unseres. Ich sah sie von hinten an, die langen Haare verbargen ihren schönen Nacken. War ihr dankbar. Warum nur verlieren wir uns immer wieder in kleinliche Streitigkeiten und Gereiztheiten? Angesichts dieses übergroßen Glücks, des Geschenks, dass wir miteinander durchs Leben gehen dürfen? Es wäre wirklich schade, empfand ich, um unser gemeinsames Leben. Denn möglicherweise sind wir sogar das ideale gemeinsam alt gewordene Paar von morgen, oder hoffentlich eher übermorgen. So erleichtert wir beide nämlich darüber sind, dass *die Kinder schon größer sind* und selbständiger, so dass wir auch ohne sie auf eine Opernwochenendreise fahren können, so einhellig entfährt es uns beiden beim Anblick ganz kleiner Kinder: *Ach Gott, ist das putzig.* Es ist vermutlich etwas Ähnliches wie die Süßigkeit, von der Mittwoch einmal beim Anblick des kleinen Mai sprach. Aber in unserem Satz, dem Satz zweier Ausgewachsener, ist das *Ach* ebenso wichtig wie *Gott* oder sogar wichtiger. Und ich freute mich auf die Zukunft. Wir sind beide in etwas hineingeraten, wovon wir keine Ahnung haben, wie es bei Tschechow heißt; aber nun wollen wir eben darin gemeinsam weitergehen.

Homo sapiens

L verreiste für ein paar Tage mit Mai. Er umarmte mich an der Zugtür mit ganzer Kraft, nach dem Einsteigen warf er mit beiden Armen Kusshände durchs Fenster und winkte mir; als der Zug sich in Bewegung setzte, hatte er sich bereits in sein Ausmalheft vertieft und bemerkte mein Hinterherwinken schon nicht mehr. Es ist auch in Ordnung so. Zuhause fand ich noch den Abdruck von Mais Köpfchen auf dem Kissen und strich ihn beim Bettmachen glatt, wie ich auch sein nur halb ausgetrunkenes Wasserglas vom Küchentisch nahm, ausschüttete und in die Spülmaschine räumte, alles recht routiniert für meine notorisch sentimentalen Verhältnisse, ohne mehr als nur einen Hauch jenes welterschütternden Schauderns, das ich, dachte ich, doch eigentlich empfinden müsste. Denn mir war ja klar, im Grunde ist es jedes Mal ein Abschied ohne Wiederkehr.

Ein Abschied hingegen mit Wiederkehr: wenn L für eine Nacht oder gelegentlich ein Wochenende abfährt, um mit St zusammen zu sein. «Bis später», sagt sie mit einem Lächeln zu mir.

Phasen des Endgültigkeits-Fanatismus gibt es, worin Abschiedsschmerze und allerlei Wehmüte derart gewaltig auftreten, dass es komisch bis beängstigend ist, so winzig klein sind oft die Anlässe. Uferlose seelische (oder gemütige) Geringfügsamkeit, Wehmutkontrolle ungenügend. Naht irgendein «endgültiger» Abschied, geraten mir noch die hinterletzten Abläufe oder Dinge zu Wehmuthervorrufern und Schmerzbeschleunigern. Bereits bei einem x-beliebigen mehrtägigen Aufenthalt irgendwo kommt mir regelmäßig dieses *zum letzten Mal diesen Weg zu dieser Haltestelle* oder *zum letzten Mal an diesem Waldstück, an diesem Haus, an diesem Gartenzwerg vorbei*, und im Hotel begegnet mir *das letzte Frühstücksei an diesem Tisch*. Ein Wunder, dass nicht selbst der Gartenzwerg und das Ei mich auslachen. Natürlich passiert das alles nur deshalb, weil nun einmal kein Tag, kein Moment jemals wiederkehrt, auch wenn er sich zuvor scheinbar wiederholen ließ, sogar endlos. Es gibt ja keine Wiederholung, niemals. Doch das ist eine banale Erkenntnis, die einen als Kind bereits überkam und die man als Er- oder Ausgewachsener nun wirklich in seinem sterblichen Seelen- oder Gemütshaushalt souverän verschubladet haben sollte. L macht tatsächlich manchmal, anders als Ei und Gartenzwerg, über mein ewiges Wehmütigsein ihre Witze, durchaus liebevoll übrigens, sogar mitfühlend, zumindest bis zu einer gewissen Grenze.

Und dann gehe ich, weil bis zur Abfahrt des Busses noch ein wenig Zeit ist, dieses *letzte Mal zu dieser Haltestelle* eben gleich zweimal oder dreimal hin und her, um das *letzte Mal* auch wirklich erlebt zu haben, und schon franst alles aus und zerfasert. Eine Abschiedzerstückelung - was mein unreifer Gefühlshaushalt da zustande bringt, gleicht einer mittelalterlichen Hinrichtung.

Wie soll das erst werden bei einem wirklich unerträglich großen Abschied? Wenn es mir bereits schwerfällt, vom letzten Frühstücksei an diesem oder jenem Hoteltisch Abschied zu nehmen! Oder einem albernen Gartenzwerg!

Andererseits, einen unerträglich großen endgültigen Abschied habe ich ja vergleichsweise schadlos überstanden: von meiner Mutter, als sie vor über sechs Jahren starb. Daran gewöhnt man sich niemals, begreifen kann man es schon gar nicht. Und doch, es geht ... Es ist also vielleicht wirklich ein viel allgemeineres Nevermore-Syndrom, das mich plagt. Als Poe sein berühmtes Gedicht *The Raven* schrieb, habe er, so heißt es, zuerst einen anderen sprechenden Vogel in Erwägung gezogen, und zwar einen Papagei. Das Tier, das da immer wieder vor meinem Fenster hockt und in meinem Herzen nistet, ist vielleicht wirklich eher als ein Rabe der Papagei Nevermore. Jenen Park, in dem ich vor einigen Tagen auf einer Reise war, werde ich nicht mehr betreten. Auf dieser Bank, an der ich nun vorbeilaufe, saß einmal mein Kind und hat einen Apfel gegessen; und hier, am Ufer des Teichs, hat es einmal Kastanien gesammelt.

So gerinnt mir immer wieder das ganze Leben zu Wehmutanhäufungen. Die Kunst, glücklich zu sein, sagt in den *Trojanern* Aeneas zu seinem Sohn beim Abschied von Karthago, müssten ihn andere lehren als der Vater.

Allzu oft denke ich auch an (oder zeigt mir der Papagei Nevermore) all die Menschen, die ich einmal gewesen bin. Nicht unbedingt besonders attraktive oder angenehme oder überhaupt, außer für mich selbst, bemerkenswerte Menschen, vielleicht eher im Gegenteil, und schon gar nicht *glückliche*. Trotzdem macht mich der Gedanke an sie alle traurig. Eine Armada von Menschen, lauter versunkene oder von der Zeit versenkte Menschen. Nur ich, wie ich gerade bin, halte mich gerade noch ein wenig über Wasser. Und ein paar Menschen, die ich bin, werden noch kommen und wohl an noch mehr Versunkene und Versenkte, die ich war, denken.

Ich erinnerte mich an einen Sommernachmittag, den ich mit Mai auf dem Spielplatz verbracht hatte. Komatös saß ich auf einem niedrigen Mäuerchen im Schatten, es war brütend heiß und der Spielplatz stocktrocken, so dass der Schweiß den Sand und Staub magnetisch anzog, man hatte das Gefühl, diesen Staub nie wieder aus den Poren zu bekommen. Mai aber hockte an einer ebenfalls schattigen Stelle im Sand und war tief in irgendeine Spielangelegenheit versunken. Eine Versunkenheit, die dem Ausgewachsenen hopsgegangen ist. Auch seine höhere Fähigkeit zur Konzentration kann diesen Verlust des absoluten Versunkenseins nicht wettmachen. Höchstens findet man das Versinken während bestimmter Augenblicke wieder, nähert sich diesem verlorenen Absoluten, aber überaus flüchtig, bei sexuellen Dingen oder in der Musik. Was spielte Mai wohl da im Sand?

Auf einmal bemerkte ich, wie still es ringsum geworden war. *Die Welt schläft ein*, aber nicht wie in Mahlers *Lied von der Erde* in Nacht und Dunkel hinein, sondern unter dem Druck der immer noch heißen, blendenden Nachmittagssonne. Es schien eher ein Stillstehen als Einschlafen. Mir war schon öfter aufgefallen, dass dieser Spielplatz sich um achtzehn Uhr schlagartig leert, die meisten Eltern haben anscheinend einen viel geregelteren Tagesablauf als wir. Dann ist es plötzlich, als hätte der Tag die hellen Kinderstimmen, die hierhergehören und eben noch da waren, einfach verschluckt. Jetzt aber war auch – seltenes Glück – kein einziges Auto mehr zu hören, auch nicht aus der Ferne, und die sonst nicht gerade wenig befahrene Straße neben dem Spielplatz lag ganz leer. Ebenso auf dem Bürgersteig weit und breit kein Fußgänger. Und nicht einmal ein Vogel zu hören.

Wir waren allein auf der Welt, mein Kind und ich. Die zwei letzten Lebewesen. Aber nur mir fiel es auf, ihm in seiner Versunkenheit anscheinend nicht. Für ihn spielte das keine Rolle.

Mein komatöser Geisteszustand löste sich nun ein wenig. Mir kamen die Allein-auf-Erden-Bücher in den Sinn, die ich in den letzten Jahren gelesen hatte, zuoberst natürlich Marlen Haushofers *Wand*, dieses Werk der Werke, aber auch *Die Arbeit der Nacht* von Thomas Glavinic. Gleich überlegte ich, ob ich einen Roman schreiben sollte, in dem ein Mensch sich nicht, wie sonst üblich, allein oder scheinbar allein auf der Welt wiederfindet, sondern eben: allein mit seinem Kind. Wahrscheinlich gibt es den längst? Wie so oft war ich unsicher, kam mir lächerlich ungebildet vor, ein Möchtegern-Schriftsteller, literarisch haltlos. (Andererseits, auch Fellini hat ja niemals Murnau, Dreyer und Eisenstein gesehen und nur einen einzigen Film von Buñuel. Unvorstellbar, ein Leben ohne den *Letzten Mann*, ohne *Passion der Jeanne d'Arc* und – falls nicht eben das dieser einzige Buñuel war – ohne *Tagebuch einer Kammerzofe*. Nur ist halt umgekehrt nicht jeder, der von Murnau bis Buñuel nichts kennt, darum ein Fellini. Ich habe Murnau, Dreyer, Eisenstein gesehen und von Buñuel jeden Film mindestens zweimal. Doch es sagt in mir selbst, wie es zu Fellinis Alter Ego Guido in *8½* sagt: *Du hast nichts zu sagen.*)

Also, was würde man tun in einer solchen Lage? Allein auf der Welt mit seinem Kind.

Nach einer Weile stand ich auf, ging leise zu Mai hinüber und reichte ihm wortlos die Hand. Er blickte mich kurz an und stand gleich auf, dann gingen wir los. Durch die ausgestorbenen Straßen: kein Mensch, kein Tier, keinerlei Bewegung, lediglich ein leichter Windhauch. In einer leeren Dönerbude flackerte der Störbildschirm eines türkischen Fernsehsenders. Aus einem anderen, ebenso menschenleeren Laden war das monotone Piepsen irgendeines Gerätes zu vernehmen, ein Alarmsignal vielleicht, auf das niemand reagierte.

Wir würden später durch offen stehende oder auch mit Gewalt zu öffnende Türen gehen, uns etwas zu essen suchen, uns irgendwo hinsetzen. Wir konnten ja nun nach Lust und Laune alles aufbrechen und uns nehmen, was wir nur wollen. Aber es gelang mir partout nicht, die lastende Stille zu durchbrechen, obwohl es doch gerade jetzt nötig gewesen wäre. Ich musste unbedingt mit meinem Kind sprechen. Die Stille musste es ja verstören und quälen. Doch ich konnte einfach nicht. Meine Gedanken reisten weit voraus, rasten davon. Was würde nur werden? Sogar der einfach scheinende Ausweg, mir das Leben zu nehmen (oder bei Feigheit vielleicht mich einfach totzutrinken aus der unendlichen Menge Rotwein und Schnaps, die in der leeren Welt verblieben waren), schien versperrt. Denn ich war nicht allein. Ich konnte mein Kind, das vertrauensvoll meine Hand hielt, ja schlecht allein lassen in der von allem Leben verlassenen Welt.

Aber so oder so und auch, wenn nichts Unvorhergesehenes geschah, würde ich, der Ältere, irgendwann sterben, im besten Fall eines natürlichen Todes. Und dann wäre Mai (hoffentlich schon groß geworden) tatsächlich ganz allein das, was wir nun noch zu zweit waren: letzter Mensch auf der Welt.

Nicht ich, sondern das Kind an meiner Hand ist der letzte Mensch auf Erden. Ich begleite den letzten Menschen, der allein zurückbleiben wird.

Ich spürte, wie mich grenzenloses Mitleid mit Mai durchflutete, der dort versunken im Sand saß; da stellte ich fest, dass die Geräusche bereits unmerklich in die Welt zurückgekehrt waren, ein Bus fuhr vorbei, eine vor sich hin brabbelnde Fußgängerin lief auf dem Bürgersteig, in einem Baumwipfel gerieten ein paar Krähen in Streit. Und Mai war einverstanden, als ich ihn aus seiner Versunkenheit herausrief und ihn fragte, ob wir noch ein Eis essen gehen wollten. In der Gelateria dachte ich an Calvin und Hobbes am Herbstmorgen und daran, wie wunderschön es ist, mit meinem Kind zusammen zu sein.

Wie ein böser Traum kommt mir jetzt jene ungute, giftige Form von Stille vor, die wir in den zerfledderten Jahren der Pandemie erlebt hatten, vor allem in den ersten Monaten: diesem dürren, erstarrten Frühling, als immerzu die Sonne und überhaupt alles lahmgelegt schien. Unwirkliches, dystopisches Frühjahr, in meinem Inneren und wohl nicht nur dort eine Mischung aus zielloser Hysterie und obskurer Andacht. Wir gingen damals öfter in wechselnden Besetzungen (mal meine Frau mit einem der Kinder, mal ein anderes mit mir) am Spreeufer spazieren, auf Abstand zum Rest der Menschheit. Einmal, in Begleitung meiner Tochter, stolperte ich über einen herausstehenden Stein und schlug mir das halbe Gesicht blutig. Es hätte einen (mich) damals nicht gewundert, aus der Ferne, von undefinierbarem Ort, in diese schräge Stille herein plötzlich Schüsse knallen zu hören. *Wie in einem Film*, dachten und sagten manche Menschen später, sagen wir jetzt.

(Einige Monate später, im Sommer, als die Pandemie vorübergehend lockerließ, fuhren L und ich für zwei Tage nach Venedig, das wir noch niemals so vergleichsweise menschenleer erlebt hatten, nicht nur in den üblicherweise menschenleeren Gassen von Cannaregio. Wir wohnten in einem Palazzo zum halben Preis, und ich dachte, wenn schon Venedig und wenn schon Seuche, dann so.)

Zweimal in meinem Leben, wenn ich mich richtig entsinne, saß ich zufällig allein in einem Kinosaal. Beim ersten Mal war es *Das Geisterhaus*, die Verfilmung von Isabel Allendes Roman mit Starbesetzung, das war vor dreißig Jahren und ich somit in einem Alter, in dem einen ohnehin so vieles nachhaltig beeindruckt, als käme alles aus Weltweisheits tiefster Tiefe. Außerdem war ich damals in Winona Ryder verschossen (später, als sie wegen Ladendiebstahls verhaftet wurde, verliebte ich mich erneut in sie, vielleicht wegen der Vorstellung der Schönen in Handschellen). Beim zweiten Mal war es *Crimes of the Future* von David Cronenberg, gediegener Bodyhorror des achtzigjährigen Meisters, der bereits Verwalter seines Lebenswerks ist. Natürlich, lieber als einen etwas zweitklassigen Spätcronenberg oder eine gut ausgeleuchtete Bestsellerverfilmung hätte ich muttergemütsallein in einem Kinosaal etwas wirklich Einschneidendes sehen wollen, etwas zur richtigen Lebenszeit Verstörendes. Zum Beispiel *Eraserhead*. Aber auch so fand das

Wesentliche statt, beim *Geisterhaus* als Achtzehnjähriger in unmittelbarem Erleben, bei *Crimes of the Future* als Mittvierziger im Erlebenswunsch, in reflektierter Distanz. Da war die Abwesenheit der stummen Gemeinschaft, die man sonst im Kinosaal spürt: nicht nur, wenn die Leute flüstern oder mit dem mir verhassten Popcorn knirschen (schlimmer als das Husten und Bonbonpapierrascheln in Konzerten), sondern noch mehr ihr tatsächlich zu spürendes oder bloß vorgestelltes Atmen. Überhaupt das Vegetative. Das fehlte, als ich allein im Kinosaal saß. Und ich meinte, nun selbst kreislauf- und körperlos zu werden, zweidimensional wie die Gestalten auf der Leinwand, und ich werde aufgesogen von jener anderen Welt, bin tatsächlich *im* Film, nicht davor. Auch das eine Form von Allein-auf-der-Welt-Sein.

Stille aller Stillen und Schweigen aller Schweigen, so stelle ich sie mir vor: die Nacht von Gethsemane. Allein der Name *Gethsemane* löst in mir innere Bewegung aus, manchmal geradezu (so aufgesetzt es klingen mag) Tränen kindlichen Schauderns, mehr sogar noch als der Name *Golgatha*, den unser kindergottesdienstgebildeter ältester Sohn mit neun Jahren nach der Beerdigung seiner Oma, meiner Mutter fallen ließ. *Gethsemane.* Die Beschreibung dieser Nacht ist ja reine Dichtung, denn hier kann nun wirklich kein Zeuge mitgehört oder zugeschaut haben, es schliefen ja alle. Ob Jesus laut betete oder still? Die Historiker werden wissen, was damals üblich war, doch im Grunde ist es gleichgültig. So oder so ist das Gebet ein Sprechen ins Schweigen hinein und das Erlauschen von Antworten aus dem Schweigen heraus.

In Basel sah ich einmal ein Altarbild *Christus auf dem Öl-*

berg von Hans Holbein dem Jüngeren, das mir eigentlich gar nicht besonders gefiel in seiner Bräunlichkeit, vor allem aber in seiner Dramatisierung: im Vordergrund rechts der schnarchende Jüngerhaufen, hinten links anrückend der böse Haufen mit Fackeln, Spießen und Hass, um Jesus zu verhaften, der im Zentrum vor einem Felsen kniet, angespannt betend. An seinen offenen Mund erinnere ich mich. Beim ersten Blick dachte ich, er schreit ja. Dann schien mir, dass sein Mund geöffnet sei, um die ringsum herrschende Stille an sich heran- und tatsächlich in sich hereinzulassen, in seinen Körper, jenes Schweigen, das die Antworten auf sein Beten enthalten muss.

Selbst wenn ich versuche, nicht bildungsspießig oder gar peinlich kulturpessimistisch zu sein, wofür es ja auch keinen Grund gibt (so wunderbar sind die meisten jungen Menschen, die ich kenne) – selbst dann macht mich der Gedanke, dass den Menschen das Wort *Gethsemane* nichts sagt oder eines Tages nichts mehr sagen wird, unsagbar traurig.

Einmal saß ich in einem Konzert eines fantastischen jungen Geigers namens Jonian Ilias Kadesha, der das elegante Violinkonzert eines gewissen Joseph Bologne, Chevaliers de Saint-Georges, als Sohn einer karibischen Sklavin und eines altadligen Ritters geboren im vorrevolutionären Frankreich, sowie die *Kreutzersonate* spielte, und Kadeshas Ton war von einer Anmut und einer lodernden Lebendigkeit, dass ich unwillkürlich den Mund öffnete, um die Musik nicht mehr nur zu hören, sondern tatsächlich einzuatmen. Die Musik zu atmen ... Irgendwo hatte ich einmal gelesen, dass die ersten Landgänger in der Geschichte des Lebens noch durch die Ohren atmeten. Schlägt im Musikhören der noch tief in mir hausende Panderichthys durch, uriger Quastenflosser?

Geschieht mir etwas Ähnliches, wenn ich mit den Wänden unseres Schlafzimmers zu atmen versuche? Ist dieses Atmen erneut das sterbliche Gemüt, das in mir haust oder schwimmt? Urfisch oder Seele?

In der Berliner Philharmonie sah ich vor einiger Zeit in der letzten Reihe des Bühnenpodiums, also hinter dem Orchester, eine Frau, die ihre Schuhe ausgezogen hatte und den Kopf an die rückwärtige Wand lehnte. Nach einer kurzen Verwirrung begriff ich, dass sie gehörlos war. Darum war der Bühnenplatz natürlich der beste für sie. Auch ich hätte in diesem Moment gern meine nackten Füße aufs Holz gestellt, wünschte mir auch, es gäbe blanke Holzbänke statt gepolsterter Sitze.

Ich kramte in meinem Gedächtnis nach irgendwie vergleichbaren Erfahrungen, und mir fiel ein Konzert ein, in dem ich *Herzog Blaubarts Burg* von Béla Bartók ohne Libretto und ohne Übertitel gehört hatte und ohne ein Wort Ungarisch zu verstehen und die Musik mich dennoch mit sich zog; und ein Kinobesuch, bei dem ich zum ersten Mal *Tokyo monogatari* von Yasujiro Ozu sah, den, wie ich heute weiß, schönsten Film der Welt, aber Japanisch verstand ich so wenig wie Ungarisch und der Film lief ohne Untertitel, trotzdem war ich von seiner Sprache völlig ergriffen, von seinen Gesichtern und Kameraeinstellungen, dem Rhythmus, den visuellen Klangmischungen.

Da mir aber dieser Sinn verschlossen ist: das gehörlose Hören von Musik – kann ich letztlich nur das Musikhören mit geschlossenen Augen an seine Stelle setzen. Dieses Gegenteil scheint mir noch die ähnlichste Erfahrung. Ganz dem Klang gegeben, schenkt mir das Hören mit geschlossenen Augen (sei es das Schwellen Bruckners oder das Seufzen und Stammeln Sciarrinos) immer wieder einige der erhabensten Momente der Dunkelheit in meinem Leben. Und will ich hier erneut auf etwas Vergleichbares sinnen, fällt mir nur der Zustand der schwarzen Blendung ein, der mich in den Händen von H trifft: der Herrin, die mich des Sehsinns beraubt, um unsere sterblichen Seelen zu öffnen. Oder irgendwie den Panderichthys wieder aus unseren Tiefen hervorzuholen ...

Vielleicht, denke ich, ist das Hören von Musik überhaupt diejenige Weise, in der ich am ehesten zu beten vermag. Es macht mich (nicht immer, aber wenn es gelingt) nackt und bloß, und zugleich legt es eine Art Rüstung um mich, tatsächlich etwas wie einen schützenden Panzer. Ein andermal hörte ich ein Stück des amerikanischen Kronos-Quartetts, in dem der Cellist allein auf der Bühne beginnt und die höheren Streicher erst später nach und nach hereinkommen. Da hatte ich die Augen noch offen und schaute minutenlang zur Decke des Konzertsaals, wo Staubkörnchen im blauen Scheinwerferlicht flirrten, bis sie mir vorkamen wie die Planeten und Himmelskörper; oder aber wie die Wesen und Dinge näher an der Wasseroberfläche, die ich aus der Meerestiefe sehe. Später schloss ich die Augen und behielt sie zu, und gegen Ende des kreisförmigen Stücks, als der Kronos-Cellist wieder allein spielte wie zu Beginn, wusste ich natürlich, dass jene leisen Schritte, die ich im Dunkeln vernahm, von den drei die Bühne wieder verlassenden anderen Streichern kamen; und doch schien mir, dass ich da die Schritte meiner Mutter hörte, die durch den Raum geht in ihrer immer freundlichen, immer ruhigen Art.

Und in Wahrheit schien es mir nicht so, in diesem Moment *wusste* ich es.

War das «magisches Denken», im Sinn von Joan Didion, die in den verdammten Monaten nach dem Tod ihres

Mannes die Empfindung gehabt hatte, sie könne durch bestimmtes Zutun oder Unterlassen den Verschwundenen zurückkehren lassen? Aber das In-den-Raum-Treten meiner Mutter rief ich ja nicht hervor, beeinflusste es gar nicht. Es geschah von allein.

Im Übrigen ging es überhaupt nicht darum, dass sie *zurück* kam. Dass sie jemals zurückkäme. Und normalerweise ist mir auch das fremd, was manche Menschen von ihren gestorbenen Müttern oder Vätern erzählen, das ständige Spüren einer Art von Präsenz. Ich kenne es sonst nicht, abgesehen von einem einzigen Mal im Traum kurz nach ihrer Beerdigung. Meine Mutter ist einfach fort, manchmal möchte ich darüber schreien, doch bleibe stumm.

Dieses eine Mal aber schritt sie durch den Konzertsaal. Dann war das wieder ganz weg. Nur in der Erinnerung, meiner und der meines Bruders und noch einiger anderer (vermutlich kaum noch im zu Ende gehenden Gehirn meines Vaters), ist sie irgendwie noch ein wenig «da»; noch eine winzige Zeit lang. Es waren also, in der zu Ende gehenden Musik, bereits Schritte im Nichts.

Zu den kleineren Weltalleinheiten (das Wort gefällt mir, weil man es auf zwei Weisen aussprechen kann) gehört auch der Gang durch Museen, die alles andere als überlaufen sind. Als einsamer Besucher in einem unbesuchten Saal, nur die Aufseher treiben wie verlorene Trabanten von irgendwas durch die Räume, die zwar still sind, jedoch keineswegs schrecklich schweigen wie jene, vor denen Pascal sich fürchtete; denn wunderbar leise und ungestört kann man sich hier mit den Kunstwerken oder anderen Ausstellungsgegenständen unterhalten, quasi allein auf der Welt und manchmal mit dem Weltall eins. Das Bayerische Nationalmuseum in München ist so ein Ort schöner gähnender Leere, oder nicht weit entfernt die Schackgalerie. Etliche Dom-Museen in kleineren Städten und auch Häuser mit abseitigen Themen. Aber sogar im Max-Ernst-Museum in Brühl, das ich einmal an einem Wochentag besuchte, war nichts los und ich in vielen Räumen allein. Überhaupt sind Wochentagsvormittage außerhalb von Ferien gute Zeiten, um allein im Museum zu sein, so wie die frühen Sonntagmorgen zum Alleinsein auf Straßen.

In der Berliner Gemäldegalerie versucht man das Problem des - aus Museumssicht natürlich inakzeptablen und sachlich in der Tat unangemessenen - Publikumsmangels seit Jahren zu lösen. An gesegneten Wochentagen ist man dort manchmal zwar nicht muttergemüts-, aber doch ziemlich allein mit den größten Meistern. Die Bemühungen, die Besucherzahl zu erhöhen, sind verständlich und wohl sogar zwingend; aber ich hoffe doch immer, dass sie misslingen oder zumindest nicht sehr gelingen. Denn es gibt, glaube ich, kaum einen Ort, wo man zu bestimmten Zeiten derart bedeutende Werke quasi für sich hat, intim, während man sich in vergleichbaren Häusern oft auf die Füße tritt.

Im Frühling des letzten Jahres ihres Lebens (vielleicht war es sogar tatsächlich im Mai) war ich mit meiner Mutter und November-mit-Gewitter, ihrer Enkelin, in der wenig besuchten Gemäldegalerie. Tief gingen wir nicht hinein, weil meiner Mutter, die dann im Herbst starb, bereits alles schwerfiel, wir kamen nur bis zu Cranachs *Jungbrunnen*. Vor diesem Bild saßen wir dann eine Weile auf einer Bank, allein im Saal, nur eine Aufseherin lugte zwischendurch herein. Den *Jungbrunnen* gemeinsam mit der sterbenskranken Mutter anzuschauen war ein unermesslicher Schmerz. Es gibt keine Hoffnung, kein Wieder. – Aber nicht nur deshalb und wegen der Erschöpfung meiner Mutter mussten wir bald Richtung Museumscafé gehen, sondern auch wegen der altersgemäßen Ungeduld von November-mit-Gewitter, die damals noch im Kindergarten war und in der Gemäldegalerie höchstens den herrlichen «Dicken Mann» genoss, wie er bei uns heißt, Charles Mellins Porträt eines stattlichen Hauptmanns aus dem siebzehnten Jahrhundert. In ihren zwei oder drei letzten Lebensjahren hatte meine Mutter einen hilfreichen Rollator, und unsere damals noch zwei Kinder liebten es, sich, sobald ihre Oma sich irgendwo hingesetzt hatte, bäuchlings auf diesen abgestellten Rollator zu legen und damit kreuz und quer herumzukurven (wie auf E-Scootern, die erst einige Jahre später auftauchten und unter Jugendlichen so beliebt wurden, dass sie mich manchmal an stibitzte Rollatoren erinnern). Ich stellte mir vor, dass meine Mutter, für die die Ärzte mit allem Bedauern keinen Rat mehr wussten, an diesem Rollatorsausen doch eine gewisse Freude haben müsste, an dem lebensfrischen Bewegungsdrang ihrer Enkel, aber auch ganz allgemein an der magischen Zweckentfremdung des Dinges: gleichsam eine Ersatzhandlung am Gebrechlichkeitsgegenstand, da der elende Mensch nun einmal in keinen Jungbrunnen steigen kann. Die Verzauberung des Rollators.

Meine eigenen aufgeladenen Gegenstände und Orte fallen mir da ein: etwa die Telefonzellen, deren letzte heute verschwinden. Erinnerung daran, wie das Kind, das ich war, auf dem Schulheimweg seine Mutter anrief, um zu sagen, es würde heute «bummeln». Das befriedigende Einwerfen der Zehnpfennigmünzen. Das Glück der Stimme seiner Mutter am anderen Ende des Telefons, im Zuhause (das für sie oft ein Gefängnis war, was das an die Eltern glaubende Kind nicht wusste, das Kettenklirren hörte es nur im Bett liegend als beruhigendes Klappern von Geschirr).

Aber hier war von Zauber keine Spur. Bei dem Rollatorgekurve fürchtete meine alte Mutter eher Unfälle und sicher auch um ihr Gefährt, ihre Gehhilfe. Wie Cranachs utopischer *Jungbrunnen* war für sie, in ihrer letzten Phase, auch die Lebendigkeit ihrer Enkel kein Quell der Freude und kein Trost mehr; wie auch, obwohl sie ihr Leben lang ein Kirchenmensch gewesen war, der Glaube ihr kaum Hilfe zu geben schien. Das gehörte zum Bedrückendsten, zum Nacktesten ihres Zutreibens aufs Sterben.

Bei der Erinnerung an unseren Museumsbesuch, den letzten ihres Lebens, kam mir wieder der sehnsüchtige Blick in den Sinn, mit dem mein Vater, verwitwet seit Jahren, in seinem Pflegebett neulich seinen sechzehnjährigen Enkel betrachtet hatte, so als wollte sein Sehen ihn für immer festhalten oder wenigstens so lange, wie es irgend geht. Im vergangenen Herbst war ich mit meinem Vater noch in der Philharmonie gewesen, in seinem letzten Konzert, bevor der Abbau sich rasant beschleunigte, und bereits da war ich erschrocken, als ich bemerkte, dass die Musik ihn nicht mehr erreichte. Es war Musik, die ihm eigentlich vertraut war, die *«Mathis der Maler»*-Sinfonie von Paul Hindemith, den er noch lebendig und leibhaftig erlebt hatte, in den Fünfzigerjahren in einem Konzert in Rom, an dem es wohl kein allzu reges Interesse gab (der mürbe Hindemith ist italienischen Musikfreunden vermutlich schwer zu vermitteln). Dort hatte mein junger Vater immerhin unter den wenigen Wartenden in der Kartenschlange einen der besten Freunde seines Lebens kennengelernt, einen italienischen Studenten, der später Bankier wurde. Dieser Freund war bereits vor einigen Monaten in Rom gestorben, und mein Vater hörte nun in der Philharmonie Musik, die er früher gut gekannt hatte und jetzt nicht mehr erkannte. Sie sagte ihm nichts. Sie schwieg ihn an.

Meine eigene Angst, die Tür ins ZIMMER nicht mehr zu finden, nie wieder.

Im auch ziemlich leeren Rheinischen Landesmuseum in Bonn, gleich hinterm Hauptbahnhof, bewunderte ich die Geschichte der staunenswerten Menschheit. Mit derart unbeherrschten Wehmutanhäufungen wie in mir, dachte ich, wäre diese famose Menschheit keinen Millimeter weit gekommen, geschweige denn auf die Idee, Kupfer und Zinn im Verhältnis neun zu eins zu schmelzen. Keinerlei Bronzezeit hätte es mit Menschen meines Schlags gegeben, ich wäre wahrscheinlich schon am Paläolithikum schnöde gescheitert. Aber dann ein paar tausend Jahre später «Romane» verzapfen! Ja, selbst der aufrechte Gang wäre mit mir schwierig geworden, meine Körperhaltung ist miserabel, bereits meine Eltern wiesen mich öfter in vergeblichen Korrigierversuchen darauf hin. Und heute tut es gelegentlich L (während H schon weiß, warum sie mich tief beugen lässt und, wenn ich mich aufzurichten habe, die Haltung mit der Gerte korrigiert).

Nicht zugleich gepanzert, gerüstet, geschützt wie im Musikhören, sondern nur bloß und nackt, durch lächerlichste Kleinigkeiten verwundbar - auch diese Tage und Zustände gibt es, dann kommen Dinge widerstandslos an mich heran und dringen in mich ein. Ich ging die Straße entlang und bekam mit, wie zwei junge Frauen sich über eine alte Frau mokierten, die sich über den Kinderwagen der einen gebeugt und dem darin liegenden Baby die Wange getätschelt hatte. Ich konnte den Ärger natürlich verstehen, man fasst nicht einfach ein fremdes Kind an. Trotzdem erschreckte mich in diesem Moment die Blindheit und, wie ich empfand, Kaltschnäuzigkeit der beiden jungen Menschen gegenüber der hilflosen Zärtlichkeit und der Liebe zum Leben, die aus dem ungehörigen Verhalten der alten Frau sprach; vielleicht war sie sehr einsam; und je länger ich darüber nachdachte, desto heftiger ließ mir die Szene das Blut in den Adern gefrieren.

In solchen Zuständen lösen auch die unscheinbarsten Anblicke unbändige Rührungen aus; und das wiederum kommt mir in all seiner Banalität und Lächerlichkeit dann doch wie etwas Gutes vor. Menschen, die ein Stück Kuchen essen oder ein Eis. (Wie Anthony Quinns Eisessen am Schluss von *La strada* mich rührt.) Einmal ging ich mit Mai die Straße entlang, da winkte er plötzlich zu einem Balkon hinauf und rief «Hallo». Dort oben stand eine alte Frau, die eben beim Wässern ihrer Blumen war, nun hielt sie die Gießkanne still und schaute zu uns herunter und murmelte freundlich und schmerzvoll: «Ach, ist der lieb. Ach, ist der lieb.»

Die alten Menschen, heißt es in Tschechows *Onkel Wanja*, wollen, dass man sie bemitleidet wie die Kinder; aber man bemitleidet sie nicht. Ist das so? In manchen Momenten fließt das Mitleid in mir über. Aber nicht wie bei einem Kind. Und dann ist es wieder ganz weg.

Es ist hässlich, alt zu sein, sagt der verrückte Hauck zur wiedergefundenen Geliebten von vor fünfzig Jahren, die durch schrecklichen Zauber junggeblieben ist, in Leoš Janáčeks Oper *Die Sache Makropulos*, in deren drittem Akt die Menschen klagen werden: *Wir sind Dinge und Schatten*, der Hades ist bereits auf Erden.

(Selbsterinnerung anlässlich *Makropulos*: mit November-mit-Gewitter unsere Reise nach Prag planen.)

Von neuem der Gedanke, wie es Menschen überhaupt gelingen kann, nicht zu verzweifeln. Und wie es Eltern überhaupt möglich ist, nicht in einem fort daran zu denken, dass ihre Kinder einmal alte Menschen sein werden, mit aller Bürde, allem Leid, und dann werden sie sterben. Die Kinder werden sterben. Uns dauernd Traurigen (mir) fehlt wohl irgendein Mechanismus, ein Trosthebel, wir haben einfach einen Defekt.

Und suchen uns dann manchmal andere, falsche, schwarze Kanäle. Wie es am Anfang von *Moby Dick* heißt (gleich nach dem berühmten ersten Satz, den jeder kennt wie das eine Zitat von Blaise Pascal): *in meiner Seele nasser, niesliger November*, und das Stehenbleiben vor Sarglagern und Allen-Leichenzügen-Nachtrotten und der Wunsch, den Menschen auf der Straße die Hüte vom Kopf zu hauen. Heutzutage vielleicht eher die Handys aus der Hand.

Manchmal habe ich das Gefühl, mein Leben rast unaufhaltsam auf eine riesige schwarze Wand zu. Und manchmal, ich sitze in einer Todeszelle, wartend, nicht mehr als das.

Und als wären die Schrecken des Wirklichkeitssinns nicht genug, tauchen erneut die Schrecken der Möglichkeitssinne auf. In der Turmstraße, nahe beim Drogenpark am U-Bahnhof, sah ich einen Junkie, einen jungen Menschen von zerstruppter schlanker Gestalt. Mein Blick auf ihn stellte keinen Kontakt zwischen uns her, denn er hielt seinen Blick auf den Boden gerichtet, schaute im langsamen Gehen nicht auf, schien das Angeschautwerden durch mich, mein im Grunde schamloses Anschauen, nicht wahrzunehmen. In seinem Mund, der vor Anstrengung oder etwas anderem ein wenig offen stand (wie der von Holbeins braunem Jesus, aber mit gesenktem, nicht erhobenem Kopf und scheinbar ohne einzuatmen), war eine Zahnlücke zu sehen, ich empfand das Ungewohnte, ja Skandalöse, das für uns heutzutage ein fehlender Zahn bei jungen Menschen hat, und dank des medizinischen und kosmetischen Fortschritts selbst bei älteren. Aber das alles spielte sich in meiner Wahrnehmung bloß am Rand ab. Denn vor allem war in dem jungen Mann eine Schönheit, die man durch sein ganzes bedrückendes Zugerichtetsein und Zugedröhntsein noch erahnte: Der Ausdruck seines Gesichts changierte zwischen kompletter Erloschenheit und einem Leuchten, das ich durch die jämmerliche Fassade zu erkennen glaubte. Dazu kam noch etwas, was mich rührte, in seiner Hand trug er nämlich ein Eis. Wie ein Kind oder Anthony Quinn. Aber er aß nicht davon, und das tat mir leid. Er hielt es nur, und zwar schief, so dass man fürchten musste die Kugel fällt gleich aus der Waffel.

Immerhin, zumindest solange mein Blick dabei war, hielt sie. Der Junkie schlurfte die Turmstraße entlang, ich schaute ihm nach. Und da sah ich zu allem Überfluss, dass er einen kleinen blauen Rucksack trug, das gleiche Modell, das Mai besitzt und das vor ihm bereits seine älteren Geschwister trugen. *Waldfuchs* steht in gebogener Schrift darauf, darüber lugt ein Fuchs hinter einer Tanne hervor. Nun musste ich also in dem Junkie mit dem Eis zwangsläufig nicht irgendein, sondern mein eigenes Kind erkennen; und war ich zuvor schon gerührt, brach es mir jetzt das Herz. Ich wollte ihn umarmen. Aber nicht berühren; denn er ist schmutzig und gewiss krank.

Aus eigener Angst das Bedürfnis, alle Schwachen und Kranken und Alten, alle Unglücklichen der Welt anzulächeln. Aber ihnen nicht zu nahe kommen.

Wenn ich bloß von Mais befreiendem Lächeln und Winken lernen könnte. Er denkt nie an den Tod, oder wenn er es tut, dann wischt er die Schrecksekunde leichter Hand beiseite, so scheint es zumindest, leichterer Hand auch als andere Kinder. November-mit-Gewitter und auch Mittwoch denken sicher gelegentlich an den Tod. Mai aber hat auch am nächsten Tag bereits die Kastanien vergessen, die er am Vortag hingebungsvoll sammelte; während ich noch hadere und lächerlich verzweifle, wenn ich sie Wochen später verloren liegen sehe. Oder wenn L sie, ohne mit der schönen Wimper zu zucken, in den Biomüll schmeißt. (Auch von L sollte ich lernen. Obwohl sie gewiss immer wieder an den Tod denkt.)

Mai und ich verbrachten zu zweit einen Morgen im Volkspark Rehberge, wo man sich zur passenden Tageszeit und in den richtigen Ecken auf dem stillen Land wähnt. Mai liebt die Rehberge besonders. In den einsamen Wäldern und endlosen Wiesenweiten des Volksparks kämpften wir hart gegen schwere knotige, bis auf den Boden herabhängende Äste einer Gruppe Buchen, um Haaresbreite entkamen wir den tödlichen Monsterrüsseln, wir besiegten sie gnadenlos und glorreich. Dann liefen wir ohne Ziel durch den Park.

Mai hatte wieder mal prächtige Laune, im Gehen sprach er jedes Tier an, das er sah: «Hallo, Eichhörnchen – guten Tag, Vogel.»

Das ist übrigens ein Buchfink.

(Aha, wie interessant, genauer gesagt, absolut uninteressant. Aber das sage ich nicht laut, Papa, weil ich niemals etwas sagen möchte, was dich traurig machen könnte.) «Guten Tag, du *Buchfink*.»

So gehen wir herum.

«Kuckuck, du Kuckuck – hi, unsichtbarer Specht – hallo, ihr Gänse ...» (Die Nilgans ist eine invasive Art. – Sag bloß.)

Auf die gleiche Weise hatten wir schon im letzten Sommer in Südtirol die Tiere angesprochen, an denen wir vorbeigelaufen waren: *Grüß Gott, Sie sehr geehrte glotzende Kuh. Servus, du sehr schöne Katze.* Wir kamen zu den Wildgehegen in den Rehbergen, wo Mai ebenfalls zuvorkommend grüßte: «Guten Tag, du dicke Sau. Hallo, ihr dürren Ziegen. Ahoi, albernes Huhn, wie geht's dir?»

Bald darauf war ich wieder einmal auf dem Friedhof, ohne Begleitung. Vögel zwitscherten, in den Beeten blühten Krokusse. Ich bemerkte das Grab eines Kindes, sein Name war Daniel, er war nur neun Jahre alt geworden. Ein kleiner Engel mit einem Fußball und ein Herzchen lagen darauf, eine Kerze brannte. Natürlich war ich todtraurig, wie könnte man anders als todtraurig sein beim Anblick eines Kindergrabes; aber auch leise beschämt, und zwar über meinen verhältnisblinden Dauerkummer, diese ganze Wesenskümmerlichkeit. Es ist ja der Kummer des Glücklichen, ein Luxusartikel des privilegierten Gemüts. Dann aber war mir auch noch mein Beschämtsein unangenehm. Denn es war ja kaum wahrscheinlich, dass das neunjährige Kind gewünscht hätte, ich oder irgendwer auf der Welt solle seinetwegen Beschämung empfinden. Ein Kind will doch niemanden moralisch oder sonst wie kasteien.

Ich dachte an Mai und sein, wie uns scheint, unerschütterlich positives Weltgefühl. Im vergangenen Herbst hatte ich einmal mit ihm zusammen auf den Friedhof gewollt und ihm zwecks Motivation versprochen, dass wir danach auf den nahegelegenen Abenteuerspielplatz gehen würden. Darauf freute er sich, jubelte; doch dann fügte er gleich hinzu: «Aber ich freu mich auch auf den Friedhof.» Offenbar wollte er mich nicht verletzen, befürchtete, dass ich gekränkt sein könnte, wenn er, ein sechsjähriges Kind, sich mehr auf den Spielplatz als auf den Friedhof freute. Auf dem Weg vom Friedhof zum Spielplatz unterhielten wir uns dann über verschiedene Bestattungsformen, ich erzählte ihm, dass manche Menschen sich verbrennen und ihre Asche im Wald verstreuen lassen, manche sogar über dem Meer, je nachdem, was einem im Leben wichtig und wo man gerne war, und da fragte Mai mich, ob er seine Asche denn nicht auch halb im Wald und halb übers Meer verstreuen lassen könne. Denn ihm gefalle es sowohl im Wald als auch am Meer.

Warum habe ich derart viel Angst vor dem Tod und Mai – noch – gar keine? Er hat ja so viel mehr zu verlieren als ich. Überhaupt, nur Tiere und religiöse Menschen bräuchten Angst vor dem Tod zu haben, sagt der Arzt in Tschechows *Möwe* zum Sterbenden: die einen aus animalischem Instinkt, die anderen aus Sorge vor Bestrafung. Ist es unwürdig für einen sich frei wähnenden Menschen, Angst vor dem Tod zu haben? Es war schon einigermaßen spät, auf dem ganzen Friedhof an diesem bereits kalten Frühlingsabend kein Besucher mehr zu sehen, auch hier befand ich mich also auf einmal auf dem stillen Lande, allein auf der Welt; und da lief ich zwischen den Gräberreihen entlang und sagte, erst zaghaft und etwas ängstlich, dann mit immer festerer Stimme:

Hallo, Toter.

Grüß dich, du toter Walter …

Guten Tag, du tote Marieluise.

Dazwischen schaute ich mich um, ob nicht doch jemand in meiner Nähe war, ich wollte ja niemanden verstören. Aber kein Mensch weit und breit, kein lebendiger jedenfalls, nur ich, beschwingt wie ein Kind oder Liebender.

Hallihallo

Hallihallo, Dorothee mit dem frischen Holzkreuz, sag mal, du bist erst seit zwölf Tagen tot. Das ist ja ein Ding. Hast du dich denn schon daran gewöhnt, wie ist das so?

Guten Tag, guten Tag, und tschüss, all ihr Toten, ihr Verblichenen und Gestorbenen!

Im Grunewald, an einem grauen Sonntagmorgen, wollten wir Vögel bestimmen, oder genauer gesagt, ich wollte das; denn Mai schleppte vor allem Stöcke und plapperte viel. Wir hatten den Teufelssee umrundet, wo wir nur zwei stählerne Frühjahrsschwimmerinnen, was die Temperatur anging, wohl sogar Winterschwimmerinnen sahen, als ich einen interessanten Vogelruf hörte und noch einen Analyse-Versuch machte. Mai aber reichte es jetzt endgültig, er hatte so viel zu erzählen; und als ich einen Blick auf das Birdnet-Resultat warf, begriff ich endlich und packte das Smartphone weg:

Wie er da mit Armen und Beinen wedelt, der *Homo sapiens*, flattert, als wolle er selbst ein Vogel werden!

Ein paar Tage später musste ich nach Hannover, wo es mir immer ergeht wie beispielsweise in Bonn und einigen anderen in Verruf befindlichen Städten, ich finde nämlich jedes Mal, es ist gar nicht so schlimm. Es ist hier doch sogar recht nett und angenehm. Nachdem ich am Vortag meine beruflichen Termine erledigt hatte, war vor der Rückfahrt noch etwas Zeit, die ich nutzte, um das Sprengelmuseum zu besuchen. Bevor es öffnete, hatte ich bereits auf meinem Brompton-Faltrad, das ich meistens auf Reisen mitnehme, eine morgendliche Runde um den Maschsee gedreht. Im Sprengelmuseum nun, das ich gleichzeitig mit einer hibbeligen Schulklasse betrat (bewundernswerte Unermüdlichkeit der Lehrerinnen und Lehrer), blieb ich direkt hinter dem Einlass an einer Abzweigung hängen.

«Nehmen Sie sich Zeit», sagte die Aufpasserin mit leicht

rollendem Akzent, als sie sah, dass ich überlegte, durch die Seitentür zu treten. Langsam schritt ich also ins Dunkle hinein, in einen leicht ansteigenden Gang, wo es bald ganz schwarz war und ich mich, wie auf der Erklärtafel vor der Tür empfohlen, an einem Handlauf festhielt, den ich nicht sah. Schließlich ertastete ich, auch das wie draußen angewiesen, einen Stuhl und setzte mich darauf, in völliger Finsternis. Absolute Lichtstille – dachte ich. Von weit draußen vernahm ich noch die Lebensäußerungen der Schülergruppe, dahinter das Quietschen und Zuschlagen irgendeiner Tür, und als einziges durchgängiges Geräusch das Summen einer Lüftung, wie ich vermutete. Nach einer bestimmten Zeit (dank der Tafel draußen wusste ich, dass es sechs Minuten gewesen sein mussten) nahm ich in der Finsternis auf einmal eine Spur von Licht wahr, dünn und neblig, kurz lag auch ein schwacher Schein von Rot darin, oder kam der aus mir? Allmählich entstand ein noch immer nebliger, sehr ferner Kreis oder auch Tunnel, gleich einem Zugang ins vollkommene Schwarz. Ich dachte an die drei Spiegel im Zimmer meiner Tochter und an den dunklen Spiegel des Paulus. Ich dachte ans untergegangene Reich der Silberfischchen und ans ZIMMER. Auch der unter Wagnerfreunden legendäre Zeittunnel aus der alten Berliner *«Ring des Nibelungen»*-Inszenierung von Götz Friedrich fiel mir ein und der letzte Tunnel des Sterbenden von Hieronymus Bosch bis zu den obskuren Büchern von Elisabeth Kübler-Ross, die ich vor Jahren, dumm auf Trost hoffend, gelesen hatte. Und doch war ich ganz weit weg von allem.

Vorsichtig stand ich auf, tastete mich vorwärts in Richtung auf den Lichtkreis, bekam eine Brüstung zu fassen und beugte mich darüber, wie in einer Theaterloge. Eine Ungeduld, die in mir gewesen war, veränderte sich; kurz glaubte ich, sie verwandele sich in Panik; doch dann stellte sich das, was kam, als große Ruhe heraus, ein gleichmäßiges Atmen.

Als ich wieder draußen war, spürte ich noch eine Art Nachhall jenes merkwürdig sicheren Bewusstseins, das ich soeben gehabt hatte: das Licht selbst betreten zu können. *Thought When Seen. Dark Space*, hieß die 1988 entstandene Rauminstallation von James Turrell, ein Schwarz, in dem erst nach längerer Zeit eine minimale Lichtquelle wahrnehmbar wird. Ich erinnerte mich an die Anekdote von John Cage, der in einem schalldichten Raum gewesen war und danach fragte, was denn diese Geräusche gewesen seien, die er doch deutlich gehört habe; sein eigener Körper, war ihm geantwortet worden, sein Blutkreislauf, und davon ausgehend (angeblich) hatte Cage später die Abhandlung *Silence* geschrieben und auch das alberne Experiment *4′33″*.

Die Aufpasserin, die mir den Raum empfohlen hatte, trat auf mich zu und fragte mich, wie ich es denn nun gefunden hätte. Sie meinte, ich sei sehr lange in dem Raum gewesen. Bauingenieure beispielsweise hielten es oft nur zwei oder drei Minuten darin aus. Andere dagegen schliefen sogar ein.

Sie war ein ausgesprochen angenehmer Mensch. Wir unterhielten uns ein wenig, sie schwärmte von Hannover, wo sie geboren sei; ihre Eltern stammten aus Eritrea, ihre Schwester lebe in Stuttgart, das sei auch schön, aber Hannover besser, die Menschen seien so freundlich und offen. Dann fragte sie mich, ob sie mal raten solle, was ich von Beruf sei.

Gern. Was glauben Sie?

«Lehrer. Weil Sie den Raum so geduldig besichtigt haben.»

Da musste ich sie enttäuschen, aber ich nahm ihre Vermutung als Kompliment. Schließlich wäre ich mit meinem Nervenkostüm und meiner Ungeduld niemals in der Lage, Lehrer zu sein. Es wäre ein Unglück für alle Beteiligten. Ich bewundere Lehrer. Und ich versprach der netten Aufseherin, falls ich je etwas über Hannover schriebe, nur freundliche Dinge zu schreiben.

Zucken aller Möglichkeitssinne, immer wieder mal: der Blick mitten im Tageslicht in das darin schlummernde, lediglich verborgene Finstere. Zum Beispiel gewisse Erinnerungen. Schreckensbilder, die sich mir als Kind eingebrannt haben, ohne dass ich damals bewusst und ausdrücklich begriffen hätte, was «hätte geschehen können». Die Verdrängung ist wohl ein dem Leben dienendes Wunder, es reicht manchmal aus, gewisse offensichtlich daliegende Dinge lediglich nicht auszusprechen, auch nicht in Gedanken. Und doch bleibt es da, das geheime Entsetzen ist mächtiger. Als wir Kinder waren, fiel mein jüngerer Bruder in einen schlammigen Kanal im Grunewald. Dunkles Wasser, in dem braunes Laub treibt, darin das Kind. Ein zufällig vorbeikommender Spaziergänger zog es heraus, brachte meinen Bruder und mich (und die vermutlich bestürzte Babysitterin, die abgelenkt gewesen war) nach Hause, verschwand als Unbekannter. Später tat mein Bruder sich beim Schwimmenlernen schwer und generell im Wasser. Erst später verstand er, weshalb. Ein andermal hätte das Schlimmste geschehen können, als ein Freund und ich beim Spielen die Avus überquerten, die Autobahn in der Nähe des Funkturms, in einer Verkehrslücke, die wir erspäht hatten. Über so etwas Erwachsenes wie realistische Einschätzung von Geschwindigkeiten dachten wir damals nicht nach. Mein Bruder, zwei Jahre jünger als wir, sollte mit uns über die Autobahn kommen, aber er war ein Angsthase und traute sich nicht, sondern blieb außerhalb stehen. Was für ein Glück, dass er nicht tat, was er sollte. Die beiden etwas größeren Kinder, obwohl selbst noch klein und töricht, wären schuld gewesen, wenn der Kleine ihnen gefolgt wäre. Andere hätten vielleicht unsere Mütter verantwortlich gemacht (immer werden die Mütter verantwortlich gemacht, niemals die Väter), die uns allein unterwegs sein ließen und dann fürchterlich erschraken, als sie von der Avussache Wind bekamen. Wir mussten es selbst erzählt haben, oder war es mein kleiner Bruder?

In meiner Erinnerung, die also vielleicht gar keine Erinnerung ist, sondern nachträglich produzierte Bilderzählung, sehe ich diese Szenen aus der Perspektive eines unbeteiligten Betrachters, nie aus dem Ich-Winkel mittendrin: Sehe ein Kind am Kanal stehen, in dem sein Bruder fast ertrinkt. Sehe zwei Kinder wieder und wieder über eine Autobahn laufen und ein drittes, kleineres verängstigt am Rand stehen. Niemals kommt es in diesen Szenen tatsächlich zum Ertrinken oder Überfahrenwerden; und doch sind es ertrunkene und überfahrene Kinder, die mich immer wieder in Entsetzen stürzen. Der Möglichkeitssinn, von dem ich später im Studium bei Musil las: hier als nicht versiegender Schreckensquell. Ein Wimpernschlag, und mein doch gutes, im Großen und Ganzen unerschüttertes Leben hätte sich in einen Albtraum verwandelt, zumindest sich mit einer lebenslangen Bürde belastet.

Als Student hätte ich in der Nähe des Bahnhofs Ostkreuz um ein Haar einen Mann auf einem Zebrastreifen überfahren. Ich fuhr ein geliehenes Auto, hatte wenig Fahrpraxis, war vermutlich unaufmerksam. Der Fußgänger blieb wohl gerade rechtzeitig stehen, vielleicht sprang er auch einen

Schritt zurück, ich weiß es nicht mehr, nur das: Beinah wäre es passiert. An der nächsten Ecke wendete ich, fuhr zurück, um mich bei dem Mann zu entschuldigen, und war froh, als er mich beschimpfte. Einige Jahre später, als gerade gewordener Vater, ging ich mit dem Baby im Kinderwagen über eine grüne Ampel an der Bernauer Straße, als ich einen LKW bemerkte, der in einiger Entfernung aus Weddinger Richtung über die leere Fahrbahn auf uns herab zuraste. Er musste hier Rot haben, aber ich hatte das dumpfe Gefühl, dass er keine Anstalten machte, anzuhalten. Ich rannte mit dem Kinderwagen vor mir los, so schnell es ging; und der LKW donnerte hinter mir ungebremst über die Fußgängerquerung. Schon war er davon, irgendwohin. Auch ein verschwundener Unbekannter.

Welche Bilder August Macke, mit seinen leuchtenden Farben und der gut gelogenen Natur, wohl gemalt hätte, wenn er nicht im Krieg, nach wenigen Wochen des Grauens, getötet worden wäre?

Manchmal glaube ich, dass die Angst das vorherrschende Gefühl meines Lebens überhaupt ist. An guten Tagen kann sie die Form von Wehmut annehmen, die einen zwar auch irgendwann auffressen könnte, aber für mich meistens einigermaßen beherrschbar ist; an schlechten Tagen aber und mehr noch in unendlich langen Nächten, wenn Schlaflosigkeit die Gemütswände dünn scheuert, wird die Angst manchmal zu Entsetzen. Wirklichem Entsetzen.

Und gelegentlich, welch ein Geschenk, verwandelt sie sich in Lust. (H ist eine Verwandlungsmeisterin.)

Es gibt auch bis zur Albernheit verlorene Tage, an denen ich derart besessen bin von der Angst, dass mir auffällt, sie steckt ja sogar im Wort *Frühlingsanfangstag* drin. Das ist wohl eine weitere Form dieses Schwärzzwangs, meines Zwangsschwarz. Vielleicht müsste ich nur lernen und einüben, das Schwarz selbst anders zu sehen und anders zu denken, vielleicht in der Art der Bilder von Pierre Soulages, der mir in Turrells *Dark Space* im Sprengelmuseum ebenfalls in den Sinn gekommen war, denn in Soulages' schwarzen Bildern ist ja Schwarz das, woraus alles Licht erst entsteht. Und irgendwie ließe sich von da aus möglicherweise die Brücke zu Mackes leuchtenden Farben schlagen, zur gut gelogenen Natur.

Aber an meinen verlorenen Tagen besteht dafür keine Hoffnung. Oft habe ich Angst vor dem Alter, das ich mir als Jugendlicher nicht vorstellen, an das ich nicht glauben konnte. Nackte Angst. Manchmal springe ich dann auf mein Fahrrad, um ihr davonzufahren, dieser Angst. In der Bewegung geht es nach einiger Zeit meist wieder, ich atme die Luft tief ein und muss über mich selbst lachen. Eines Erwachsenen unwürdig – ein unwürdiger Ausgewachsener bin ich. Denn ich muss ja wohl wissen, dass der einzige Ausweg, um dem Alter mit seinen Scheußlichkeiten zu entgehen, ebenfalls größte Nachteile hat.

Und mit einem Mal geht mir das Licht auf, dass ich meiner Angst dankbar sein muss. Sie erinnert mich daran und beweist mir, dass da etwas ist, dass etwas da ist, worum Angst zu haben sich lohnt. Und tatsächlich empfinde ich in diesem Moment meiner Angst gegenüber ehrliche Dankbarkeit, es geht so weit, dass ich meine Angst liebe. – Aber man soll es auch nicht übertreiben.

Angst auch vor dem nachlassenden Lebensmut, einem Schwund, vor dessen Endgültigkeit mir graut. Ein Ziel immerhin, zumindest das: eines Tages zu den freundlichen alten Männern zu gehören, nicht zu den garstigen, von denen die Welt mehr als genug hat, diesen Menschen, die ihr betrübtes Gemüt völlig dem Hütevomkopfhauen und Handysausderhandschlagen ausgeliefert haben, einem niesligen November, der nicht endet, auch nicht in reinigendem Gewitter. Ich will mich, wenn es so weit ist (und es ist ja immer weniger fern), lieber über die gegenwärtigeren jungen Menschen und über die Welt, die einem schleichend abhandenkommt, freuen. Nicht ärgern in Neid und Missgunst. Nicht aus Angst vor dem sich nähernden Tod die noch länger Lebenden hassen. Will mich freuen.

An kaum einem Ort denke ich momentan so oft an die Sterblichkeit des Menschen und komme im selben Moment so gut darüber hinweg wie in dem Fitnessstudio, wo ich mich vor einigen Wochen angemeldet habe. FitX, wenigstens kraftvoll zum Exitus. Die beanspruchten und beförderten Muskeln drücken und ziehen das Sterben beiseite: beugen fort, wo es keine Vorbeugung gibt. Wenigstens das. Jeder und jede Einzelne hier im Gym tut das. Ähnlich gelingt mir das höchstens noch in den freiesten Augenblicken mit L und in den Zuständen höchster Unfreiheit bei und unter H. Und in der Musik.

Je genauer ich es bedenke, desto öfter und leichter komme ich also übers Sterben hinweg. Immer wieder.

Verstopfte Ohren, verkehrt herum: die Stille ringsum nicht wahrnehmen können, weil es in einem zu unruhig ist, fahrig, nervös. Ich lief in der Abenddämmerung über die harten Wege des Tiergartens, wo unter den noch kahlen Eichen und Buchen dichtgestreute Schneeglöckchenteppiche lagen. Bald wird es hier Narzissen und Blausterne geben, die ganze Welt wird aussehen, als hätte die selige Familie Macke in ihr gegärtnert. Alles soll im einbrechenden Frühling Versprechen und Verheißung sein, heißt es – aber nicht in mir, nicht an diesem verblühenden Nachmittag, wenn der Märztag in Winterkälte zurückstürzt, ich war dünnhäutig und voller Unmut, nachdem der mir manchmal so bestürzend phlegmatisch erscheinende Mittwoch, der überdies keinerlei Bücher liest, wieder mit dem Thema Klavierunterricht angefangen hatte und kurz darauf November-mit-Gewitter mit einem ihrer allseits gefürchteten Wutausbrüche unsere Familie hatte explodieren lassen. Wenn sie in ihren brenzligen Stimmungen ist, reicht ein falsches Wort von irgendwem aus, um das Psychogasgemisch, aus dem sie besteht, zu entzünden. Dass es danach auch zum Streit zwischen mir und L kam, war zwangsläufig, wir beide zermürbt und müde, ich hatte ihr (nicht zum ersten Mal) rücksichtslose Dummheiten an den Kopf geworfen, ohnehin fühle ich mich oft und fühlte mich in diesem beginnenden Frühling mehr denn je verbrannt und verkannt (was vielleicht das Schlimmste ist: auch von mir selbst). Hoffnungslos verpuffte die unerschütterliche Freundlichkeit des kleinen Mai. Auch seine kindliche Güte nehmen wir nicht angemessen wahr. Welches Unrecht wir ihm tun. Er weiß sich immerhin selbst zu schützen, indem er sich dann von uns zurückzieht zum Spielen oder sich ein Hörbuch anmacht. Könnte man doch in so einem Moment ebenso einen Schritt von sich selbst zurücktreten; man weiß genau, was man tut und anrichtet, und tut es trotzdem und richtet es an, und erst später steht man wieder im Abstand zu sich selbst, in dem man sich zwar zuvor schon sah, aber ohne etwas dagegen zu tun oder tun zu können, und nun ist man voller Bedauern und hadert mit allem und mit sich selbst.

Trotzdem versuchte ich, mich auf das Konzert in der Philharmonie zu freuen. Es war noch eine gute Stunde Zeit, ich näherte mich dem Venusbassin im Tiergarten, das ein Goldfischbecken ist. Zwei Stockenten schwammen darauf, und wo sich einmal eine Venus befand, steht ein monströses Komponistendenkmal, zehn Meter hoher Marmormissbrauch mit Goldsahnehaube, eine dieser grässlichen wilhelminischen Geschmacklosigkeiten. Ein Glück, dass Haydn, Mozart und Beethoven heutzutage (meistens) nicht so gespielt werden, wie sie hier aussehen. Ob sie zur Bauzeit so klangen? Als prügelte ein nackter Mann mit groben Fäusten in Felsen herum – so eine Figur ist unter Beethoven dargestellt, mehr Klotz als Titan; während Mozart und Haydn wenigstens (wenn auch nicht sehr ansprechende) Frauenfiguren als Zierde beigefügt bekommen haben.

Das Musikerdenkmalungetüm steht auf einer Wiese nicht weit von der Straße des 17. Juni, dieser verfluchten Albert-Speer-Gedächtnis-Autobahn quer durch den Tiergarten; an dieser, auf der anderen Straßenseite, ist passenderweise das Westberliner Sowjetische Ehrenmal. Dabei wirkt der Weltkriegspanzer auf seinem Sockel fast niedlich gegenüber den modernen SUVs, die durch die Straßen der Städte walzen. Gegen diesen Autoverkehr bräuchte es schon einen Superfußgänger wie den riesigen Rotarmisten, der über dem Sowjetpanzer in den Himmel ragt.

Diese Trias: Klassiker im wilhelminischen Anabolika-Stil, granitener Stalinismus, automobiler Betontod – alles fügt sich hier in eins, und das mitten in Berlins sogenannter grüner Lunge, Herzkammer, Seele oder Gemüt. Aber etwas

Tröstliches liegt gleich neben dem Venusbassin, eine feine Landschaftsminiatur: der Steppengarten, ein abgezäuntes Durcheinander von Moosen, Sträuchern, Gräsern. Man erkennt auch die spezielle Sorte Spazierender, die bewusst gerade hier hindurchgehen. Doch was da durch die kleine Weite rauscht, war nicht der Wind der Steppe, sondern das Brausen der Autos, die nur wenige Meter entfernt auf ihrer Nazischneise fahren, guillotinengleich zerschneidet und zerlärmt sie den Park, Abscheulichkeit, Gewalttat, Verbrechen.

Mit den drei Klassikern im Stil wilhelminischer Kompositionsarmisten im Rücken fielen mir die von Gustav Mahler begangenen, als «Retuschen» verharmlosten Aufpumpungen der Beethovensinfonien ein, die in ihrem breiten Tosen eins der befremdlichsten Musikerlebnisse überhaupt für einen unvorbereiteten Hörer sind. Statt dieser Orchestervermarmorungen oder Erzmumifizierungen, in denen ausgerechnet Mahler und Wilhelm der Zweite sich verstörend nahekommen, wollte ich mir lieber *Das Lied von der Erde* in den Sinn rufen (mit Kathleen Ferrier natürlich), das die Verzweiflung des Menschen lindert, indem es sie ohne alle Bedenken potenziert. Ich schaute durch die noch kahlen Baumwipfel zum Abendhimmel hinauf. Wie eine Silberbarke schwebt, ein Flugzeug kroch klein und glitzrig darüber. Das funkelnde Flugzeuglein dort oben kam mir vor wie der Geist eines der Silberfischchen, die wir in unserem Badezimmer skrupellos ausgelöscht hatten.

Während ich hinter dem Steppengarten weiterlief, nun in einem sachten Bogen rechts entlang und zurück Richtung Philharmonie, wollte ich mich zwingen, gefälligst auf den Gesang der Vögel im Tiergarten zu achten, all dieser Wasweißichs: Zilpzalps, Pirole, Graue Fliegenschnäpper.

Obwohl die wahrscheinlich alle eher am Morgen singen. Amseln erkenne ich immerhin, auch die kriegerischen Rotkehlchen, die viel zu putzig aussehen für ihr wildes Wesen. Blutkehlchen sollten sie heißen, sagte einmal ein kluger Freund. Sie haben ihr Kampfträllern wohl auf die Abendstunden verlegt, in die Nächte hinein, als wären sie Nachtigallen. Nicht aus poetischem Nachtwesen, sondern wegen der lärmenden Konkurrenz des Autoverkehrs bei Tage.

Schon hatte ich also die Vögel wieder verloren und lauschte erneut dem Lärm der Panzer, die durch die Stadt rollen! Aber es ist eben ein Verhängnis, wie dieser Autokrach einen bis tief in den Tiergarten verfolgt, bis an Bäche und über an sich stille Pfade, über Floraplatz und Faunaplatz und zur Luiseninsel, auch in den Rosenhain, der bald wieder öffnen wird (im April), und selbst in den abgeschirmten Rhododendrenhain. Dort lief ich jetzt entlang, schneller als zuvor, um den Lärm doch noch abzuschütteln, bevor ich in die Philharmonie eintreten würde.

Trotz meines energischen Stapfens kam ich mir nun wieder wie Beardsleys Siegfried vor, ich fragte mich in heilloser Unordnung, ob ich nicht lediglich selbst überempfindlich sei, nervösest-suprasensibel – doch leider ohne den geistigen Gewinn des höheren Décadents, nur noch lebensunfähiges Degenerat? Der Bussard dort drüben auf der Rousseau-Insel ließ sich nicht vom Autolärm in seinem konzentrierten Mausschmaus stören. Er schmaust, egal wie es saust und braust. Er würde ja, wenn Bussarde lachten, auch über den neurotischen Naturzustandssehner Rousseau der *rêveries* lachen, der hysterisch auf dem Bieler See herumrudert, ein stilles Plätzchen im Röhricht suchend, wo er vermutlich onanierte ... (Die Vorstellung ließ mich an die Bücher des Marquis de Sade denken, in denen immer wieder ellenlange «philosophische» Betrachtungen die gewaltgeilen Szenen, um die es letztlich geht, unterbrechen.)

Ich dachte an die Welt in Trümmern, die ich zuhause verlassen hatte, die Familie nach dem Streit. Am nächsten Tag würde die zertrümmerte Welt irgendwie wiederhergestellt sein, man verzeiht einander stillschweigend und macht weiter; aber vielleicht ist ja doch alles ein Betrug und eine Lüge, dieses immer-wieder-Zurückspulen. Die gestürzten Steine richten sich auf, die Trümmer setzen sich zusammen, doch ihr Fundament ist Schweigen, Totschweigen. Und irgendwann wird alles endgültig einstürzen.

Als ich um kurz vor acht Uhr endlich die Philharmonie betrat, diesen Herzensraum, Lebensraum, großes goldenes Schiff, das für gewisse Menschen (mich) wie eine Kathedrale ist, wahrer Dom, heiliger Bezirk – da war ich sicher, dass es heute misslingen würde. Die Musik würde einfach an mir vorbeilaufen, aufgewühlt und konfus, wie ich war, letzte Nacht kaum geschlafen, ein fremder böser Mann als tauber Passagier an Bord des Goldschiffs. Allein das elende ewige Husten, freche Füßescharren, garstige Geflüster der Publikumsmeute um mich würde ich wahrnehmen, nicht einfach peinigende Hörstörungen erleiden (in alles röcheln sie hinein), sondern selbst Hörstörung sein.

Ah, die ewigen Hustenorgien im Konzert! Und stets am heftigsten nach langen langsamen Sätzen, sie lassen einen das Alleinsein wünschen. Im Grunde kann man das nur ertragen, wenn man es als Klanginstallation zu begreifen versucht. Vielleicht wie Ligetis *Poème symphonique* für hundert Metronome, in dem die aufgezogenen Geräte gleichzeitig pendeln, jedes für sich, die beiden Schräubchen auf dem oberen Gewicht gleichen dabei aufgerissenen Augen, staunend oder angstweit, und es geht alles scheinbar regellos durcheinander, wo es doch in Wahrheit absolut regelhaft abschnurrt, jedes Pendel strikt in seinem Takt, ein Chaos aus Gesetz; bis gegen Ende, wenn ein Metronom nach dem anderen zu ticken aufhört und jeder Arm mit dem aufgesteckten Köpfchen erstarrt, wie sein Schräubchenblick schon immer erstarrt war, nach und nach überwältigende Stille eintritt. Was leider beim Intermezzo der Hustenden kaum geschieht. So drücke ich mir oft einfach nur die Ohren zu, bis der nächste Satz kommt. Erpresste Stille.

Doch an diesem Abend in der Philharmonie ereignete sich das Wunder, es geschah, dass ich *in* der Musik war, vollkommen darin, trotz aller Zerknitterung und aller Müdigkeit und Unruhe. Selten passiert das; so wie man umgekehrt manchmal bestens ausgeruht und vorbereitet ist und dennoch alles spurlos an einem vorbeirauscht, so bin ich plötzlich im Zustand totalen Ausgelaugtseins unerwartet empfänglich. Ein Geschenk, beinah Gnade. Aber das Konzert begann eben auch mit *Lontano* von György Ligeti, was für eine Musik. Aus einem einzelnen Ton entstehend, umhüllte es mich, ein Kokon aus Klang, mich umschließender Bernstein. Ich hörte mit geschlossenen Augen, und der Bernstein verschalte und verkapselte nicht mich allein, sondern viele andere Insekten mit mir, sie flattern und scharren und husten ja noch, wie gewohnt ... aber bald höre ich sie nicht mehr, bin allein in der Musik und auf der Welt, allein zugleich im Weltall und in der kindlichen Kammer. Höre darin auch mein eigenes Atmen, meinen Kreislauf, mein ganzes Leben. Diese Musik ist eine Skulptur, die das wilhelminische Komponistenmonstrum am Venusbassin und alles andere in Luft aufgelöst hat. Diese Musik ist nicht nur angenehm, sondern auch bedrohlich. Diese Musik ist aus Spiegeln und Spiegelungen gemacht, oder als träte sie aus fernen Spiegeln an mich heran, um Vergessenes zu berühren. Diese Musik macht mich selbst zu einem Bild, das durch Spiegel erkannt wird. Sie spricht zu mir, ohne dass ich wüsste, worüber; und doch verstehe ich, so klar ist, was sie unbestimmt sagt. Die Musik spricht mit mir, ich weiß nicht, was; aber ich begreife. Unter allem anderen, was sie sagt, lässt sie, die im nächsten Moment verklungen sein wird, mich fest daran glauben: Du kannst immer wieder von neuem beginnen. Immer. – Und da, ausgerechnet in dieser magischen Empfänglichkeit, in Ligetis *Lontano*, bemerkte ich einen gewissen bekannten Geruch, der mich umgab. Ich merkte auf, musste nicht lang überlegen. Es war der charakteristische Geruch meines Vaters. Das ist, sagte ich mir, kein Wunder, in der Philharmonie ist man ja von alten Männern umgeben, manchmal nicht gerade angenehm (für ihre Hinfälligkeit können sie nichts, aber dafür, dass sie sich nicht die Hände waschen). Doch es war nicht oder wenigstens nicht vorwiegend das Muffige, sondern ein anderer, individueller Geruch. Ein Geruch der Heillosigkeit und des Alters. Und auf einmal begriff ich, dass *ich* es bin, der so riecht, mein Körper, mein Leben.

Es kam aus der Stille. Die Musik, alles. So lästig es manchmal ist, wenn nach der Aufführung eines Stücks die eintretende Ruhe nicht geduldet wird, das Nachklingen ins Verklungensein hinein, weil irgendjemand sofort losklatschen oder *Bravo* rufen muss: Beinah abgedroschen scheint mir diese Beschwerde, denn die Stille nach dem Konzert wurde und wird so oft verlangt, dass es fast schon ein Ärgernis ist, manchmal nicht mehr als soziale Distinktion, Pose blasierter Hutträger, die ihre Nase nach der «heiligen Stille» rümpfen. Haben sie dabei nicht selbst, wie wir alle, das Zuhören längst verlernt? Das Sichwundern über den Klang. Dieses Ungeheure.

Wichtiger und wertvoller ist wohl doch diese kurze Phase der Stille *vor* der Musik. Stille, die ausnehmend unvollkommen und vielmehr Cage-haft rumpelnde, scharrende, quietschende, atmende *silence* ist, zugleich in mir selbst ein Aufruf zum Schweigen. Und doch etwas, woraus die Musik heraustreten wird und das die Musik umgibt. Vielleicht ist das für mich das Entscheidende, damit das Wunder sich ereignen, das Hören gelingen kann: die erträumte Stille davor nicht zu versäumen.

Das Schweigen ist die Wüste, in der die Musik blüht, und die Musik, diese Wüstenblume, ist selber eine Art geheimnisvollen Schweigens. Vladimir Jankélévitch, «Die Musik und das Unaussprechliche»

Wir wunderten uns über die Stille, in die wir eintraten, als wir hinaustraten in die Nacht. Ihre schwebende Feierlichkeit, sobald man aus den erhabenen Technowänden des *Kit-Kat* kommt. Schon als Teenager ließ mich ihre Abruptheit staunen, wenn ich aus dem *Tresor* kam, den es längst nicht mehr gibt. Seit einiger Zeit, weil die Kinder nun größer sind, gehen L und ich wieder gern in Clubs, wir sind älter und abgeklärter, die magischen Sinne blühen nicht mehr wie einst, aber vielleicht sind sie ja doch, anders als ich fürchtete, nicht völlig verstummt. In Ahnungen kehren sie wieder, Erinnerungen werden zu flüchtiger Gegenwart. Vor allem aber wagen wir heute Dinge, die wir früher niemals gewagt hätten, und das macht vieles wett. Sobald man an den Tod zu glauben begonnen hat, werden eine Menge Bedenken belanglos.

Das *KitKat* ist auch eine Kathedrale, wie die Philharmonie, eine andere Sorte Tempel. Das spüren wir eben nicht zuletzt in der plötzlichen Stille draußen, dem Nachklang des Clubs, in dieser erstaunlichen Stille, die in vielen nächtlichen Seitenstraßen selbst im Zentrum Berlins herrscht, trotz scheinbar allgegenwärtiger Partypulks, die dann doch immer anderswo sind. Eine andere Weise von Stille aber hat drinnen geherrscht, in den atmenden und röchelnden Wänden des Clubs, manchmal wirkt es auf mich wie eine Form von geistiger Andacht: das eher meditative als ekstatische Tanzen hunderter nahezu keuscher Hedonistinnen und Hedonisten.

In einer Nacht sah ich im *KitKat* die Gehörlose wieder, die ich einmal in der Philharmonie gesehen hatte. Hundertprozentig sicher war ich mir nicht, dass es sich wirklich um dieselbe Frau handelte, aber es kam mir so vor. Wieder war sie barfuß, was freilich im *Kitkat*, anders als im Konzertsaal, nichts Außergewöhnliches ist, man trägt hier schwere Stiefel oder High Heels oder eben nichts. Woher kam meine Unsicherheit, ob es wirklich dieselbe Frau war, und zugleich Gewissheit, dass sie es war? Wohl daher, dass ich sie nicht an ihrem Aussehen wiedererkannt hatte, sondern an ihrer Gehörlosigkeit. Sie bewegte sich nicht im Klang, sondern im Schall, in Wellen, in Pulsen. Und ohne dass ich hätte sagen können, woran ich diese Beobachtung genau festmachte, erkannte ich, dass sie der die Räume füllenden hypnotisierenden Musik näher war als alle anderen Menschen. Ich beneidete sie.

Am späten Nachmittag trat ich aus belgischem Nieselregen in die Kathedrale Ste Gudule. Wenn ich in anderen Städten bin, wie jetzt, zu Besuch bei Brüsseler Freunden, gehe ich immer gern in große Kirchen, auch Klostergärten oder Kreuzgänge, Inseln der Stille, wie etwa auch Bibliotheken. Ich erinnerte mich an das Konzert in der Berliner Philharmonie vor einigen Tagen, und inmitten der Brüsseler Kathedrale schwebte in meinem Kopf der Klang von *Lontano*, nur weit ferner – aber er ist da, hinter Gemurmel und hallenden Schritten, die sich wie Echos des Schweigens anfühlten, den Glaubensraum erfüllend, die Kammer des herumirrenden sterblichen Gemüts.

Ich setzte mich auf eine Bank ziemlich weit vorn, wo sich ein vergittertes Loch im Boden befand, durch das man in den Keller blicken konnte, unten lag weißes Gestein. Mir war etwas kalt, es war ja noch Vorfrühling, die Luft der Kathedrale hatte den Winter gespeichert, auch wenn es hier drin sicherlich ein paar Grad wärmer als draußen war. Dort regnete es wahrscheinlich weiter, es ist ja, wenn man es bedenkt, ein hehres Wunder, dass man sich in einem solchen Raum befinden kann, der einen aus dem draußen niedergehenden Regen herausnimmt. Ich dachte an einige Bilder von Guillaume Vogels, dem belgischen Meister der Schietwettermalerei, den ich vorhin im Musée Fin-de-Siècle kennengelernt hatte. Und an die Farben des *fin de siècle*, jetzt und hier, im Trüben, Halbfinstern. Die Kälte schien aus der Tiefe heraufzusteigen, durchs vergitterte Loch, auf das ich die frierenden Füße gestellt hatte. Das weiße Gestein. Ich sehnte mich dort unten hinein. Und einen Augenblick lang war mir, als könnte ich durch das Gitter einbrechen und in die Vergangenheit stürzen.

Ich begann, leicht mit den Füßen zu wippen, um mich aufzuwärmen. Nahezu im selben Moment ging das Licht in der Kathedrale aus. War es achtzehn Uhr oder achtzehn Uhr dreißig, Schließzeit für Touristen? Meine Füße wippten weiter, und die Augen brauchten einige Sekunden (keine sechs Minuten wie damals bei Turrell in Hannover), um wahrzunehmen, wie viel Licht tatsächlich doch noch da war. Die Seitenkapellen blieben erleuchtet, etwas Straßenlicht fiel durch die Fenster herein; auf einem Tisch in einiger Entfernung flackerten Opferkerzen, eine ganze Menge auf einem Fleck, der für mich (ohne Brille, die ich abgesetzt hatte) wie eine kleine, verlorene Milchstraße wirkte.

Auch die barocke Kanzel auf der rechten Seite, theatralische Vertreibung Adams und Evas aus dem Paradies, blieb angestrahlt. Hauptschiff und Altar hingegen lagen im Dunkeln. Und in diesem Dunkel waren noch wenige Kirchenbesucher da, letzte Menschen auf Bänken sitzend oder herumgehend, anscheinend oder bloß scheinbar etwas langsamer als zuvor: wieder die Insekten, die gerade in Bernstein eingeschlossen werden.

Wir wurden erfreulicherweise nicht rausgeworfen, auch nicht aufgefordert, allmählich zu gehen; man unterstellt hier den Besuchern wohl die Möglichkeit des Gebets, das nicht unterbrochen werden darf. Einnehmende katholische Höflichkeit. Dafür wurde vorn, in der Ecke rechts vom Altar, eine Taschenlampe angeknipst, und ein Mann, wahrscheinlich der Küster, ging herum und schaltete die Lichter in den Seitenkapellen aus, schloss Türen. Dann begegnete er einer anderen Person, die nicht gut zu erkennen war, man hörte sie leise miteinander sprechen. Dieses Flüstern und das Flackern der Taschenlampe wirkten wie Stimmen und Schattenlichter der Vergangenheit. Auf einmal waren um mich herum tatsächlich Betende und ebenso ganz andere Gestalten, auch Plünderer und Bilderstürmer (denn der Raum von Ste Gudule fühlt sich geradezu kahl an, ist zumindest nicht bemerkenswert ausgestattet, so mein Eindruck, als das Licht noch eingeschaltet gewesen war). Mittlerweile war ich vollends überzeugt, man geriete mit Haut und Haar in frühere Zeiten, wenn man hier über Nacht eingeschlossen würde. Ich sah von meiner Bank zu den hohen Fenstern hinauf, war die Stadt Brüssel dort draußen überhaupt noch da? Oder ist sie verschwunden? Möglicherweise die ganze Welt, und das einsame Kirchenraumschiff treibt mit den darin vergessenen Menschen aller Zeiten durchs All ...

Im Raum meinte ich nun verschwommen-deutlich alle Linien und Treppen dieser früheren Lebensgeschichten zu sehen. Ihr Anblick erinnerte mich an die teils geschwungenen, teils schnurgeraden Gänge in den *Carceri*-Grafiken von Piranesi, die Kerker der Fantasie. Und wieder hörte ich im Bernstein des dunklen Raums *Lontano.*

Ein Mann in Arbeitermontur kam lautlos heran und setzte sich ein Stück von mir entfernt auf die Bank, wo er den Kopf still gesenkt hielt. Auch er wirkte im Viertellicht wie ein Schatten. Und vielleicht *war* es ja tatsächlich und wirklich der Schatten seiner Tagexistenz (das, was tief im Spiegel wohnt, aber nicht verloren ist), der hier nach der Arbeit für eine kurze Zeit in die Kathedrale kommt, bevor der Mensch, zu dem dieser Schatten gehört, brav zu seiner Familie heimfährt. Meine Füße waren immer noch kalt. Mittlerweile lag auch die Adam-und-Eva-Kanzel im Dunkeln. Es waren fünf wertvolle letzte Minuten in der Kathedrale; als ich sie, noch immer unaufgefordert, endlich verließ, wandte ich mich noch einmal um und sah am Eingang das ermahnende Schild *SILENCE.* Dann erst trat ich aus dem Schiff, dem Bernstein wieder hinaus auf den Vorplatz von Ste Gudule, wo sich nichts verändert zu haben schien. Es regnete weiterhin. Aus der Kammer komme ich heraus in mein Leben, immer von neuem.

Nach oben offen

Einige Minuten lang stand ich vor dem Häuschen der Eremitin, nicht direkt an der Tür, sondern ein Stück entfernt im leichten Wind. Denn bis zu dem Termin, den sie mir per Mail genannt hatte, war es noch ein bisschen hin. Vierzehn Uhr fünfzehn. Und ich hatte gedacht, Eremiten lebten (wenn überhaupt) nach Stunden. Während ich unter den sich sanft wiegenden, noch kahlen Zweigen einer Kastanie auf Punkt Viertel nach wartete, um an die Tür zu klopfen, erinnerte ich mich an meine ersten Besuche bei H, der ganz Unkeuschen. Sie war mir unbekannt gewesen, ich hatte mir selbst die Augen zu verbinden, damit sie mich ansehen konnte, bevor ich sie sah; sie legte mich in Fesseln, bevor sie mich ansprach. Auf verschiedene Weisen, an verschiedenen Orten wiederholt sich das gelegentlich. Meist an Wochenenden, wenn L mit ihrem St unterwegs ist und unsere Kinder ihrer Wege ziehen wie wir der unseren.

Die Klause der Eremitin (ein Häuschen am Hang, nicht in der Wildnis, sondern am Stadtrand, fünf Minuten zum Supermarkt und zehn zur U-Bahn) war auch eine Wohnung, in der mich eine Unbekannte erwartet, die etwas tut, was mich im Innersten angeht. Auch wenn sie mich, so viel war sicher, nicht berühren würde.

Schwester B, die Eremitin, stellte sich als eine bodenständige ältere Dame heraus, die Worte wie *schnuckelig* benutzte, wenn sie ihre Klause beschrieb. Wir saßen in der engen Küche, sie erzählte auf meine Fragen aus ihrem Leben. Wie sie nach fast vier Jahrzehnten im Orden beschlossen habe, den schon immer in ihr gelegenen eremitischen Weg einzuschlagen. Alles auf eine Karte setzen, sagte sie. Und erzählte mir von ihrem Alltag, vom Einkaufen und vom Gottesdienstkerzenziehen, mit dem sie ein bisschen Geld für sich und für den Orden verdiene, dem sie nach wie vor angehörte, von gelegentlichen Besuchen ihrer Schwester und ihrer Nichte und auch von den allzu vielen Anfragen nach Besuchen oder gar Vortragsreisen. Man könne ja wohl nicht dauernd übers Schweigen reden, sagte sie, und dabei am Ende überhaupt nicht mehr schweigen. (Die lärmenden Aufrufe zur Stille fielen mir ein, von denen Susan Sontag geschrieben hatte.) Auch von der Schlange sprach sie, der Ablenkung. Sie wisse von einer Eremitin, die anscheinend zu viel Zeit im Internet verbringe ... Auch Schwester B liest allerdings ihre Mails und schaut zweimal am Tag Nachrichten, denn es gehe nicht ums Abschotten. «Ich tue das auch für die Welt.» Und von ihren Vorgängern in der Klause erzählte sie, in diesem Häuschen am Stadtrandhang. Jahrhundertelang hätten nur Männer hier eremitisch gelebt, sie sei die erste Frau. Einer ihrer Vorgänger wurde einmal, so ist in alten Dokumenten zu lesen, wegen aggressiven Bettelns verwarnt; und eine Zeitlang hätten hier zwei Eremiten gemeinsam gelebt. Wie immer das aussah. Später wohnte auch einmal eine Familie mit fünf Kindern hier, das muss eng gewesen sein, und zuletzt eine alleinstehende Krankenschwester, die schließlich nach Zypern zog. Das war die nacheremitische Zeit, die jetzt, durch die heutige Eremitin, zugleich zu einer voreremitischen geworden ist.

Während unseres Gesprächs saß Schwester B's Katze auf dem Küchenregal und schaute uns an, als denke sie sich ihr Teil über uns. Einmal sprang sie herunter, schritt unter den Tisch und wieder hervor. Eine schwarze Katze mit weißen Pfoten. Das Küchenfenster hatte eine Klappe, durch die die Katze zwar gerade so gepasst hätte; aber hinter der Klappe befand sich ein Gitter, nachträglich angebracht wegen der Vögel, die sich draußen auf dem Fensterbrett niederließen und der Katze zur Beute fielen, wie mir Schwester B erzählte. Mir fiel bei dem Anblick des verschlossnen Durchschlupfs Kafkas Türhüter ein. Zum Glück hatte das Haus auch einen kleinen Hof, auf den die Katze konnte, inklusive Katzenbaum. Mir aber kam auch das - die Klappe in die Freiheit am Küchenfenster, doch das Gitter dahinter - wie ein diffuses Bild meines eigenen Lebens vor. Vielleicht bin ich der Katze enger verwandt als der Eremitin?

Als wir die kleine, spitzbödige Kapelle unterm Dach betraten (die Tür war so niedrig, dass ich den Kopf tief einziehen musste), saß die Katze bereits darin. Lautlos musste sie vor uns die Treppe hinaufgehuscht sein; oder sie existierte mehrfach. Ein Bild von Jakob und der Himmelsleiter hing neben mehreren orthodoxen Ikonen an der Wand der Kapelle, und oben in der Dachschräge zeigte eine winzige Luke, ein Fensterchen, in die Höhe. An die Himmelsleiter, dachte ich, hätte ich bereits denken können, als wir die enge, knarzende Treppe von der Küche hier hinaufstiegen; stattdessen waren mir wieder, wie in der Brüsseler Kathedrale, Piranesis verschlungene Treppen und Brücken in den Sinn gekommen, dergestalt, dass wir uns gerade auf einer einzelnen solchen Treppe befanden, in die Enge gezoomt, mitten im unsichtbar Verschlungenen. Und die Winzkapelle am Ende der Treppe, Ort der sieben täglichen Gebete der Eremitin, war von gleicher Weite und Ferne wie die größte Kathedrale der Welt.

Später dachte ich mir, dass Schwester B äußerlich eigentlich nicht viel anders lebt als eine x-beliebige alleinstehende Frau in irgendeinem anonymen Wohnhaus in Berlin oder Teheran. Gut, von der eigenen Kapelle mal abgesehen ... Oder überhaupt wie all die Menschen in ihren Kästen und Schuhkartons und Aquarien, millionenfach, ummauert gegen das Herabfallen von der Erdkugel und aus der Welt. Schon Lichtenberg verstand die Hohlerdler aller Zeiten, «er dachte, man wäre besser innerhalb einer Kugel aufgehoben als ausserhalb». Auch mein verlorener Südtiroler Karthager fiel mir wieder einmal ein. Ob und wie er wohl «Einsamkeit» empfunden hatte? Warum dachte ich gerade jetzt an ihn? Vielleicht, weil er als Soldat oder Söldner auch (und selbst in den Bergen) eine Art Seemann gewesen sein musste, Seemann in dem Sinne, dass er ohne festes Heim in der Welt unterwegs war und die Menschen in ihren Kästen und Schuhkartons von außen sah. Die Leben der Behausten, ein seltsamer Anblick, beneidenswert und schrecklich. Schwester B aber, die Eremitin, so schien mir, ist eine Mischung aus Behauster und Seemännin. Denn sie sitzt ja in ihrem Schuhkarton gerade nicht gesichert gegen das Aus-der-Welt-Fallen, sondern im Gegenteil, *um* aus der Welt zu fallen. Auch wenn sie es vielleicht *steigen* nennen würde oder so ähnlich. Sie ist nicht in ihrer speziellen Kammer, um sich auf der Erde und im Staub festzukrallen, wie alle anderen, sondern weil sie weiß, dass sie von anderswo ist.

Manchmal vermute ich, dass ich, hätte ich in früheren Zeiten gelebt, Mönch geworden wäre, aber religiös betrachtet aus verkehrten Gründen. Aus Lust an der berauschenden Kasteiung vielleicht. Schwester B hingegen, die Bodenständige, antwortete, als ich diesen Begriff beiläufig erwähnte: Ihr sei es Kasteiung genug, wenn sie andauernd mit sich selbst zu tun habe. Ich begriff, dass sie auf eine mir unbegreifliche Weise in die Höhe unbedeckt existiert. Ein zum Himmel offenes Insekt. Ich aber als Insekt, ich hätte nach oben immer einen Panzer. Ich, ein nur in mir selbst existierendes Ungeziefer, ein Ungeheuer.

Ganz leise war es in der engen Kerkerzelle, in die H, die es liebt, mit anderen Menschen Dinge zu tun oder sie Dinge tun zu lassen, mich einsperrte. Nur in den dicken Wänden schien es leise zu rieseln, aber dieses Rieseln der Mauern verstärkte noch die strenge Stille. Lange lag der Nachhall der schweren Riegel, die H draußen zugeschoben hatte, in der gesiebten Luft. Drei Riegel, wie die drei Tage, die ich in dieser Zelle bleiben sollte, nach H's Beschluss und meinem Wunsch, die übereinstimmen. Unser Spiel von lebensbedeutendem Ernst, in dem es um uns und um alles geht, befristet, aber existenziell.

Später hörte ich noch andere Geräusche, der Abend war fortgeschritten, und meine Ohren hatten sich an die Stille gewöhnt, wie die Augen sich an die Dunkelheit gewöhnen. Die Zelle hatte immerhin ein kleines vergittertes Fenster, in dessen oberer rechter Ecke das Glas kaputt war, notdürftig abgedeckt mit einem Stückchen Folie, das oft im Luftzug flatterte. Es regnete, wie ich durchs Gitterfenster sah, diesen Regen dort draußen konnte ich hören und durch die schwere Tür und das zerbrochne Glas die fernen Laute irgendeiner Frau in Schmerzlust, geheimnisvolle Vogelrufe.

Auch das Klirren der Ketten hörte ich, die H mir angelegt hatte, bei jeder Bewegung, beim Umdrehen auf der Pritsche. Sie sind mir weich wie die Tücher, die ich als Kind um mich band. Und gerade die Schwere der eisernen Ketten war es, die machte, dass sie mir wie ein Teil meines eigenen Körpers vorkamen, nicht einfacher von mir ablösbar als meine Hand oder mein Fuß selbst; und ihr Gewicht machte mich, wie das Eingeschlossensein, leicht und frei, als flöge ich (nach Haus?).

Morgens oder auch erst mittags und manchmal nach Lust und Laune mitten in der Nacht zerriss H, indem sie mit einem Knüppel gegen die Tür donnerte, die Ruhe des Gefangenen, der sich dann sofort zu erheben hat. Wenn sie mich herausbefahl, konnte sie mich auch in stundenweise absolute Dunkelhaft führen, in der benachbarten fensterlosen Zelle, nebst weiteren Erschwernissen und Grausamkeiten, von ihr beschlossen und lächelnd ausgeführt, von mir gewünscht und glücklich erduldet. Wieder denke ich in der schwarzen Isolation, allein mit nichts, an die Dunkelheit als Schwester der Stille, nicht kleine Schwester, sondern Zwillingin. In solchen Momenten scheint mir, jetzt würde Wirklichkeit, was ich einst in Herbstnächten erspürt hatte.

Der Tod ist abwesend in dieser Zelle, wie in der Musik.

Ein andermal ließ H mich in eine andere Gefangenschaft hinab, eine Grube im Garten jenes großen Anwesens im Norden, wo wir einige Tage verbrachten, mit vierzig oder fünfzig anderen Gästen. In diesem jammervollen Loch war ich begraben, aber zum Himmel offen, mein Panzer war das Gitter, mit dem H das Verlies verschloss. Die Erdoberfläche konnte ich von dort unten nicht sehen, mein Blick durch das Gitter über mir flog gleich hinauf in die Baumwipfel, in denen der Wind rauschte, den ich unten, egal wie feucht und kühl es war, nicht spürte, im Verlies ist es windstill. Und den vergitterten Himmel sah ich aus der Tiefe, vorüberziehende Wolkenberge, sausende und stürzende Schwalben. Gelegentlich auch Menschen, die ans Verlies traten, um sich nach dem Befinden des Gefangenen zu erkundigen oder bloß lächelnd auf ihn hinabzuschauen.

Ich erinnerte mich an das vergitterte Loch im Boden der Kathedrale Ste Gudule, den weißen Felsengrund, in dem die Kälte und Vergangenheit gefangen lagen. Nun befand ich mich darin. Als ich mich in die Höhe sattgesehen hatte, senkte ich den eingesperrten Blick zu Boden, in die nackte Erde, und zum morschen Holz an den Seiten des Verlieses. Ich saß auf der rauen, kratzigen Decke, die ich H's verantwortlicher Fürsorge zu verdanken hatte (später, als mir kalt wurde, wickelte ich mich darin ein, in Fürsorge und Kratzdecke), und betrachtete meine Gesellschaft aus Käfern, Spinnen, Wanzen. Eine der Wanzen krabbelte das morsche Holz an der Seite hoch, mir war unklar, wo sie hinwollte; falls sie «wollte». In einem verrotteten Spinnennetz klebte reglos eine andere Wanze, die völlig gleich aussah, zumindest für mich, den Erdfremden, unter die Erde gesperrte Nichtwanze. Die lebende Wanze aber, ohne mich zu beachten, hielt bei der toten im Netz kurz an, als stockte sie (unwillkürlich projizierte ich Menschliches in sie); dann krabbelte sie geschwind links ab, verschwand unterm Holz.

Ich dachte an die ausgelöschten Silberfischchen zuhause. Ich dachte an das Kind, das ich einmal war, in seiner Kammer voller geheimnisvoller Zeichen, die es selbst gekritzelt hat; und denke in diesem glücklichen Moment, ich bin das Kind in der Kammer, mein Leben ist wahrgeworden.

Als ein ungeheures Ungeziefer eines Morgens aus langer träumerischer Unruhe erwachte, fand es sich in seiner Schlafstätte in einen Familienvater verwandelt, es lag gekrümmt auf der Seite und sah Wände, Fenster, Menschen, die zu ihm gehörten und zu denen er gehörte.

Was ist mir geschehen, dachte es. Das war kein Traum.

Es ging durch die Wohnung und durch die Familie, in die es geraten war. Die soeben von Unruhe verlassene Küche. Das Wohnzimmer mit gähnendem Tausendzähnlerregal und verstummten Basteleien. Das Bad, öd und verlassen. Immerhin, dachte es da: Die Silberfischchen, die hier einmal zuhause waren, sind ausgerottet – ich aber lebe und trotte durch diese Wohnung, durch das Leben, in das mich irgendeine unbekannte Hand gesetzt hat.

Unbeschreiblich laut das Schreien der sich ausbreitenden Stille. Lähmung und Vorwärtsrasen der Zeit. Auf ein Neues zu Besuch im Pflegeheim, verschämtes Quietschen der Schritte auf Linoleum, Schritte eines einzelnen Menschen – ich. Wasserglas und unvorteilhaftes Bild meiner toten Mutter auf dem Nachttisch, das eingefallene, stoppelbärtige Gesicht meines Vaters im Bett. Betäubt von Beruhigungsmitteln (ein Segen). Der hinfällige Körper, fast ein Kadaver. Elend des Menschen. Warten. Im Regal die Bibel, das Gesangbuch, die Furtwängler-Biographie mit eingefrorenem Lesezeichen. Trödel, letzte Dinge. Vortrag eines Psalms durch mich, zwecks Erschlagen des Schweigens, oder Zerdrücken: erst dreiundzwanzig, auswendig, dann einhundertdrei, abgelesen Wort für Wort. Aufsagen von

Vaterunser und Segen. Leicht aufmerkender Blick des Hinfälligen, Abrufen des Vertrautesten. Ansonsten alles aufgelöst, seine Klugheit wie seine Gehässigkeit. Oder nicht? Eingeschlossen, irgendwas, tief im Innern? Wenn man es wüsste. Schließlich wieder Schweigen. Aber noch immer das schwache Anschauen.

Fensterblick, draußen das Sonnenlicht auf der gegenüberliegenden Hausfassade. Mein Bruder, der in letzter Zeit öfter als ich hierherkam, meinte bei seinen jüngsten Besuchen Angst bei unserem Vater gespürt zu haben, regelrechte Panik vor dem Sterben. Was ich (vielleicht stumpf) wahrnahm, war eher Agonie.

Mit Widerwillen, für den ich mich schämte, nahm ich seine Hand in meine. Der Geruch nach Sterblichkeit, blinder Gloster. Hatte sich über den charakteristischen Geruch des lebenden Individuums gelegt. Sieh an, wir berührten uns.

Dann las ich meinem bettlägrigen Vater das *Schicksalslied* von Hölderlin vor, den er als junger Mann geliebt hatte (einer der ausgeworfenen, aber nicht weiterverfolgten Lebensfäden). Die bewegende Brahms-Vertonung des *Schicksalslieds* hatte ich am Vorabend im Konzert gehört. Schwinden, Fallen, blindlings, hinab. Mein Vater sah mich starr an, oder durch mich hindurch, aber nein, ich glaube doch: mich an. Ich schaltete das Radio ein, Schlusssatz der *Pastorale*, mein Shazam versagte an der Bestimmung der Aufnahme, aber der Moderator sprach es nach dem letzten Ton, nach den wohltätigen, dankverbundenen Gefühlen, ruchlos in die Fermate über der Schlusspause hinein: Sie hörten das Gewandhausorchester Leipzig unter Riccardo Chailly, und ich sagte zu meinem Vater:

Du hast die Pastorale wahrscheinlich noch von Furtwängler gehört, oder?

Und da begann er zu reden. Mit leiser, beinah brechender Stimme, unter unsäglicher Anstrengung, wie es schien. Aber es kam aus ihm heraus, mühsam schält und quält es sich aus dem Schweigen, stückchenweise antwortete er mir, indem er das Programm wiedergab, das Furtwängler damals dirigiert hatte: «*Coriolan*-Ouvertüre ... dann Pastorale ... dann ...», und er stockte, hängengeblieben, sagte: «... c-Moll ... dadadadam.» Nicht zackig, ganz morsch klang das.

Die Fünfte, entgegnete ich. Ein reines Beethovenprogramm. (Ausgerechnet das weiß er noch, das sagt er jetzt. Unaufhörliche Musik der Blindheit.)

«Ja», flüsterte mein Vater.

Ich weiß nicht, was ich ohne Musik mit meinem Leben angefangen hätte. Das hatte er einmal zu mir gesagt, und ich dachte, gleich – in einer Sekunde, wenn du tot sein wirst, wird die Musik noch da sein.

Später schrieb ich eine Mail, um herauszufinden, wann genau dieses Konzert stattgefunden hatte. Es war am 2. Juni 1949 gewesen, in der Hamburger Musikhalle. Kein Programmheft ist von diesem Konzert erhalten, auch kein Mitschnitt. Der Tag, an dem mein Vater sich an dieses Konzert erinnert hatte, war der 19. März 2022 gewesen. Ich dachte an den 2. Juni 1949. Ein sechzehnjähriger Junge sitzt in einem Konzert. Eben noch Kind gewesen, längst spielt er keine Kinderspiele mehr, der Sechzehnjährige. Fast ein Dreivierteljahrhundert später – zweiundsiebzig Jahre, neun Monate und siebzehn Tage – wird der Junge im Pflegebett liegen, nur noch Schatten seiner selbst, ein Wrack, kurz vor dem Ende seines Lebens. Wann immer es genau enden wird. Und in diesem Moment, im letzten Verfall, wird er sich an das Konzert erinnern, in dem er eben jetzt sitzt. Sechzehn Jahre ist er alt. Alles saugt er in sich ein.

Weitere siebzehn Tage danach starb mein Vater. Der Pfleger mit der freundlichen, leisen Stimme rief mich an, um es mir mitzuteilen.

Schatten sterben mit, an wie viele bereits Gestorbene sterben Erinnerungen, wenn einer stirbt, sterben Tote mit.

E. M.

Am Grunde der Moldau wandern die Steine, und oben wanderten wir, rabimmel, rabammel, rabumm-bumm-bumm, stundenlang latschten November-mit-Gewitter und ich durchs noch zögernd frühlingshafte Prag voller Ostertouristen, abends sah meine Tochter halb angewidert, halb belustigt einen Ausgewachsenen von der Karlsbrücke kotzen, und während drei betrunkene Briten auf der Suche nach einem McDonald's, *to have a coffee*, durch die Menschenmenge torkelten, dachte ich wieder an die Oper *Věc Makropulos* von Leoš Janáček, die «Sache Makropulos», die mir zuerst tagsüber auf dem Hradschin in den Sinn gekommen war, im Goldenen Gässlein und beim angrenzenden Turmverlies, in das hineingeworfen von Kaiser Rudolf dem Zweiten ich mir jenen griechischen Alchemisten Hieronymus Makropulos vorstellte, der unwissend grausam seiner unwissenden

Tochter die Möglichkeit des ewigen Lebens aufgebürdet hatte ... als immer jung bleibende Ellian McGregor, Eugenia Montez, Emilia Marty zieht Elina Makropulos da durch die Jahrhunderte, und wer weiß, was sie heute sähe als Emine Mohammed oder sonst eine E. M., hätte sie am Ende der Oper das Nicht-Enden nicht endlich verzweifelt fortgeworfen: *enfin mortelle!* Aber davor trifft ein alter, hinfälliger Schauspieler seine verschwundene Geliebte E. von vor fünfzig Jahren wieder, die jung geblieben ist, ganz die Gleiche wie einst, was für eine Vorstellung, ein Wunder; aber schrecklicher als das hässliche Alter ist dann doch: für immer jung zu sein. Die Erde ist immer schon ein Schattenreich, doch wer niemals sterben wird, der verliert seinen Schatten. Karel Čapeks Satire hat der siebzigjährige Kauz Janáček aus Missverständnis oder einfach genialer Ignoranz verkomponiert zur Existenz-Akte, einem ergreifenden Melodram in der Kanzlei, das einen das Leben lieben und den Tod bejahen lässt, einige knappe Klänge lang. Und in dem das innigste und traurigste Liebeserlebnis der furchtbar kalten Hauptfigur (denn die Gefühle sterben eben doch im Lauf der Jahrhunderte) mit einem Mann stattfindet, der seit mehr als einem Jahrhundert tot ist. Mir aber ging im Herumgehen durch Prag jener längst im Kerker verreckte Vater H. M. nicht aus dem Kopf, der Alchemist, der seiner armen Tochter das alles eingebrockt hat: das Leben, schon schlimm genug, dass wir es unseren Kindern ungefragt als ein endliches zumuten, aber wie grausam, es auch noch endlos zu machen. (Es ist einfach noch keine überzeugende Alternative zur Endlichkeit des Lebens entdeckt worden.)

Und latschten und latschten, zwei komische Gestalten, meine Tochter und ich, Marionetten an den Schnüren ihrer Verschrobenheiten. Ihr beiden seid eh das schrulligste

Duo, sagt L manchmal, sie hat wie immer recht; wenn die Parabeln unserer Schrullen, unserer Launen und unseres Lebensmuts einmal gleichzeitig ihr Minimum träfen, den Scheitelpunkt in der Tiefe, ginge wohl die Welt unter. November-mit-Gewitter trug ihren weiten tarngrünen Mantel, secondhand gekauftes italienisches Armeekleidungsstück, das eigentlich eine einzige Abschottung und Verbergung ist. Meist lief sie einige Schritte hinter mir, um ungestört ihren Gedanken und der Musik in ihrem Kopfhörer nachhängen zu können, ohne Gefahr von Gesprächen oder sonstigen Berührungen. Aber hierher reisen hatte sie gewollt, unbedingt, mit ihrem oder auch trotz ihres Vaters, und so hatten wir, ungeachtet des Todes meines Vaters, ihres Großvaters, entschieden, wie geplant nach Prag zu fahren für dieses verlängerte Wochenende, auf das sie sich gefreut hatte und ich auch. Die Lebenden benötigen den Trost, nicht die Toten. Der alte Hexer Makropulos ist im Tod gut dran, während seine Tochter durch ihr von ihm zu verantwortendes und für sie allein nicht endendes Leben trudelt und wankt, wohin, immer weiter (wie die besoffenen Briten auf der Suche nach McCafé).

Auch ich fühlte mich sagenhaft lebendig, nicht mal eine Woche nach dem Tod meines Vaters. Ich kannte diese Empfindung bereits aus den letzten Monaten, aber in schwächerer Form, etwa wenn ich aus dem Pflegeheim gekommen war; und ganz hatte ich sie damals nach dem Tod meiner Mutter erlebt, jetzt war sie wieder da. Es geht sich leicht, beinah irreal, wie wunderbar ist es zu gehen, was ein Toter nicht mehr kann. Auch wenn ich dauernd vorweggehen musste vor der beharrlich Schweigenden, sich Abkoppelnden. Die große Dreizehnjährige in meinem Rücken fühlte sich bald wie der Würgeengel, bald wie mein Schutzgeist an.

Als Mann vorwegzugehen ist eigentlich peinlich, L hasst es wie die Pest, wenn ich unbedacht ein paar Schritte vor ihr schreite gleich einem abgeranzten Patriarchen. Wenn schon, dann gehst du hinter mir, sagt sie verärgert, woraufhin ich mich kleinlaut zurückfallen lasse. Immerhin wird aber ein Betrachter den Unterschied wahrnehmen, ob es nun die pubertierende Tochter oder die Frau ist, die da hinter dem Mann trottet.

Außerdem, dass ich ihr im Nacken liefe statt andersherum, würde November-mit-Gewitter sich gewiss nicht bieten lassen. Sie ist ja kein Kind mehr, das sich einfach aus der Welt fallen lassen kann und dabei doch stets gehalten weiß. Handke beschreibt in seiner *Kindergeschichte*, wie er sein kleines Kind einfach durch den Park laufen ließ und es nur von so fern wie möglich im Blick behielt. Ein wunderschönes Vater-Tochter-System. Aber meine Tochter ist kein Kind mehr, sondern ein Teenager, zwar genauso ein Zauberwesen wie ein Kind, vielleicht sogar noch mehr wegen der mystischen und skurrilen Transformation, die es durchläuft. (Die Mischung dieses Alters aus aggressivem Stumpfsinn und dem Offensein fürs Erfahren von Wundern ist selbst ein Wunder. Als Ausgewachsener, von außen, spürt man fast nur den Stumpfsinn, dabei ist es eher der eigene.) Sich wie Handkes Kind vom unsichtbaren Vater verfolgen zu lassen, kommt für meine Tochter nicht mehr in Frage. Sie hat möglicherweise schon genug unsichtbare Verfolger, also ist sie lieber selbst die ferne Verfolgerin. Und nimmt es in Kauf, dass somit ich führe – damit sie Abstand gewinnen kann.

Gelegentlich brach sie auch das Schweigen. Es ist ja keineswegs so, dass sie *nur* schwiege, im Schlaf redet sie sogar quasi ununterbrochen, und auch im Wachsein wird immer wieder mal stunden- und tagelange Stummheit von wasserfallartigen Plapperattacken fortgespült, die einen regelrecht wahnsinnig machen können. Nie machen unsere Kinder es uns recht. In Prag waren es jedoch moderate Schweigensdurchbrüche, wir aßen Pralinen und Macrons im Café Savoy, ich strengte mich an, nur wenig über Smetana und Dvořák und Čapek zu salbadern, und über Kafka natürlich, und sie sagte einmal aus heiterem Himmel: «Ich kann mir einfach nicht vorstellen, dass du mal ein Kind warst.»

Und ich kann mir nicht vorstellen, keins mehr zu sein, antwortete ich und dachte, ohne es auszusprechen: So seltsam leben wir einander gegenüber. Ich und du, aber auch ich mit mir selbst und du wahrscheinlich ebenso mit dir. Wir sprachen über unsere Ähnlichkeiten, die nicht nur der von uns beiden befremdeten und uns beide liebenden L so häufig auffallen, sondern auch mir und durchaus ihr selbst, November-mit-Gewitter. Ich glaube, Mutter und Tochter zanken bei uns häufig, weil sie einander so unähnlich sind, dagegen Tochter und Vater, weil sie einander so stark ähneln. Wir sind oft schroff gegen Menschen und haben immerzu kindisches Mitleid mit Dingen, wählen bewusst die Tasse mit abgebrochnem Henkel, die sonst keiner nimmt, oder diejenige Sorte Leinsamen, die niemand isst. Absonderliche Wehmutanhäufungen.

Die meiste Zeit aber liefen wir schweigend durch Parks. Vyšehrad, der Letnápark mit dem Metronom, der Petřinhügel. Von der Stille der Grünanlagen wie von allem Vögelzwitschern hatte November-mit-Gewitter sich mittels ihrer Ohrstöpsel abgekapselt, und wenn ich mich ab und zu umdrehte, sah ich, dass sie den Blick auf den Boden gerichtet hielt. Ich achtete auf die Frühlingsvögel, aber tue ja vielleicht nichts anderes als die zugestöpselte Jugendliche hinter mir: Indem ich nach den Vögeln höre, schotte ich mich von der Menschenwelt ab. Zwei Arten des Mit-sich-selbst-Seins, in der eigenen Stille. So gehen meine Tochter und ihr Vater, ich, miteinander, jedes in seiner Welt.

Am Abend war ich dann erstaunt, welche Dinge sie tagsüber doch wahrgenommen hatte. Bestimmte Ausblicke, Eindrücke, Details - die Eigenschaften irgendeiner Treppe, das Letnápendel. Und während ich mich zusammenriss, ja alle Kirchen und Museen auszulassen und stattdessen nur gemächlich durch die Gegend zu spazieren, sagte sie am Abend des zweiten Tags: «Können wir es morgen mal etwas ruhiger angehen lassen?» Da blieb sie den halben dritten Tag im Hotelzimmer, und ich fraß in der Zeit Gemäldegalerien, Palais Schwarzenberg und Palais Sternberg, wo ich eine Ausstellung über Nachahmungen, Kopien und Fälschungen besuchte und die atmosphärischen Prager Dämmerbilder von Jakub Schikaneder kennenlernte. Nachts, zurück im Hotelzimmer, als November-mit-Gewitter schon schlief, las ich im Licht des Bettlämpchens in dem Kafka-Band, den ich mir (nicht gerade einfallsreich) nach Prag mitgebracht hatte, die Oktavhefte, müde werdend blieb ich an den Betrachtungen über das Böse im dritten Heft hängen, merkte, je länger man ein einzelnes Wort betrachtet, desto unwirklicher und seltsamer wird es: das Böse, Böse - ich stellte mir Böse vor, eine kleine dicke Person -, Böse läuft durch die zwielichtige Schikanedergasse, oder Böse ist jemand-etwas wie Odradek.

Am nächsten Tag, als wir über die Hänge des Petřin liefen, stellte ich mir mit Grauen vor, wie man früher mit einem so eigenartigen Mädchen umgesprungen wäre, mit einer «Schwierigen» wie meiner Tochter. Wir machen ja schon so genug falsch, mit Geduld sind L und ich von Natur aus leider wenig gesegnet. Aber in vergangenen Zeiten, was wäre nur da gewesen? Von meiner Mutter (an die ich nun so kurz nach dem Tod meines Vaters auch wieder öfter dachte, wobei ich ohnehin seit ihrem Tod an keinem einzigen Tag, glaube ich, nicht mindestens einmal an sie gedacht hatte) ist mir eine Erzählung in Erinnerung, wie sie als junge Frau ihre Mutter, meine Großmutter, mit Abneigung oder sogar Abscheu über irgendjemand hatte sagen hören: Dieser Mensch sei «selbstbewusst». Eine negative, verwerfliche Eigenschaft. Was wäre da erst mit jemandem, der «eigensinnig» ist? Das entsetzlichste aller Märchen der Brüder Grimm, *Das eigensinnige Kind*, welches «der liebe Gott» krank werden und sterben lässt und dem die Mutter noch mit der Rute aufs Ärmchen schlägt, das es aus dem Grab steckt, «und das Kind hatte nun erst Ruhe unter der Erde». So sollen wir leben, so leben wir. Eine Horrorvorstellung, was man mit einer Eigensinnigen wie meiner Tochter früher möglicherweise getan hätte. Und mit ähnlich schrägen jungen Menschen zweifellos getan hat. Auslöschung der Anstrengenden, Psychoterror, Lobotomien, Schnitt durch Nervenbahnen, exekutiert an der schwierigen Schwester der Kennedy-Familie, an der schwierigen Schwester von Tennessee Williams, der er in der *Glasmenagerie* ein Denkmal gesetzt hat. Erschaffung lebender Toter, wir sind erst zufrieden, wenn die Eigensinnigen nicht mal mehr die Hand aus ihrem Grabhügel stecken. Es kann nicht nur die Eigensinnigen treffen (man müsse den Menschen brechen, damit er neu werden kann, hatte einmal ein christlicher Fleischer zu meiner Mutter gesagt, es war ihr als Schrecken in alle Glieder gefahren), aber die Eigensinnigen trifft es besonders hart.

Was mögen wohl die inneren Glasgestalten meiner

Tochter sein, die Wesen ihrer Menagerie? Zum Glück ist sie robuster, lebensstärker, umschaltfähiger als Tennessee Williams' arme Laura Wingfield. Nein, sie wird nicht untergehen. Wir sahen jetzt schon den Prager Eiffelturm auf dem Petřinhügel, an der Stelle, wo auch das Spiegellabyrinth ist, da wollten wir jedenfalls hineingehen.

Ein Jahr zuvor hatten wir (daran erinnerte ich mich jetzt wieder) gemeinsam stundenlange Waldspaziergänge gemacht, oder besser gesagt Waldgänge, ohne *spazieren*, und ob das Wort *gemeinsam* passt, war auch da sehr die Frage. Ich hatte mit einem Stipendium einige Wochen am Rand von Bonn gelebt, sie war für ein paar Tage zu Besuch gekommen und hatte sich strikt geweigert, die Stadt zu besichtigen oder sich auch nur den Rhein anzuschauen (sie komme aus Berlin und würde sich daher gewiss weder Frankfurt noch Köln anschauen wollen, Bonn also erst recht nicht, und der Rhein sei hässlich). Stattdessen waren wir nur jeden Tag in den großen Kottenforst gegangen, an dessen Rand ich wohnte, und so waren wir auch dort stundenlang herumgelatscht, rabimmel, rabammel, rabumm-bumm-bumm. Und auch da lief sie immer hinter mir und hörte durchgängig Musik. Unvorstellbar für mich, auf die Waldstille, oder was es ist, all die Geräusche des Waldes, zu verzichten; im Prag außerhalb der Parks mag es ja angehen, aber im Wald – undenkbar, auf Vogelstimmen, Klopfen der Spechte, Wipfelrauschen zu verzichten.

Ich schaute damals im Wald tief ins Unterholz und manchmal, wo es möglich war, auch zum Himmel, und an einer Stelle kam es mir vor, als sei vor kurzem ein Karthager hier entlanggelaufen, man sieht noch die zertretnen Zweige. Meine Tochter aber schaute auch hier meistens zu Boden, auf ihre Füße, zumindest scheinbar, wer weiß, wohin sie da in Wirklichkeit schaut. Und ob sie nicht vor allem wildfremde Blicke vermeiden muss, meine und solche des Waldes. Am liebsten ging sie im Kottenforst an einem tiefen Graben entlang, einem verblüffend steilen Abgrund mitten im Wald, der wirkte, als wäre der Wald aus ihm entsprungen und als könne er ihn jederzeit wieder verschlucken, und am Ende die Welt gleich mit. Der dichte Wald mag Geborgenheit versprechen, wenn die ganze Welt ein Dickicht ist. So latschten wir durch den Kottenforst, vorbei auch an einzelnen Arndt-Gedenksteinen oder Plaketten von Hermann-the-Germann Löns, jenem Löns, der (wie ich später auf Wikipedia las) am selben Tag des Ersten Weltkriegs gefallen war wie August Macke.

Ich dachte damals, und dachte es in diesen Frühlingstagen in Prag erneut, dass ich einmal einen Roman für und über dieses seltsame, fremde Wesen schreiben sollte, meine Tochter, die manchmal wirkt wie aus einer anderen Welt zu uns gekommen. Schriebe ich dieses Buch, müsste es wohl auch davon handeln, dass sie den Regen lieber mag als die Sonne und wie sie uns allen davonläuft, vielleicht in Richtung jener anderen Welt, aus der sie in Wahrheit stammt und zu der ihr der Rückweg lange versperrt war; zumindest müsste es damit beginnen, mit dem Davonlaufen. (Alle meine Bücher handeln ja vom Davonlaufen, fiel mir wieder ein.) Und ein langes Buch müsste es sein, ein überaus langes und unübersichtliches Buch, eine dicke Schwarte, und es müsste wohl «Fantastik» oder «Fantasy» draufstehen. (Obwohl ich eher zum Schreiben kurzer Bücher neige. Am liebsten schriebe ich nur Achtzig- oder Hundertseitenbücher. Aber die Verlage wollen am liebsten immer Zweihundertachtzigseitenromane. Und die selbstgefällige Literaturkritik würde dieses überdicke Buch vermutlich nicht mal mit der Kneifzange anfassen, sie hat keine Lust, lange Bücher zu lesen, es gibt bekanntlich Buchrezensenten, die das Lesen, das ihnen, wenn auch durch sie selbst, auferlegt worden ist wie E. M. durch ihren Vater das nicht endende Leben, regelrecht hassen, so wie manche Musikkritiker es hassen, Musik zu hören, und Filmkritiker es hassen, Filme zu schauen, bei jeder Berlinale quellen ja die Filmbesprechungsseiten über von ermüdeten Lamentos über Filme, die «zu lang» seien. Kretins.)

Am hereinbrechenden Abend, zur «Zeit der Stille auf den Straßen», wie es im Todeskapitel in Kafkas *Prozess* heißt, torkelten weiterhin schwer betrunkene Engländer durch die Prager Altstadt, *blaue Stunde* in anderem Sinn. Aber tatsächlich war diese Stille hinter dem ganzen Lärm in der Dämmerung noch ahnbar, fast zu riechen, und ich meinte die Stadt hinter der Stadt wahrzunehmen, eine Art Raum hinter dem Raum, und eine Gasse, durch die Böse läuft. Plötzlich fiel mir ein, ich sollte einmal meinen Vater aus Prag anrufen, ich hatte gar nicht an ihn gedacht, nur der spontane Gedanke, ihn kurz anzurufen. Dann erinnerte ich mich, dass er ja jetzt tot ist. Ein Gefühl grenzenloser Freiheit überkam mich daraufhin, verstörend frei, wie im Fall. Eine Weile lang wirst du noch stürzen, tatsächlich absolut frei.

Ich versuchte, die Stadt hinter der Stadt deutlicher zu erkennen. So wie ich im Veitsdom bereits an das *Prozess*-Domkapitel hinter der Veitsdomrealität gedacht hatte. Ich erinnerte mich an die Prag-Nocturnes von Schikaneder, die ich im Museum gesehen hatte, während November-mit-Gewitter es allein im Hotelzimmer, in ihrem eigenen Nocturne, «ruhiger angehen» ließ; und da wandte ich mein Erinnern wieder der Gegenwart zu, diesem unsichtbaren Menschen hinter dem Menschen, mit dem ich zu tun habe, der mich begleitet, meiner Tochter.

Am Abend kam es dann doch noch zum befürchteten Eklat (Déjà-vu des entgleisten Südtirol-Urlaubs letzten Sommer), den wir zuvor erfolgreich vermieden hatten. Am darauffolgenden letzten Tag in Prag versuchten wir wiederum, diesen Eklat halbwegs vergessen zu machen oder wenigstens seine Gewalt zu dämpfen und die Reise nicht im Streit enden zu lassen, wir fuhren also im Tretboot in der gefährlichen Aprilsonne unsinnig auf der Moldau herum, meine Tochter war wieder beruhigt und ließ die Hand durchs Wasser gleiten. In der Oper hatte sie nämlich am Vorabend ihren berüchtigten Rappel bekommen, ihr Gewitter, sie hatte darauf bestanden, in der Pause zu gehen, es sei ihr hier vollkommen unerträglich. Dabei war es ausgerechnet Dvořáks *Rusalka* gewesen, nicht nur, weil wir in Prag waren, sondern weil ich naiverweise angenommen hatte, dieser zauberhaft traurigen Oper könne keine Dreizehnjährige auf der ganzen Welt widerstehen. «Das Tschechische», beharrte sie, «ich hasse das Tschechische», ihr törichtes Gequatsche machte mich wütend, sie aber befand sich in einer Art Tunnel, wie es ihr manchmal passiert, es ist ein vielleicht für sie lebensnotwendiger Fluchttunnel, begreife ich, in diesem Moment jedoch war ich voller Wut über ihre aggressive Ignoranz (die mir den Opernabend verdirbt).

Als wir nun im Tretboot übers Wasser trieben, verstand ich, dass die Oper und somit ich in ihre Stille eingedrungen war, diese sorgsam gehütete Stille. Mag sein, dass gerade diese Oper auch deshalb heikel oder fatal war, weil November-mit-Gewitter selbst eine Art Melusine oder Meerjungfrau ist, wie Rusalka, die kein Mitleid mit Menschen zu haben oder wenigstens zu zeigen vermag, jedenfalls eher und inniger mit Dingen verkehrt, wenn auch nicht gerade kaputten Tassen oder unpopulären Leinsamensorten. Man muss die

Nixen verstehen. Andersens kleine Meerjungfrau ersehnte sich ja das Marmorstandbild lebendig, das sie am Grund des Ozeans fand, und wie da der hübsche Prinz bewusstlos im Wasser treibt, wünscht sie sich auch ihn lebendig, und so bestünde aus wahrer Nixensicht die Utopie vielleicht nicht darin, eine Seele zu erwerben (*Seele*, diese Heilsgräte, die ich doch nur noch Gemüt nennen wollte), sondern umgekehrt: einen Menschen zum Leben zu erwecken. Eine Umkehrung, so wie auch Kafkas Sirenen nicht singen, sondern schweigen und Odysseus sich selbst das Wachs in die Ohren stopft, um ihrem Schweigen zu entgehen.

Wir müssen aufpassen mit der Mittagssonne, sagte ich zu November-mit-Gewitter, während wir in die Tretbootpedale traten.

Sie nahm die Stöpsel aus ihren Ohren, schaute mich kurz an, dann sagte sie: «Du solltest dir mal was auf den Kopf setzen.» Und: «Woran denkst du gerade?»

An Arielle, sagte ich. Und auch an das Spiegellabyrinth, das wir am Vortag (vor dem unglückseligen Operngang, den ich nicht mehr erwähnte) im Petřinpark besucht hatten. An die Stadt hinter der Stadt hatte ich dort gedacht, an das Tochterzimmer zuhause mit den drei Spiegeln und an den Geheimmensch Teenager. Nicht aber an Paulus, sondern an die Schlussszene der *Lady von Shanghai*, in der die Hauptfiguren sich gegenseitig ihre Spiegelbilder zerschießen, viel kürzer als Orson Welles es geplant hatte, weil die Produzenten ihm den Film weggenommen und rabiat gekürzt hatten, alles herausgeschnittene Material aus dem ursprünglich doppelt so langen Film ist vernichtet, so dass *Die Lady von Shanghai* ein Film ist, den es gibt und den es nicht gibt. So wie uns, vielleicht. Ich wünschte mir, Orson Welles hätte je Janáčeks *Věc Makropulos* inszeniert, mit Rita

Hayworth als E. M. Ich schaute meine Tochter an, Echte Melusine, in deren unsichtbare Spiegelbilder ich gestern wohl geschossen hatte. Sie lächelte mich an, ihre Hand glitt weiter im Moldauwasser, die ihr so unbehagliche Sonne schien, trotzdem lächelte sie, tatsächlich, November-mit-Gewitter im Frühling.

Schon auf der Heimfahrt, aus dem Fenster des Eurocity blickend, spürte ich, wie das Reisen (und bei entsprechender Disposition jede Vermehrung von Erlebtem) bloß zu immer weiterer Wehmutanhäufung führt. Nur dass das Gegenteil, der Verzicht auf Erleben, noch schlimmer wäre.

Leicht

Die Beerdigung meines Vaters fand neben wundervoller Kirschblüte statt. Wahrscheinlich würden viele Menschen so etwas «tröstlich» nennen, mir kam es wie eine letzte untergründige Gemeinheit oder zumindest Ungerechtigkeit vor, dass mein Vater im schönsten Frühling begraben wurde, während meine Mutter einige Jahre zuvor im garstigen, niesligen November gestorben war. Doch wie könnte es im Tod schon Gerechtigkeit geben, außer dass banalerweise alle sterben? (Es sei denn, jemands Vater war griechisch-böhmischer Alchemist.) Auch uns allen auf der Trauerfeier in der Friedhofskapelle steht das Sterben bevor, allen, und so geht es wie immer um den Trost der Lebenden, nicht der Toten. Vor kurzem war Ostern gewesen, wieder fiel mir ein, dass es Länder gibt, in denen man wie in heiterer Vorwegnahme der Auferstehung an den Gräbern picknickt und fröhlich ist, oder zumindest fröhlich zu sein sich bemüht, auch dort wird so ein helles Gemüt ja nicht jedem gegeben sein, auch dort wird es die fatalen Schwarzzwängler und Zwangsschwärzer geben.

Achtunddreißig Schritte waren es vom blühenden Kirschbaum bis zur Grabstelle, vom rosafarbenen Leuchten bis an jenen Rand, an die dunkle Tiefe der Erde. Ich erinnerte mich im Gehen wieder an das sonderbare Gefühl, das einen befällt, wenn man auf einer farbenprächtigen Wiese die Hand auf die Augen presst und sich mitten im Sommer im absoluten Schwarz der Welt wiederfindet. Neben der frisch ausgehobenen Grube lag, ohne einen Mucks von sich zu geben, das Grab meiner Mutter, schon seit langem flach, mit Gräsern und Farnen bepflanzt. Mein Bruder und ich schüttelten die Hände von vielen ehemaligen, naturgemäß meist jüngeren Kolleginnen und Kollegen unseres Vaters und von Verwandten und von ein paar wenigen Freunden. Es gab einige Erinnerungen an früher und ganz ernst gemeinte Nettigkeiten, der letzte Doktorand meines Vaters hatte eine sehr schöne, kluge, differenzierte Trauerrede gehalten, und ich war heilfroh über die Gegenwart meiner drei Kinder, des auch jetzt (auf die hier mögliche Weise) tiefengelassenen Mittwoch, der auch jetzt (auf die hier mögliche Weise) mit mindestens einer Dimension abwesend wirkenden November-mit-Gewitter, des auch jetzt (auf die hier mögliche Weise) grundfröhlichen Mai.

Am Tag nach der Beerdigung tat ich nichts, sondern ging nur im weiterhin herrlichen Frühlingswetter spazieren. Wieder empfand ich, und jetzt noch mehr als in Prag, diese sonderbare Form der Leichtigkeit. Mir war im Gehen und im Atmen, als sei ich mit einer Art Gemütsgas gefüllt, das leichter ist als Luft. Verringerte Erdenschwere, dazu eine gewisse Sanftmut, Sachtmut, ein bisschen wie Schmetterlinge im Bauch. Dazu kam ein umfassendes Mitleid, ich dachte sogar: Welterbarmen. Gegen jeden Menschen, den ich zufällig auf der Straße sah, spürte ich Zärtlichkeit, je älter er war, desto mehr; und das, obwohl sie mir alle wie von Weitem betrachtet vorkamen, als wären sie irgendwelche Punier oder Kelten, auch wenn sie nah an mir vorbeiliefen. Du wirst sterben, Fremder, ich werde ebenfalls sterben, lass uns freundlich zueinander sein.

Dann sah ich vor einem Café einen jungen Mann, der einen Säugling trug, der Vater sein Kind, bestürzend winziges Leben in der Hand eines Riesen. Und statt, wie ich erwartet hatte, wieder zu denken: *tick tot, tick tot* –, denke ich, wenn du Kind, längst nicht mehr jung, einst deinen hinfälligen Vater quälend langsam zugrunde gehen sehen wirst, dann werden eure Leben gelungen sein. Und in diesem Augenblick war ich selbst mit meinem Leben, mit seiner abstrusen und sadistischen Vergänglichkeit und mit seiner unausschöpfbaren Schönheit, versöhnt.

Die eigenartige Leichtigkeit aber, die ich ansonsten spürte, hielt nicht nur über Stunden, sondern einige Tage lang an, oder sie kehrte immer wieder. Manchmal war dieser Zustand verbunden mit einem Empfinden von Glück, das war ein wenig verstörend und beschämend, doch zugleich fühlte es sich vollkommen richtig an. Es hing vielleicht mit einer grenzenlosen Offenheit zusammen, die alles hereinlässt. Und mit dem Gelöstsein von zwei starken Riemen, die einen noch verbunden gehalten hatten mit dem, was vor einem in der Welt war. Erst ist einer gerissen, dann der andere, nun schwebt man abgeschnitten von allen vorigen Menschen dahin, die sich in der Vergangenheit so weit verzweigen, dass man das Kind aller Menschen ist, die vor langer Zeit lebten. Der Halt der Vorgewesenen ist weg, jetzt geht die Bewegung also nur noch vorwärts, leichter, beschleunigt, auf das gewisse Ungewisse zu. In schwereloser Wehmut, voller Achtgefühl beim Anblick alter, gebrechlicher und überhaupt jedes Menschen.

Ich dachte an die Geheimnisse und das (auch vor sich selbst) Verschwiegene, das mein Vater mit in den Tod genommen hatte, ich dachte an den unvertreibbaren Schmerz, unter dem meine Mutter ihr ganzes Leben lang, oder zumindest ab einem frühen Punkt ihres Lebens, gelitten und den sie wohl ungestillt mit in den Tod genommen hatte. Das Schließen der unschließbaren Wunden, Verschwinden der Geheimnisse, Ende aller Schmerzen: Das ist stechender Trost, unerträglich wehtuende Versöhnung, gewalttätiger Frieden. Als sei etwas Unendliches zu Ende gegangen. Mir kam das unvermeidliche, trotzdem mich immer von neuem aufwühlende Zitat von Hofmannsthal in den Sinn: *Wenn ein Mensch dahin ist, nimmt er ein Geheimnis mit sich: wie es ihm, gerade ihm – im geistigen Sinn zu leben möglich gewesen sei.* Wie war es möglich? Und ich dachte, dieses leichte Gehen, es kommt nicht daher, dass sich alles so unwirklich anfühlt, wie man gern sagt, sondern eher daher, dass man sich tatsächlich in einer Unwirklichkeit befindet, die sich als die Wirklichkeit herausgestellt hat. In aller Deutlichkeit und doch ganz unbegreifbar.

Wenn ich an Momente meines Lebens zurückdenke, die ich als «bedeutend» empfinde, dann sind das meistens keine äußerlich einschneidenden Ereignisse, sondern eher mysteriöse, schwer zu fassende Momente des Mit-mir-selbst-Seins. *Unsagbares Weltempfinden* vielleicht, wie es Robert Walser auf seinem *Spaziergang* empfand oder empfing. Oder jene plötzlichen Zustände der (trügerischen, illusorischen, dennoch seelig-gemütig machenden) Gnade, die sich in Schuberts Musik so abrupt ereignen. Auch im Leben eines gestorbenen Menschen – meiner Mutter, meines Vaters, jedes anderen – muss es diese Momente des Mit-sich-selbst-Seins gegeben haben, und auch sie kommen mir wie große Geheimnisse vor, vielleicht die allergrößten, niemals zu lüftenden: versunken erst in einem Menschen selbst, dann mit diesem Menschen versenkt ins Grab oder Feuer und in der Vergangenheit.

Hier vibrierte, im Gehen, mein Handy. Der Prager Moment, als ich auf einmal meinen Vater anrufen wollte, kehrte sich um, ich dachte, ach, wahrscheinlich ruft mein Vater mich an. Eine Zeitlang, als er noch konnte, hatte er das jeden Tag getan, aber dann meist kaum etwas gesagt, und mir war auch nichts eingefallen. – Ich sah, dass H mir eine Nachricht geschickt hatte. Bald würden wir uns wieder treffen, sie hat schreckliche Dinge vor, Beängstigungen. Und übermorgen würde ich mit L in die Philharmonie gehen. Da berichtete ich ihr dann im weiten Foyer unserer Kathedrale und Kammer von jener Leichtigkeit und dem Gemütsgas und dem verstörenden Glück, und sie erzählte mir, dass sie von ebenjenem Glücksgefühl, das auf einen Todesfall folgt, bei dem von ihr verehrten niederländischen Schriftsteller J. J. Voskuil gelesen hatte. Ich stand neben L und empfand, was für ein Geschenk es ist, dass zwei so grundverschiedene Menschen wie wir in bestimmten Augenblicken einander so nah sein können. Wie wir uns manchmal begreifen.

Einmal weinte ich kurz. Da schaute das kleine Kind, das neben mir war, kurz irritiert, dann kletterte es auf den Heizkörper und plapperte los, wie um das Weinen des Vaters wegzuschieben. Nicht um ihn zu trösten, das könnte vielleicht ein älteres Kind versuchen. Ein Irrtum zu meinen, mit

Kindern wäre man weniger allein in der Welt. Man hat nur noch mehr Alleinsein in die Welt gebracht.

Ich bin mir mit mir nicht einig.

Ich träumte, dass ich mich nach der Beerdigung sehr über meinen Vater ärgerte. Wir wollten zum Trauerkaffee in ein nahegelegenes Lokal, und ich hielt nach ihm Ausschau, aber fand ihn nicht; anscheinend war er schon vorgegangen, ohne auf uns zu achten, wie so oft.

Ein paar Tage später ging ich wieder auf den Friedhof, diesmal allein und im Nieselregen. Das Grab meiner Mutter lag neben dem frischen Erdhügel, der auf dem toten Körper meines Vaters ist, die Stätten nebeneinander und sogar einander zugewandt, wie die beiden es im Leben, glaube ich, nicht oft waren oder irgendwann nicht mehr, vielleicht war es in ihren jungen Jahren einmal anders. Ich dachte an das rührend niedliche Kind, das meine Mutter gewesen war, ein kleines Mädchen mit Zöpfen, und an den wohl oft verschlossenen Sechzehnjährigen, der Furtwänglers Beethoven hört und sich bis an sein Ende daran erinnern wird. Dann hörte ich über den Gräbern im Laub der Bäume ein sich überschlagendes Zwitschern. Mit der Birdnet-App fand ich heraus, dass es eine Mönchsgrasmücke war.

Als ich zum Ausgang des Friedhofs lief, bemerkte ich kurz vor dem Tor, dass hinter einem Bauzaun ein Hügel, oder besser ein Haufen, abgeräumter alter Grabsteine war. Einige waren zerbrochen, einige halb verdeckt. Den Namen *Hans Oeser* konnte ich am Rand lesen, *1877–1904*, mehr nicht, ein simpler schwarzer Quader. Siebenundzwanzig, es machte mich traurig. Aber auch wenn er zweiundsiebzig geworden wäre, hätte es mich traurig gemacht. Wer mochte er gewesen sein, wie? Ich schaute den Haufen im Nieselregen an, ein maßlos übertriebener Anblick, und dachte: nach der Ewigkeit. Wehmutanhäufung, Schutt.

Später las ich in einem scharfsinnigen Essay der englischen Schriftstellerin Rachel Cusk von einer Mutter, in der der Wunsch aufkommt, alles im Lauf des Familienlebens Gekaufte und Weggeworfene zu einem großen Berg aufzutürmen, von den Barbiepuppen bis zu den Papptellern der Kindergeburtstage. Die Horizontale des Lebens in eine Vertikale zu verwandeln, sozusagen –mit den verschwundenen Dingen auch aus dem linearen Verlauf unseres Daseins einen Berg zu machen, einen Schutthaufen. Ich saß in unserem Wohnzimmer, das zu L's ewigem Ärger immer noch oder schon wieder sehr unaufgeräumt war, hielt den Blick aufs alte Tausendzähnlermaul gerichtet, das Bücherregal, in dem auch die aus vergangenen Kindheiten übriggebliebenen Basteleien liegen; da, ein kleines Herz; und mit einem Seufzen dachte ich an das Autodafé, das meine Kinder einst vollziehen werden, die Verbrennung aller dieser Bücher und wahrscheinlich auch des Blüthnerflügels, der in meinem Rücken steht. Todsicher.

Kindheit. Paarungsbereitschaft. Untergang.

Idyll

Die Kinder saßen zu dritt am großen Wohnzimmertisch und spielten *Mensch ärgere Dich nicht.* Darstellung eines Idylls, vielleicht sogar ein Moment der Erfüllung von Idyll. Das viele Gerümpel auf dem Tisch hatten sie einfach beiseitegeschoben, um sich Platz zu schaffen. Ich kam zu ihnen aus der Küche, wo ich aus dem Fenster in den nun ganz und gar ausgebrochenen Frühling geschaut und gerochen und gehört hatte, im Ohr lag mir mehr als die Vogelstimmen noch das Husten des unsichtbaren Alten, der irgendwo quer über den Hof immer noch da ist, ein bizarres *Leben geht weiter.* Irgendwann wird auch dieses Husten natürlich fort sein, das ist mir klar, aber in diesem Moment konnte ich nicht daran glauben. Überhaupt befinde ich mich, ausgerechnet jetzt, in einem angenehmen Alter und dem glücklichen Zustand, dass ich nach wie vor oder von neuem die völlige Unmöglichkeit meines Todes empfinde. Bernhards Theatermacher *hat* sich geirrt, wir leben ewig. (Wenn es, nach Musil, Möglichkeitssinn gibt, muss es auch Unmöglichkeitssinn geben. Er ist etwas völlig anderes als Wirklichkeitssinn. Ein Sinn innerhalb unseres Lebens in der Unwirklichkeit, die sich als Wirklichkeit herausstellt.)

Im Flur, den ich auf dem Weg von der Küche ins Wohnzimmer durchquerte, hängt eine Leere. Die Pendeluhr ist weg, auf L's Entscheidung hin habe ich sie abhängen müssen. Die Kinder hatten sich zwar an ihr Ticken und die halbstündlichen Gongs leidlich gewöhnt, nicht aber L; und zwar nicht, weil sie im Ticken den Tod witterte, so wie ich im vorgestellten Stehenbleiben der Uhr, sondern einfach, weil es ihr auf den Zeiger geht. Sie hat sich durchgesetzt, es ist gut so. Fast immer, wenn sie sich durchsetzt, geht es uns beiden besser. Nun ist also die Uhr entfernt, ihr Ticken im Kleiderschrank verstaut. Nein, in Wahrheit tickt sie gar nicht mehr, natürlich hatte ich das Pendel ausgestellt, bevor ich sie in den Schrank legte. Das Nichtticken ist also im Kleiderschrank verstaut. Ich habe den Tod in den Kleiderschrank gestopft, der an der schweigenden weißen Wand unseres Schlafzimmers steht, jener Wand, in der so viele Geheimnisse wohnen.

Wenn wir in unseren Betten liegen, versuche ich, mit den undurchsichtigen Wänden zu atmen. Und mit dem Atmen von L, die ich mit meinem ganzen Leben liebe, auch wenn dieses Leben in viele Teile zersplittert ist.

An der Stelle der Pendeluhr hängt jetzt ein Druck von August Macke, eine seiner vielen gesichtslosen Frauen vor einem Hutladen, diese hier im blauen Kleid, das Original des Porträts hängt im Lenbachhaus. Mackes leuchtende Farben und die fünf Hüte, die im Schaufenster zu schweben scheinen (denn ihre dünnen Stängel zählen kaum), sind gerade der richtige Anblick, bevor man die Wohnung verlässt. Oder das Wohnzimmer betritt, in dem die drei Kinder sitzen, die mir auch wie im Raum schwebende Wesen vorkommen.

Fünf Hüte, wie unsere kleine Familie. Wer ist die Frau ohne Gesicht, die uns durch das Glas betrachtet? Irgendein Wesen aus der Tiefe der Spiegel etwa? Denn L war zwar übers Wochenende verreist (mit St), aber sie ist ja eine von den fünfen.

Als wäre ein weicheres Licht in der Wohnung. Ich will keine Hüte vom Kopf hauen, wie der, der Ismael genannt wird, und auch keine Hüte aus der Luft hauen. Ich versuchte, die Welt einzuatmen. Ich stand in der Tür zum Wohnzimmer und betrachtete das Idyll: unser schräges Liebesidyll in meinem Kopf und das Kinderidyll vor meinen Augen. Mai würfelte. Mittlerweile müssen die beiden Großen sich nicht mehr bemühen, den kleinen Bruder gewinnen zu lassen; höchstens, dass sie ihm den einen oder anderen Rat oder Warnhinweis zukommen lassen, ihn auf eine drohende Gefahr aufmerksam machen, die er übersieht. Wobei November-mit-Gewitter eigentlich auch das ablehnt. Du bist groß genug, ermahnt sie mit lauter Stimme Mai, du musst mal lernen zu verlieren. Und du musst lernen, dich zu wehren. Außerdem ist es sowieso ein reines Glücksspiel, das kapiert doch jedes Baby. – Mittwoch schummelt aber doch immer wieder ein bisschen zu Mais Gunsten. Der immer relaxte Mittwoch, in all seiner Trägheit, über die ich mich zu oft aufrege, mit seiner Freundlichkeit und der Weisheit eines überaus wohlgeratenen Sechzehnjährigen. Gut, dass er so anders als ich ist. Gestern war er zu mir gekommen und hatte gesagt, er habe sich entschieden, doch nicht mit dem Klavierunterricht aufzuhören. Darüber freute ich mich natürlich, aber ebenso natürlich ist mir bewusst, dass er es dann eben in ein paar Monaten aufgeben wird. Dann wird es eben so sein, bemühe ich mich zu mir selbst zu sagen, wie L mir aufgetragen hat, es zu mir selbst zu sagen, wie fast immer hat sie recht mit ihren Aufträgen.

Immer wieder bemerke ich jetzt, wie Mittwoch sich bemüht, freundliche Dinge zu tun. Das Essen schmeckt gut, sagt er zu mir, wenn ich gekocht habe. Oder fragt mich per Whatsapp aus der Schule, ob er am Nachmittag Mai vom Hort abholen soll, falls ich es nicht schaffe. Freundlich sind auch Mittwochs Kumpels, die ab und zu bei uns aufschlagen. Neulich ertappten L und ich einander dabei, wie wir über einen von ihnen als «der junge Mann» sprachen; so weit ist es schon mit uns. Und bald wird Mittwoch an einem Austausch mit einer New Yorker Schule teilnehmen. Sein Leben wird gelingen, soweit es von ihm abhängt und soweit Leben «gelingen» kann; was ja im Grunde auch ein fürchterlicher, lebensverachtender Ausdruck ist.

Der kleine Mai aber geht morgens neuerdings allein zur Schule. Das wird ja wohl auch langsam Zeit, sagt November-mit-Gewitter streng zu ihm, und: Wer allein zur Schule geht, kann auch beim *Mensch ärgere Dich nicht* zerstört werden. Sie hat recht, es ist wahr, auch er wird immer größer. Und ein andermal sagte sie über ihren kleinen Bruder: Es ist lustig, ihm beim Existieren zuzusehen.

Er winkt mir immer noch von der Straßenecke aus zu, dann werfen wir jeder eine Kusshand, und er zieht davon. Ich tue mich schwer, von der Fiktion des ewigen kleinen Jungen zu lassen; obwohl er ja andauernd voranwill, und wir freuen uns wie er über jeden Schritt, den er dabei tut. Vor ein paar Tagen, als er einen Ball im Netz dabeihatte, gegen den er im Gehen trat, vergaß er ganz zu winken und also auch die Luftküsse. Aber am nächsten Tag winkte und luftküsste er wieder. Da war ich erleichtert. Uns bleibt noch etwas Zeit.

Und November-mit-Gewitter, die Schwierige, die Kluge, die zu unserer Überraschung von sich aus einem Basketballverein beigetreten ist und begeistert trainiert, wozu sie schlechterdings ihr Zimmer verlassen *muss*, scheint auf einmal ganz bei sich (wer auch immer das ist). Immer mehr schätzt sie anscheinend die vielen Verschiedenen, die sie ist. Höchst eigenartig und völlig normal. Zuletzt habe ich sie auch mehrmals im Gespräch mit Ausgewachsenen beobachtet, ein vernünftiger Mensch, sogar ihrem Alter voraus, fast – erwachsen. Auf einmal scheint ihr drückendes Schweigen ganz fern.

Ob sie also ihre Spiegelfestung verlassen hat? Vielleicht ist es eher so, dass sie die Wege in der Festung, in ihrem Labyrinth immer besser kennt und sicherer geht.

Möglicherweise ist es aber auch einfach der andere der beiden Zwillinge, die unsere Tochter ist, der momentan aus ihrem Zimmer hervorkommt. Sie halten uns weiter zu Narren, ganz zu Recht.

Vielleicht – denke ich mir, wenn ich an unsere drei Kinder denke – ist bereits alles ganz anders geworden, als es mir eben noch schien, oder war es schon immer; und morgen ist alles das Gegenteil von heute. Das jahrelange, schrittchenweise Abschiednehmen der Kinder kommt mir erschreckend und verlockend zugleich vor, und es bleibt nur die Lebensfrage (wie bei dem Verhältnis von Fröhlichkeit und Traurigkeit in Mozarts Musik), ob man stärker im Verlockenden das Erschreckende sieht oder im Erschreckenden das Verlockende. Aber vielleicht ist es schon falsch, das Verhältnis überhaupt gewichten zu wollen; wiederum wie bei Mozart.

Im selben Raum mit meinen drei Kindern, zugleich frei im Raum schwebend an einem unsichtbaren Stängel, war ich muttergemütsallein. Aber es ist nicht schlimm. Ich sehe uns beim Existieren zu. Bemühe mich nach Kräften, es lustig zu finden. Manchmal klappt es. Und mir ist klar, nein, mir ist eben klar geworden (spät genug im Alter von siebenundvierzig!), dass ich niemals im Leben ohne Angst sein werde. Meine Angst wird da sein, solange ich da bin. Auch aus dieser Erkenntnis entsteht ein Gefühl von Leichtigkeit, ein Freisein.

Alles Mögliche spukte in meinem Kopf herum. Pläne, Fantasien, noch zu Erledigendes. Von meinem Bruder, der die jahrzehntealten Tagebücher unseres Vaters mitgenommen hatte, klackerten mehrmals am Tag Nachrichten auf meinem Handy ein, er hatte sich in den vergilbten Heften festgelesen, war elektrisiert und baff. Aber das wäre ein anderes Buch, was dort zum Vorschein kam. – Die Kinder hatten im *Mensch ärgere Dich nicht* eine Spielpause eingelegt, und der Sechsjährige erklärte mit Wisserstimme den großen Geschwistern, dass man schnell einen Krankenwagen rufen müsse, wenn man die Pest habe.

Ich betrat das ZIMMER, ich glaube, noch am selben Tag, vielleicht sogar in derselben Sekunde, aber jedenfalls nach längerer Abwesenheit. Ich weiß schon im Hereintreten nicht mehr, wie ich hineingelangt bin. Liegt die Tür hinter dem Bücherregal, oder hinter dem Sofa? Oder immer noch in der Studentenbude von damals, an der kalten Ostwand? (Oder habe ich eine Wand durchquert, wie ...?) Der Raum ist unverändert, nur ich bin anders. Aber der unveränderte Raum macht mich wieder zum Selben. Er besitzt mich eben, selbst wenn ich es vergessen habe und ihn verloren glaube. Wie könnte ich ihn aber verlieren, wenn er nicht mir gehört, sondern ich ihm? Höchstens, dass er eines Tages mich verliert. Unbekannt und vertraut ist dieser Raum, Licht und Staub, die verglaste Tür rechts und die großen Fenster, und dort draußen unbetretbare Veranda, Garten, Gewässer.

Ich sehe mich nach dem Korbstuhl um. Aber wo er normalerweise steht, ist jemand anderes, und auch ich bin jetzt, obwohl ich das ZIMMER nicht verlasse, an einem anderen Ort, nämlich in der Kammer, wo das Kind mit seiner Taschenlampe sitzt, im Schneidersitz in der Luft und verloren in der Zeit. Die Taschenlampe ist ausgeknipst, die geheimen Kritzeleien liegen im Dunkeln, so können sie das Kind nicht entziffern.

Es ist schön, das Kind hier zu treffen. Ich müsste es ihm jetzt sagen, jetzt ist die Gelegenheit. Bloß was soll ich sagen? Zuerst dachte ich, es wäre entsetzlich, ihm zu gestehen, dass ich keinen Deut freier von Angst bin als es. Dachte, ich müsse es schonen, es ihm verschweigen, Zuversicht und Sicherheit ausstrahlen, keinesfalls zugeben, dass ich lediglich ausgewachsen bin, nicht erwachsen, wie ich einmal (vor langer Zeit) zu werden glaubte. Wie es, das Kind, voller Zuversicht hofft.

Jetzt sehe ich ein, wie dumm mein Gedanke ist, das Kind schonen zu wollen. Ich sage zu ihm: Ich habe genau solche Angst wie du. Du wirst niemals in deinem Leben ohne Angst sein. Verstehst du mich? Niemals. Aber zumindest *vor ihr*, vor der Angst, brauchst du keine Angst zu haben.

Ich bin in der Gegenwart des ZIMMERS, das ich durchquere, ohne irgendetwas zu berühren, nicht die Wände und nicht den Boden, über den ich laufe, und auch nicht das Sofa, das dort steht und auf dem ein Mensch liegt. Zu ihm will ich mich gesellen, überlege ich. Es könnte irgendein Punier sein, Numider, Kelte, Iberer. Ich ahne, wer es ist, auch wenn ich sein Alter nicht erkennen kann, nicht weiß, ob ich ein alter Mann oder ein Kind bin. Ich liege dort. Augenscheinlich ein Toter, er gibt mir keine Antwort. Vielleicht sollte ich dem Liegenden sicherheitshalber einen Spiegel über Mund und Nase halten, um zu sehen, ob er beschlägt. Aber erst einmal lege ich mich zu ihm. Ich lege mich zu mir. Es ist ganz still hier drin, mir ist nicht klar, ob diese Stille nun die Summe aller Töne ist oder ob alles nichts ist. Alles ist hier voll von unserem Schweigen.